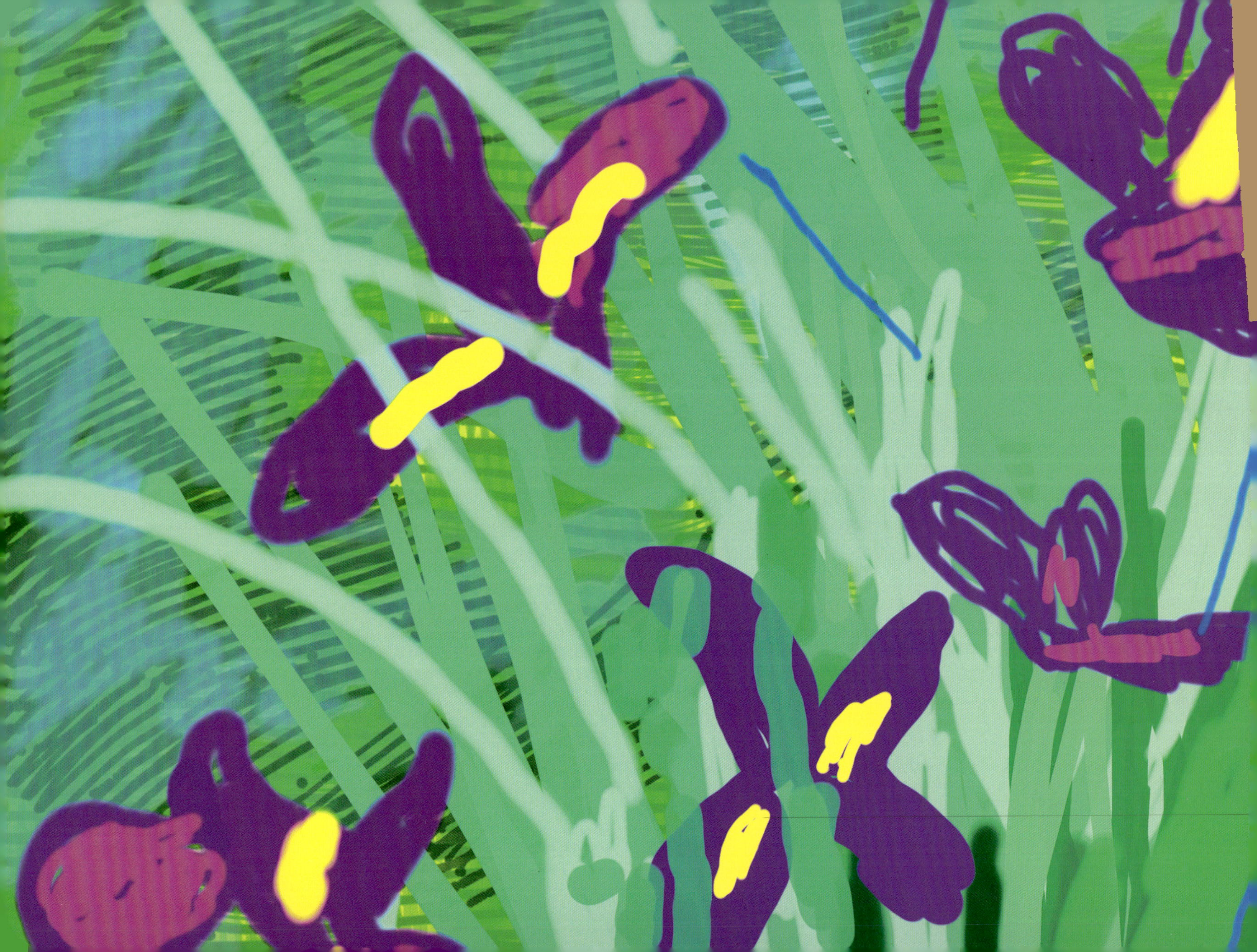

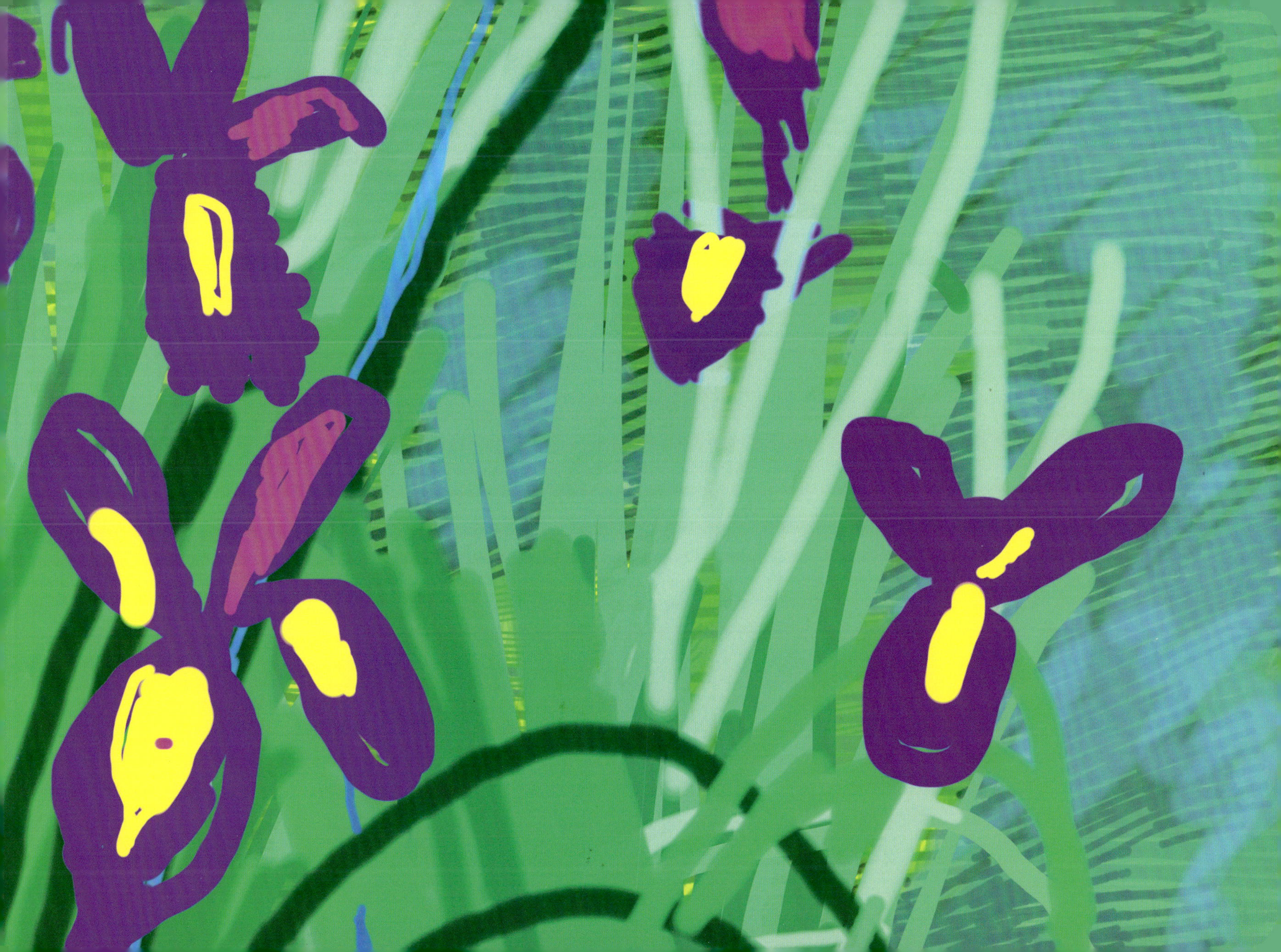

n° 641, 27 novembre 2020. Tableau sur iPad

DAVID HOCKNEY

L’arrivée du printemps, Normandie, 2020

Royal Academy of Arts

Avant-propos

L'un des nombreux enseignements de cette mémorable année est le rôle essentiel joué par l'art dans la vie de la plupart d'entre nous, surtout lorsque les temps sont difficiles. Nous aspirons tous à contempler à nouveau sans restriction des œuvres d'art, et ce désir renforce ce que nous savions déjà : l'art a le pouvoir de sublimer notre état émotionnel, de voler à notre secours tout en nous émerveillant, de nous stimuler, de nous informer et, surtout et avant tout, de nous combler de joie.

C'est la raison pour laquelle nous sommes particulièrement heureux de présenter cette exposition de tableaux sur iPad de David Hockney. Elle réunit 116 images de joie pure, saisissant l'arrivée du printemps. Alors que le monde entier était dominé par la pandémie, et la plus grande partie de l'Europe confinée, à partir de mars 2020, Hockney s'est attaqué à un sujet qu'il avait abordé pour la première fois dans le cadre de l'exposition *A Bigger Picture*, organisée à la Royal Academy en 2012, quand il avait retracé en 52 images l'épanouissement du printemps dans l'East Yorkshire. Hockney savait qu'un printemps normand serait subtilement différent, et il avait hâte d'en saisir la richesse particulière. Il s'est donc mis au travail avec une version actualisée de Brushes, l'application pour iPad qu'il avait déjà employée pour traiter le sujet en 2011, et sa production s'est revélée impressionnante: une œuvre achevée par jour. À mesure qu'il captait ce sujet à l'évolution prodigieusement rapide, son enthousiasme alimentait son énergie, alors que le reste du monde était sous la contrainte. Alors que nous étions confrontés à des galeries, à des théâtres et à des restaurants aux portes closes, et à des réunions et des voyages annulés, Hockney affirmait : « Ils ne peuvent pas annuler le printemps ». Et il avait évidemment raison, comme en témoigne cette œuvre remarquable.

Nous sommes extrêmement reconnaissants à David Hockney d'avoir créé ces images inspirantes, mais aussi de nous autoriser à les exposer pour la première fois à la Royal Academy de Londres et au Palais des Beaux-Arts de Bruxelles. Nous remercions ses assistants Jean-Pierre Goncalves de Lima et Jonathan Wilkinson, qui travaillent avec lui en France et qui lui ont permis d'être aussi productif, ainsi que tout le personnel de David Hockney Inc. à Los Angeles. Nous remercions aussi l'équipe de la Royal Academy : la commissaire Edith Devaney, assistée par Rose Thompson, la responsable des expositions Flora Fricker, assistée par Belén Lasheras Díaz, et Susana Vazquez Fernandez pour la supervision des droits et reproductions. Au sein de BOZAR nous remercions Ann Flas, coordinatrice curatoriale, Evelyne Hinque, chargée de production, et Vera Kotaji, coordinatrice de publication. Ce magnifique ouvrage qui accompagne l'exposition a été concu par RA Publications. Nous exprimons notre gratitude à William Boyd pour sa brillante introduction.

Aucune exposition n'étant possible sans le soutien de sponsors, notre reconnaissance s'adresse également à Petr Aven, Charles Stanley Wealth Managers, Bottega Veneta et Offer Waterman.

Rebecca Salter PRA, *Présidente de la Royal Academy of Arts*

Sophie Lauwers, *Directrice des Expositions au Palais des Beaux-Arts de Bruxelles (BOZAR)*

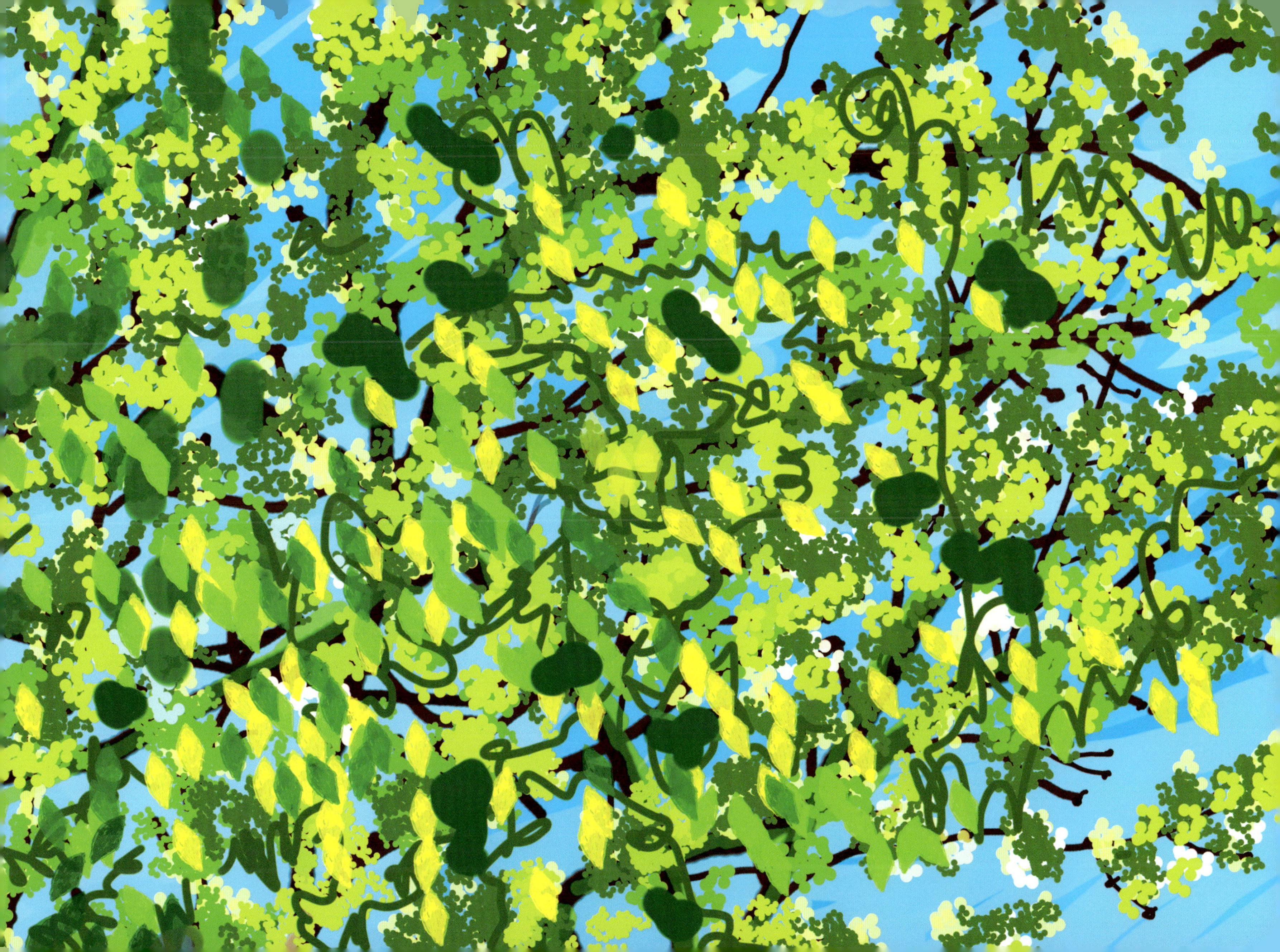

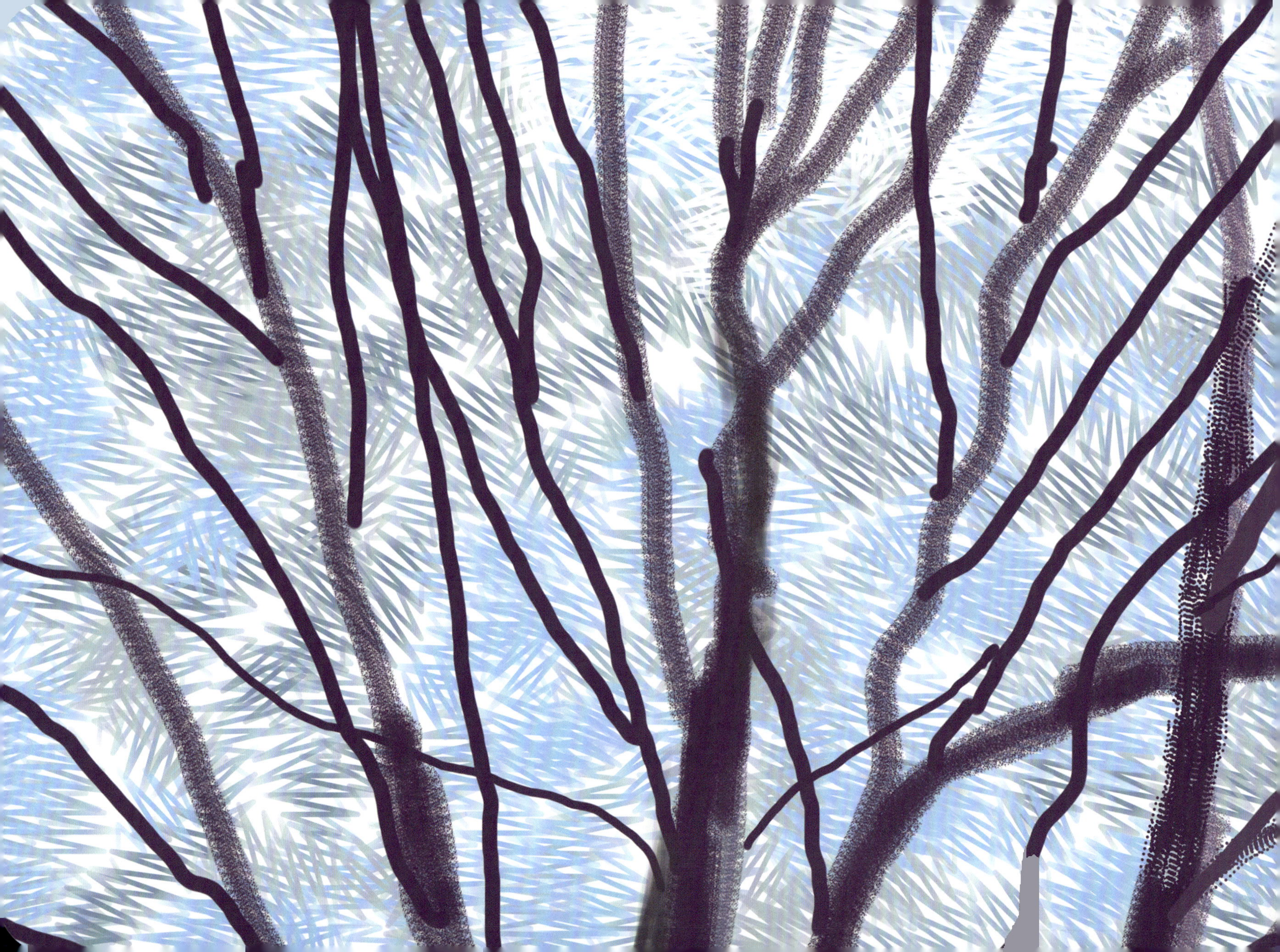

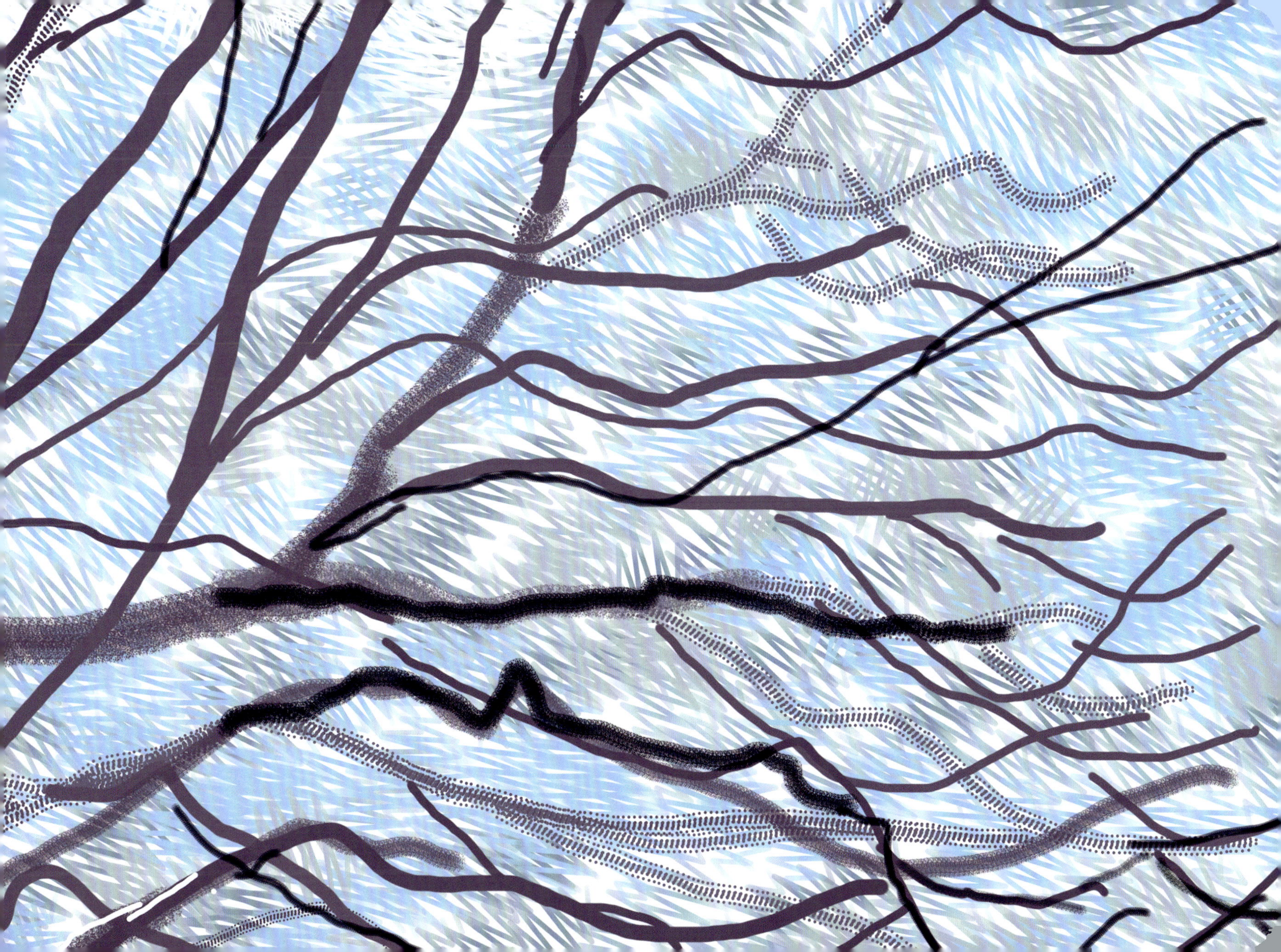

David Hockney. L’arrivée du printemps, Normandie, 2020

William Boyd

Mon parcours hésitant et sinueux dans le monde de l’art a croisé une autoroute à huit voies : David Hockney. À l’époque, en 2007, on m’avait demandé d’être l’éditeur invité du centième numéro de *Granta*. Si j’avais réussi à rassembler bon nombre d’anciennes gloires de cette célèbre revue littéraire – Doris Lessing, Salman Rushdie, Alice Oswald, Martin Amis, Mario Vargas Llosa, Jayne Anne Phillips ou James Fenton, parmi une trentaine d’autres – une question se posait : à qui demander de créer la couverture de ce numéro historique ? Pour une raison ou une autre, je m’écriai sans réfléchir : « Il faut que ce soit David Hockney ! ». Et tout le monde reconnut que l’idée était brillante.

Mais, tout bien considéré, c’était aussi une idée présomptueuse, et j’éprouvais une certaine appréhension. Comment diable allais-je y arriver ? Toutefois, selon l’adage « qui ne risque rien n’a rien », je fis appel à mon réseau et, grâce à un ami d’ami, je réussis à établir un contact avec l’entourage de David Hockney afin de lui adresser une invitation personnelle pour concevoir la couverture de *Granta 100*. À ma profonde stupéfaction, une semaine plus tard environ, le téléphone sonna et, en décrochant, j’entendis à l’autre bout du fil : « Bonjour, ici David Hockney ».

J’étais depuis longtemps un admirateur frénétique de son œuvre – j’avais pris l’habitude de copier ses dessins au crayon et de les offrir à mes amis avec l’inscription « D’après David Hockney ». Comme critique d’art à mi-temps et membre du comité de rédaction de la revue *Modern Painters*, je lui avais également consacré de nombreux articles. Il m’est toujours apparu comme un artiste hors pair, mais aussi comme un intellectuel. Je connaissais un photographe qui avait collaboré avec Hockney pour deux ouvrages sur la photographie, et j’avais lu celui sur les techniques oubliées des maîtres anciens, *Secret Knowledge (Savoirs secrets)*. J’en étais donc venu à penser qu’il pourrait être disposé à créer la couverture d’une revue littéraire.

Et je n’avais pas tort. À la fin de cette première conversation téléphonique, Hockney me dit : « J’ai besoin d’un point de départ – à quel genre de choses pensiez-vous ? ». Je lançai quelques idées liées à l’histoire de la revue et à la signification du centième numéro. Mais, en fin de compte, il ignora totalement – et à juste titre – mes propositions et, une semaine plus tard, sa couverture arriva dans ma boîte mail. Il s’agissait d’une photographie de trois petites toiles posées côte à côte sur un chevalet. La première toile affichait un « 1 » et les deux suivantes un « 0 » – les trois

Fig. 1 | David Hockney dans son atelier en Normandie, le 24 février 2021

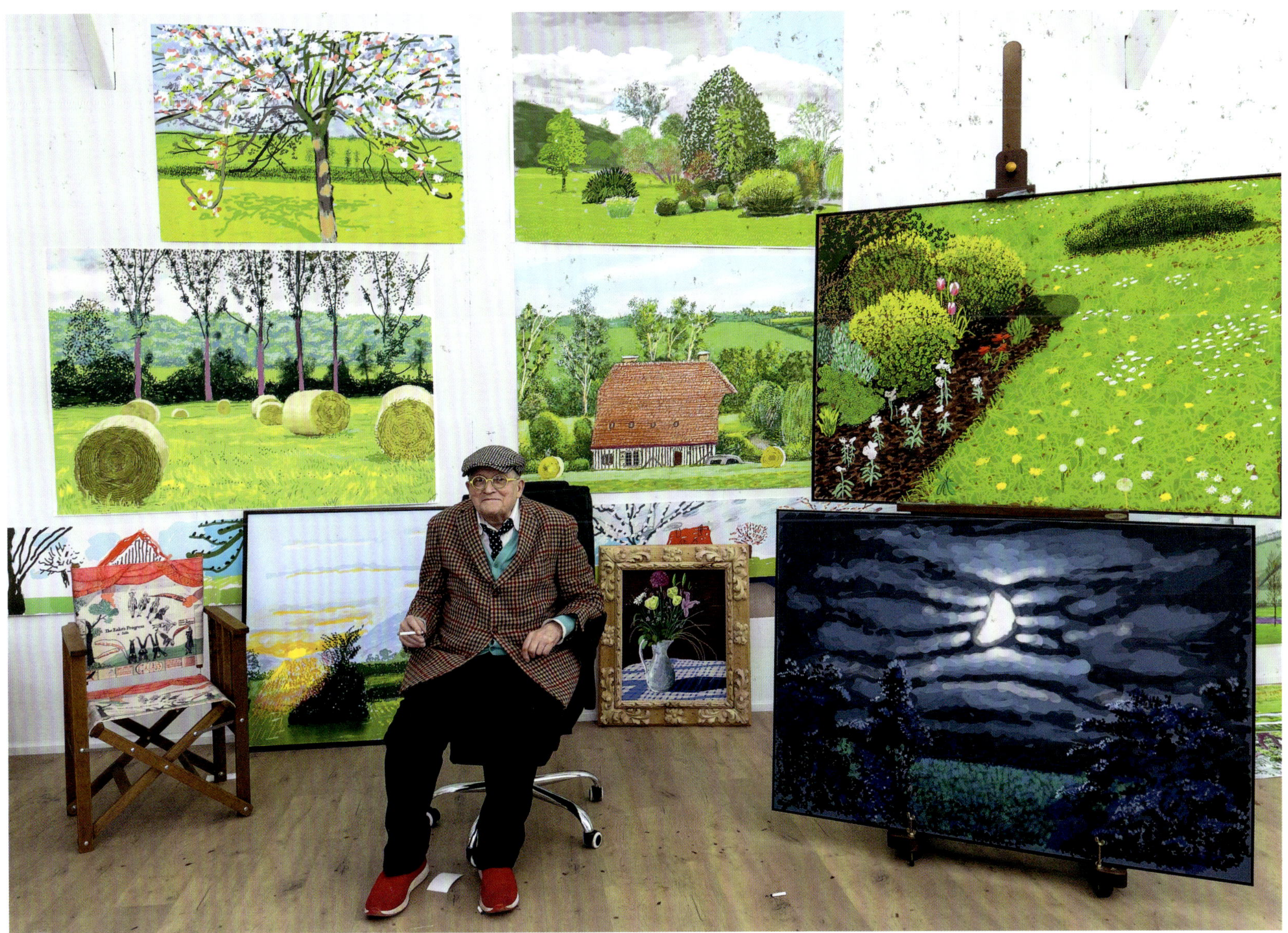
The Rake's Progress

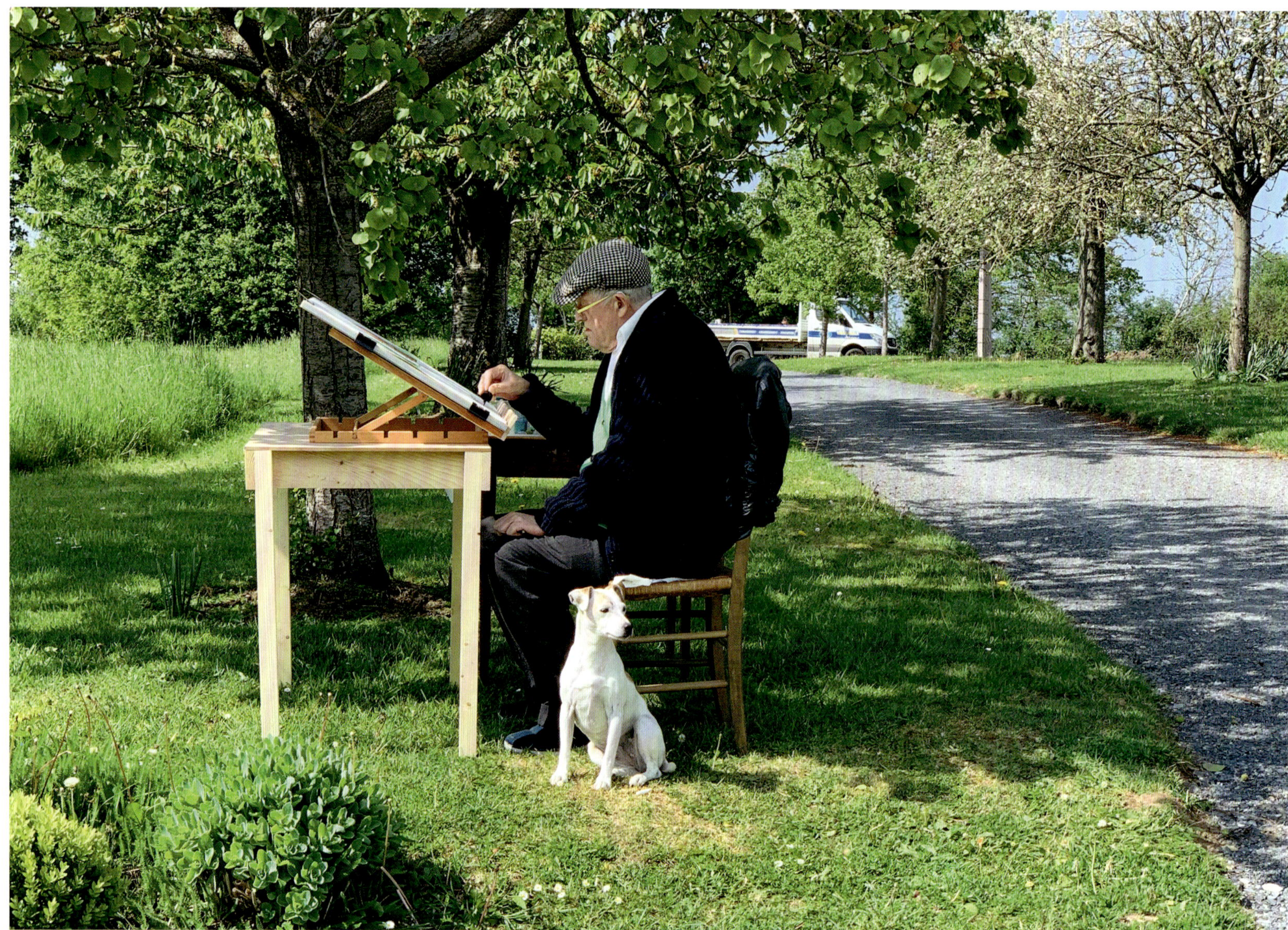

chiffres portant la patte inimitable de Hockney. Le chevalet était placé devant un de ses paysages géants, appelé à figurer, en 2012, dans son exposition *A Bigger Picture* à la Royal Academy. Une photographie d'un tableau devant un détail d'un tableau devint donc la couverture de *Granta 100*. Le concept était parfait pour la revue - le centième numéro écrit en gras - mais, à mon avis, de façon plus essentielle et subtile, l'image reproduisait parfaitement ce qui se passe lors de la création d'une fiction - une réalité enfouie dans une illusion.

Le véritable bonus de cette commande et de sa livraison fut en réalité d'avoir été à l'origine de ma relation avec David Hockney. Nous nous sommes parlé au téléphone, nous avons déjeuné ensemble au Chelsea Arts Club, je lui ai adressé mon nouveau roman et d'autres ouvrages... En échange - et là, j'ai vraiment été verni -, il m'a inclus dans le cercle étroit de ceux qui allaient recevoir ses dessins sur iPhone.

Si mes souvenirs sont bons, il avait commencé à réaliser ces dessins car, selon ses propres dires, « le logiciel pouvait enfin suivre la main ». La sensation de dessiner était désormais restituée dans sa plénitude - le décalage d'une fraction de seconde, si déconcertant, avait disparu - et Hockney pouvait désormais multiplier ces petits dessins, généralement des natures mortes - surtout des fleurs dans des vases - ou des vues occasionnelles depuis sa fenêtre (il vivait alors à Bridlington). J'ai imprimé le premier dessin que j'ai reçu. C'était une nature morte d'une bouteille et d'un verre sur une table rouge. Elle montrait que Hockney n'était pas encore totalement familiarisé avec les techniques disponibles dans ce petit format - choix de

Fig. 2 | David Hockney dessinant la maison avec Ruby, 29 avril 2019

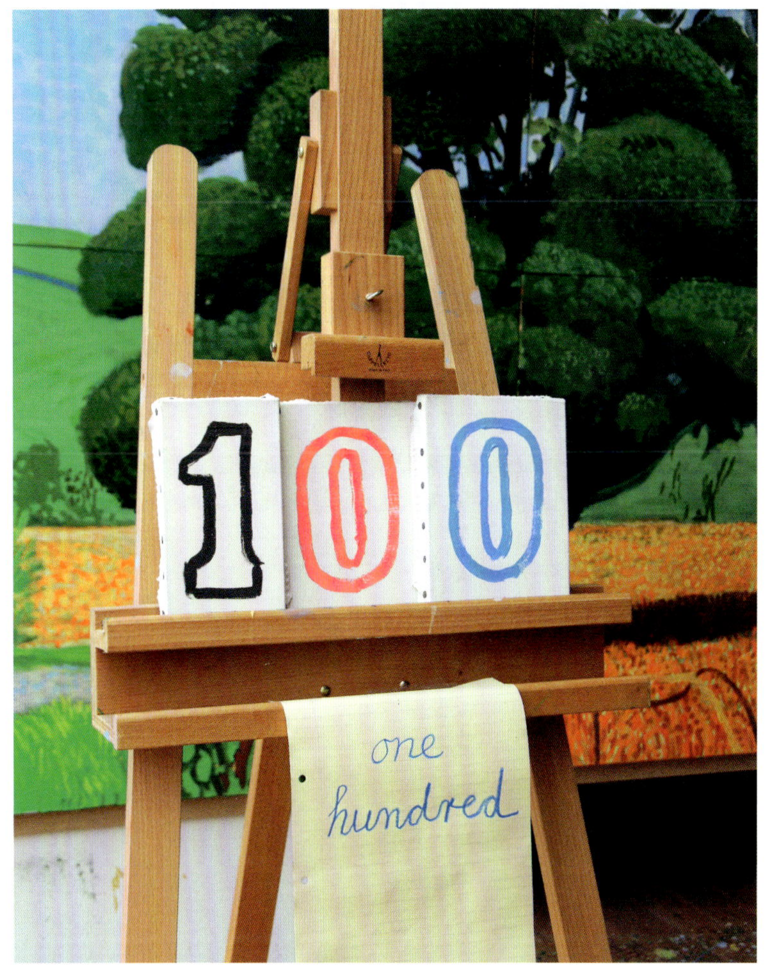

Fig. 3 | Dessin de couverture de David Hockney pour le centième numéro de la revue *Granta*, hiver 2007

la couleur, hachurage croisé – mais la composition de l'image était déjà d'une beauté classique. Très vite, à mesure que les dessins sur iPhone se succédaient, jour après jour, l'habileté de l'artiste s'affirmait : la liberté et l'assurance du geste graphique, la vivacité des contrastes de couleurs. Avec le passage à l'iPad, les images devinrent plus complexes et détaillées, les effets picturaux plus variés – une sorte de pointillisme et un calibrage chromatique plus nuancé – et la figuration se renforça. Ces images sur iPad acquirent progressivement tout le raffinement des dessins aux crayons de couleur de Hockney – portraits, natures mortes et intérieurs d'avant la révolution numérique.

Et à présent, avec *L'arrivée du printemps, Normandie, 2020* nous assistons, sous bien des aspects, à l'apothéose de cette période de « peinture-sur-écran », telle que nous pourrions la définir. Dans sa maîtrise du potentiel technique à sa disposition, Hockney se montre en toute confiance. Son installation en Normandie et l'œuvre qu'il y a produite m'apparaissent comme le prolongement de l'épisode de l'East Yorkshire, avec les paysages peints aux environs de Bridlington. Le médium est évidemment différent, mais la même jubilation s'exprime dans la diversité de la forme et le foisonnement de la nature, fût-ce d'une manière nettement plus stylisée. Car, malgré ses modulations et son élégance, l'image sur écran n'égalera jamais les nuances et le pouvoir allusif de la peinture sur toile, ni l'ampleur de la gamme graphique permise par les pinceaux.

Et rien ne l'y oblige. Le médium détermine la méthode et, par la puissance de son impact, la peinture numérique offre ses propres plaisirs. Après un hiver maussade, « Le printemps est dans l'air ! » est un cri de ralliement irrésistible qui revient chaque année – et particulièrement bien accueilli en 2021, après les circonstances incroyablement déprimantes que nous avons connues en 2020. Exubérantes et merveilleusement ingénieuses dans leur fausse naïveté, les descriptions de la campagne normande, ainsi que du jardin de Hockney et de ses environs, suscitent un frisson de plaisir et de satisfaction, doublé, comme toujours, par la reconnaissance sincère des dons de dessinateur exceptionnels de Hockney.

Un jour, alors que je l'interviewais pour un magazine américain, je lui ai demandé s'il pouvait, en regardant un tableau, dire si le peintre était bon ou mauvais en dessin. « Oh oui, me répondit-il. Instantanément ». Ma question était quelque peu rhétorique, car je suis convaincu qu'il est impossible d'être un grand peintre sans être, en même temps, un grand dessinateur. Même si cette évaluation, cette restriction ne s'appliquent évidemment pas aux artistes conceptuels, « photographiques ». Nous n'avons cité aucun nom, mais je crois que nous aurions pu, l'un comme l'autre, évoquer de nombreux exemples où la modestie du talent graphique déployé par l'artiste confirmait mon point de vue et vice-versa. Le fait est que David Hockney se situe dans la lignée de dessinateurs éminemment doués comme Rembrandt, Ingres, Toulouse-Lautrec, Egon Schiele et Picasso. *L'arrivée du printemps, Normandie, 2020* en témoigne, avec une exaltation joyeuse et sophistiquée.

Le génie de Hockney a parfois été comparé à celui de Mozart, comme pour postuler une sorte de maîtrise polymorphe incontestée, sans effort. C'est une comparaison qui va loin certes, mais pas assez loin. Mozart était prémoderne, si on peut dire, s'inscrivant dans les conventions musicales de la seconde moitié du dix-huitième siècle. Au début du vingtième siècle, l'arrivée du modernisme dans l'art a tout modifié – aboli toutes les frontières – et, grâce à ce changement pérenne, un artiste comme David Hockney bénéficie d'une libération flexible dont Mozart n'aurait jamais pu rêver.

Fig. 4 | *Beuvron-en-Auge Panorama* (« Beuvron-en-Auge, panorama »), 2019. Encre sur papier, 57,5 x 76,8 cm

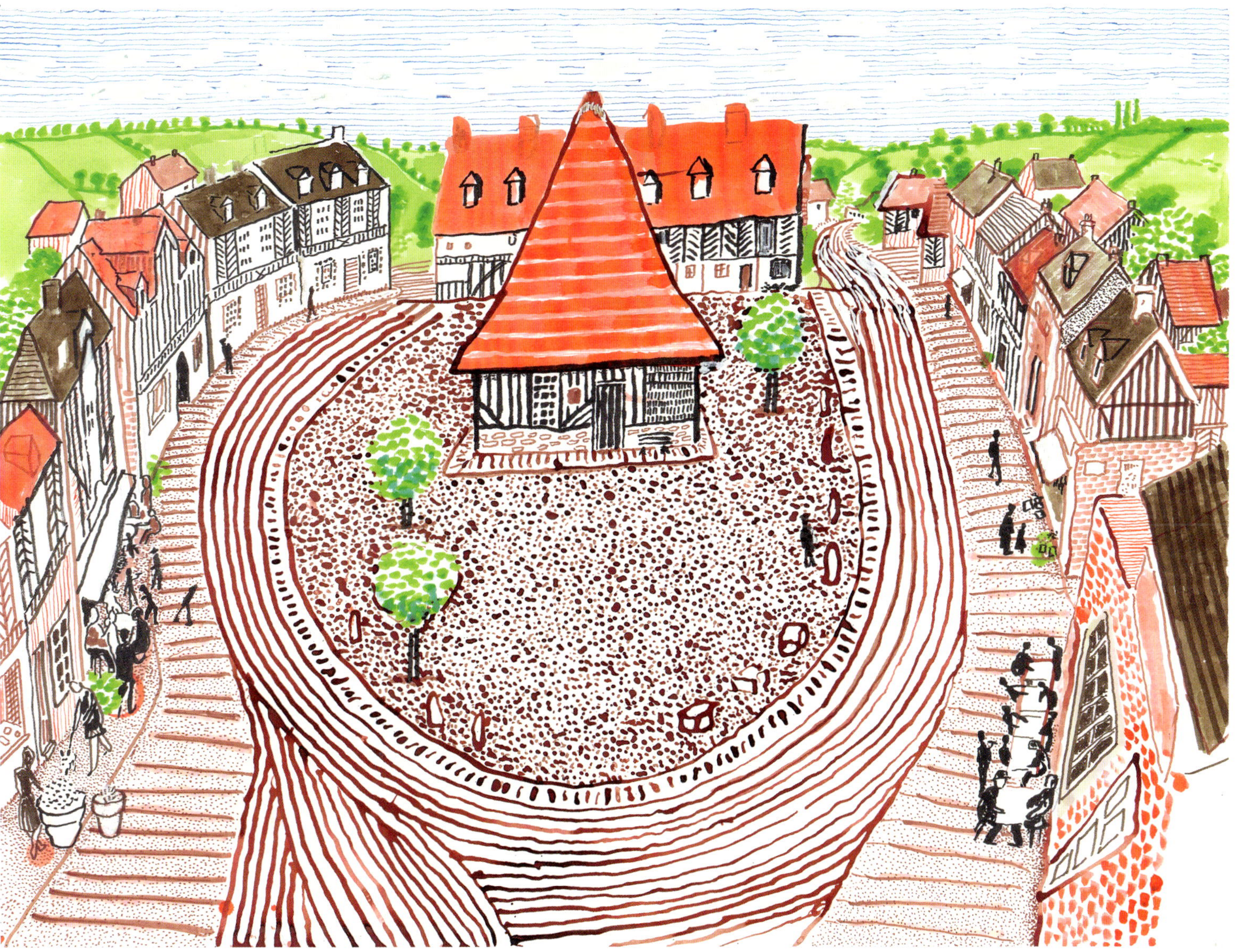

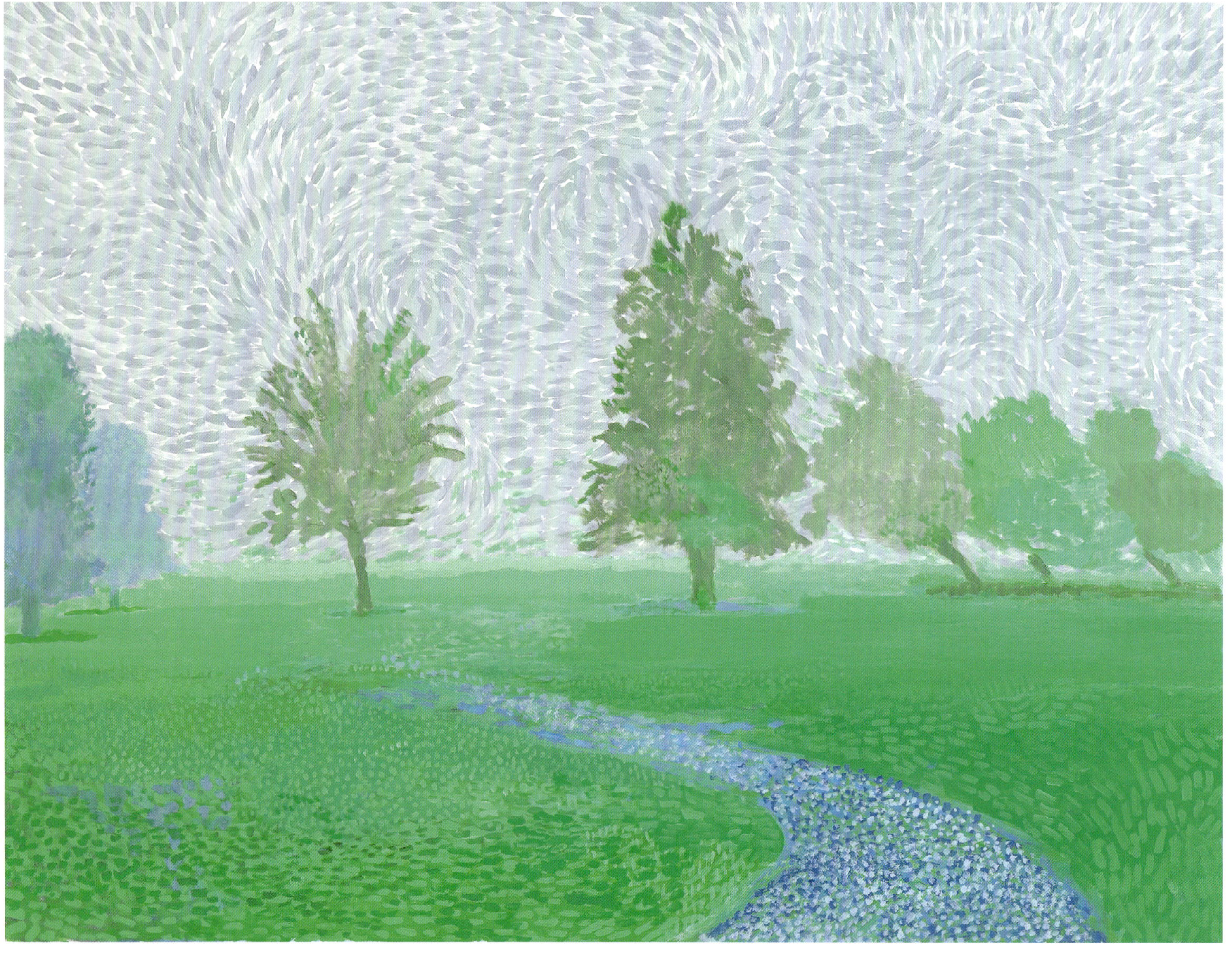

Ces tableaux sur iPad constituent un véritable cas d'école. L'art de Hockney, dans ces images numériques, est à la pointe de la technologie informatique du vingt-et-unième siècle. Il démontre aussi que la polymathie - le génie universel - de Hockney est plus proche de celle de Picasso que de celle de Mozart (qu'aurait pu faire Picasso avec un iPad ?). En cherchant à comprendre les multiples réalisations de David Hockney et les nombreux domaines très variés dans lesquels il a produit et continue à produire son art sans équivalent, je crois qu'il convient de citer l'aphorisme d'Archiloque : « Il sait bien des tours le renard. Le hérisson n'en connaît qu'un, et il est fameux ». Si on applique ce concept à l'art, cette division binaire entre les artistes devient évidente. Il est des artistes renards et des artistes hérissons. Essayez et voyez ce que cela donne... Mais un fait est établi et indiscutable. David Hockney est un renard.

Fig. 5 | *Trees Mist* (« Brouillard d'arbres »), 2019. Acrylique sur toile, 91,4 x 121,9 cm

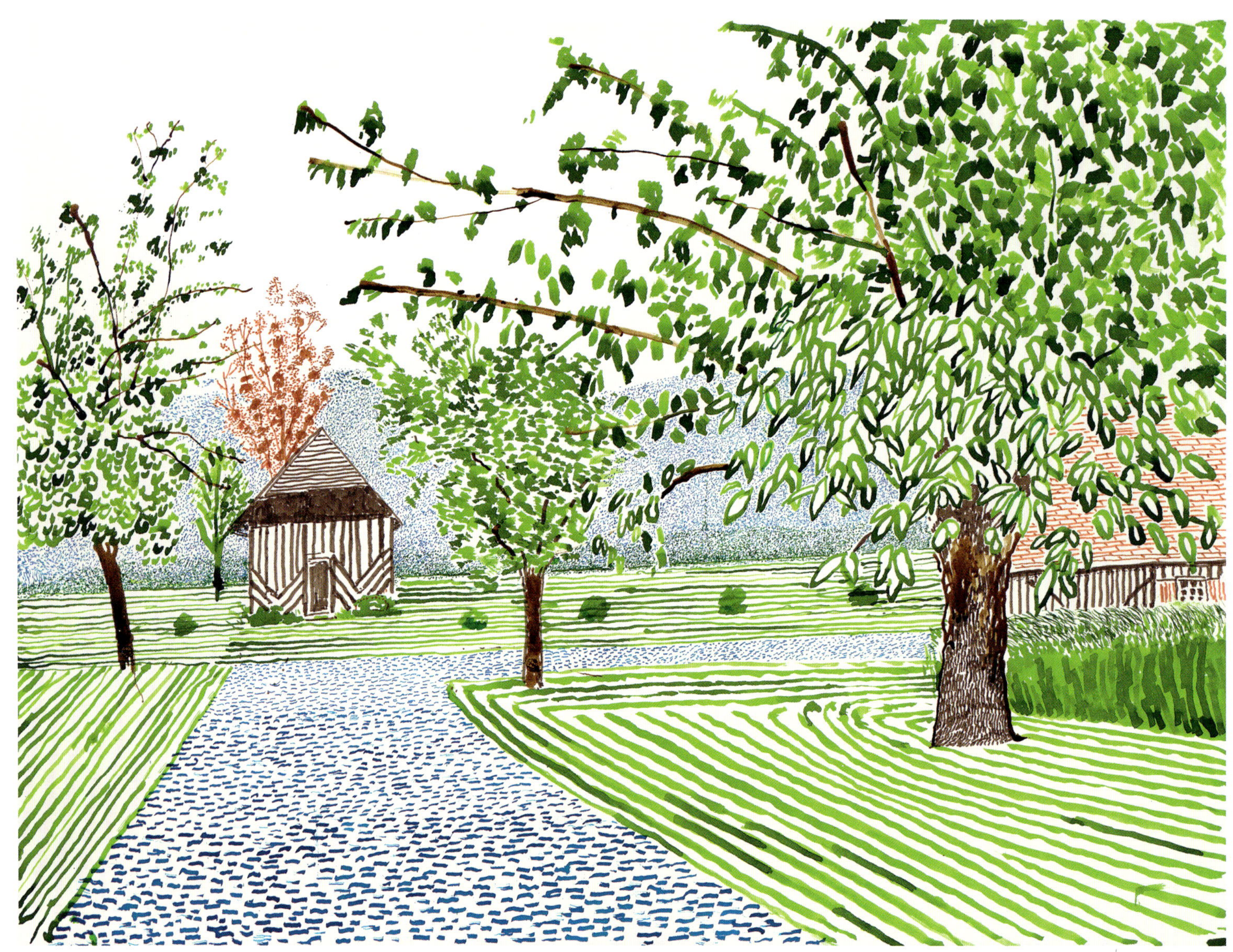

David Hockney

en conversation avec Edith Devaney

EDITH DEVANEY David, lors de votre exposition *A Bigger Picture* à la Royal Academy en 2012, l'une de vos dernières œuvres, née alors au terme de cinq printemps, était *L'arrivée du printemps* (2011), un grand tableau et une série de 52 dessins sur iPad. Était-ce, comme je le pense, votre première œuvre sur iPad ?

DAVID HOCKNEY Effectivement… J'ai acheté un iPad dès la sortie de cette tablette, en avril 2010. Tout ce que vous avez à faire sur un iPad, c'est poser des touches, et j'ai commencé par tester tous les pinceaux, en cherchant à découvrir toutes les traces qu'ils pouvaient laisser. En fait, il en existe des milliers, et j'ai poursuivi mes essais pendant un bon moment, et puis, durant le reste de l'année, j'ai dessiné sur l'iPad ce que je voyais par ma fenêtre. Ensuite, dès la première semaine de janvier, je me suis lancé dans une scène de neige, et je n'étais pas encore fixé sur la manière dont j'allais représenter *L'arrivée du printemps* (2011), car je n'avais pas encore fait le grand tableau pour l'extrémité de la galerie. La semaine suivante, je me suis rendu compte que je pouvais le faire avec un iPad et un tableau, et j'ai donc exécuté ce grand tableau. Ensuite, j'ai entamé le travail avec l'iPad en février pour le poursuivre jusqu'en juin, pour arriver à un total de 90 pièces environ, mais j'ai réduit ce nombre à 52 pour la galerie principale de la Royal Academy et, à mes yeux, il s'agissait de dessins. Aujourd'hui, je peins réellement sur l'iPad, car j'en suis venu à utiliser beaucoup plus les superpositions de couches. Et j'emploie de nouveaux pinceaux, plus petits, qui ont été conçus pour moi, à ma demande, mais aussi des petites formes et d'autres éléments, et j'ai vraiment l'impression de peindre.

ED Oui, de fait… Lorsque je suis entrée dans l'atelier et que je les ai vus, je me suis dit : « Aucun doute, ce sont des tableaux ! ». Vous avez envisagé d'appeler vos œuvres sur iPad de 2011 des dessins, mais ce sont bel et bien des tableaux…

DH En effet… Désormais, sur l'iPad, je pense comme un peintre. Vous prenez une couleur et vous pouvez l'essayer, et puis vous vous dites non, elle devrait être un peu plus foncée, ou un peu plus lumineuse, et vous changez. C'est comme en peinture. Vous commencez par une petite touche de couleur et, quand il y en a toute une série, vous vous dites, eh bien, nous y sommes ! C'est ce que je fais sans cesse, en jouant sur les verts. Je veux dire en fait que le vert du printemps est un vert d'une fraîcheur chatoyante, qui disparaît dès le mois de juin. Avril et mai se caractérisent par ce vert extrêmement frais. Vous devez donc disposer d'une gamme de verts, vous avez réellement besoin d'utiliser plusieurs verts. C'est une couleur compliquée ; on peut voir davantage de verts que n'importe quelle autre couleur. C'est peut-être parce que nous avions l'habitude de chercher notre nourriture. Je veux dire par là que ce serait quelque chose qui remonte très loin, quelque chose au plus profond de nous.

Fig. 6 | *Study of 'The Entrance'* (« Étude pour 'L'entrée' »), 2019. Encre sur papier, 57,5 x 76,8 cm

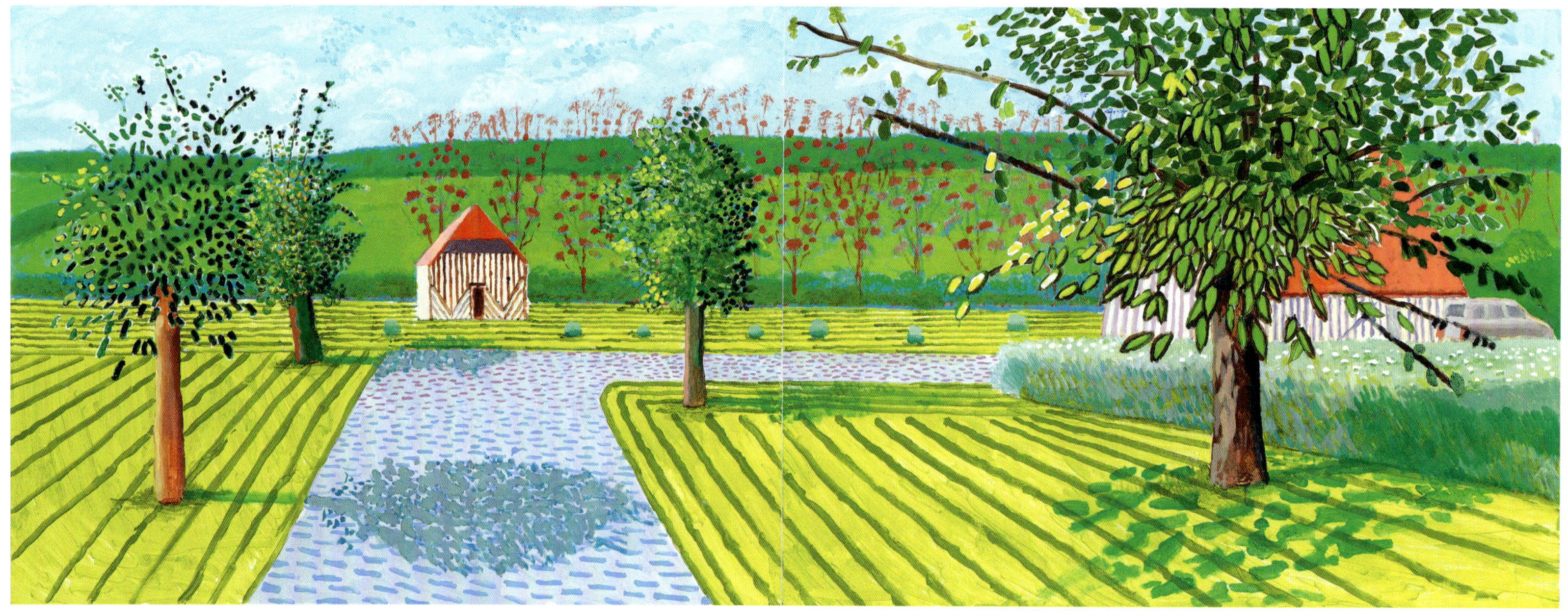

Fig. 7 | *The Entrance* (« L'entrée »), 2019. Acrylique sur deux toiles, chacune 91,4 x 121,9 cm, ensemble 91,4 x 243,8 cm

ED Et le thème du printemps ? Quand vous avez créé cette première *Arrivée du printemps*, je me souviens vous avoir entendu la présenter comme un sujet classique...

DH Oui, en effet, c'est bel et bien le cas... Mais il est impossible de le traiter en un seul tableau. J'ai compris que pour montrer l'arrivée du printemps dans sa globalité il faut commencer en hiver et continuer jusqu'au début de l'été. Ce n'est qu'alors que toutes les nuances se laissent admirer, parallèlement aux superbes évolutions de chaque arbre. Mon premier printemps, depuis de longues années, je l'ai contemplé en 2002, quand je posais pour Lucian Freud et que je remontais Holland Park sur toute sa longueur, chaque matin à huit heures, conscient que le printemps arrivait et que c'était absolument fantastique. Je me suis aperçu que je n'en avais pas vu un seul en vingt ans... Ils ont évidemment un printemps en Californie, on voit les fleurs dans le désert, les changements provoqués par l'éclosion des fleurs, mais on n'assiste pas au changement spectaculaire des arbres d'hiver en arbres d'été, avec toutes les péripéties intermédiaires. C'est la plus belle manifestation de la nature ici en Normandie, ou n'importe où en Europe du Nord. Il faut que ce soit dans le Nord, car plus on descend vers le Sud, plus le climat devient tropical et les saisons disparaissent.

ED Vous avez scruté l'arrivée du printemps, ici en Normandie, comme vous l'avez fait dans le Yorkshire, et vous êtes devenu

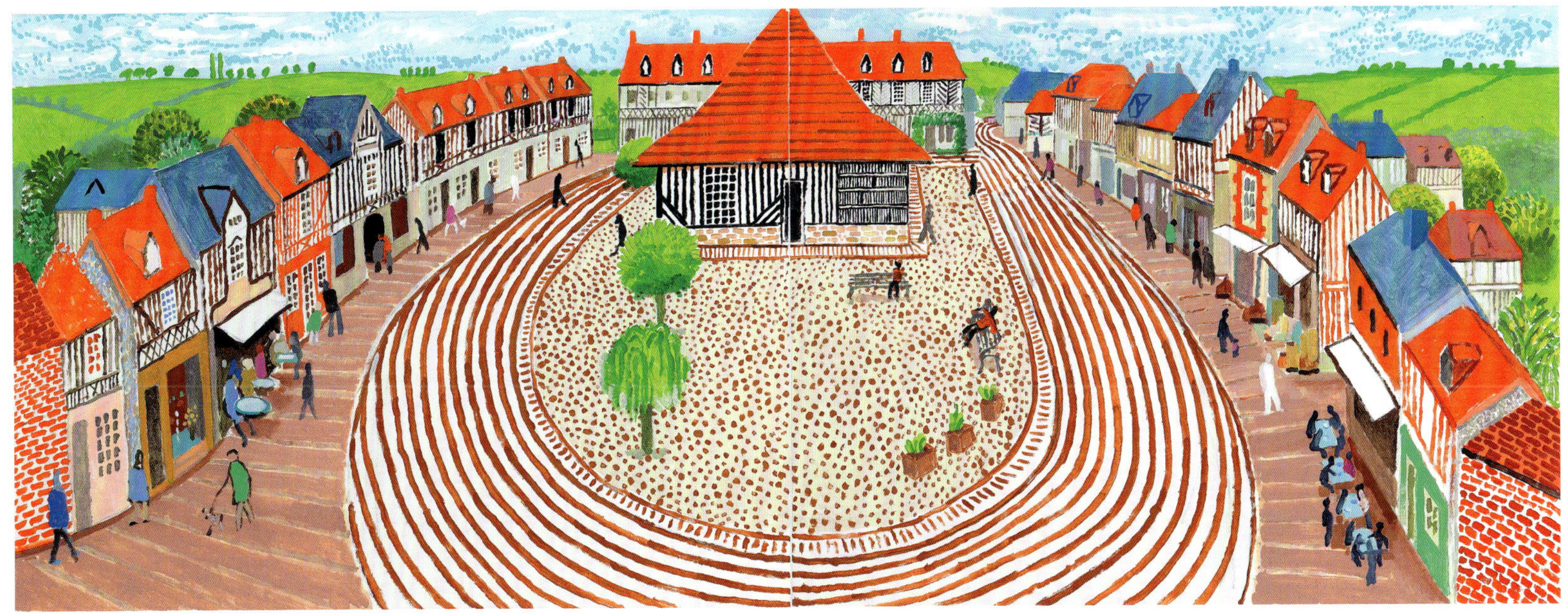

Fig. 8 | *Beuvron-en-Auge Panorama* (« Beuvron-en-Auge, panorama »), 2019. Acrylique sur deux toiles, chacune 91,4 x 121,9 cm, ensemble 91,4 x 243,8 cm

imbattable sur le rythme de floraison de chaque essence d'arbre…

DH Oui, je n'ai aucune raison de quitter cet endroit. Il y a plus d'un hectare et demi de terrain, avec cette chaumière des Sept Nains au beau milieu et une petite rivière en contrebas, des haies de chaque côté, des arbres de belle taille dans le haut, près de la route, et je n'en suis presque jamais parti. J'y trouve absolument tout ce dont j'ai besoin. Chaque année est différente, car chaque année les arbres redémarrent à des moments différents. L'année dernière, les cerisiers ont été les premiers, suivis par les poiriers ; cette année, par contre, les poiriers sont sortis les premiers, avant les cerisiers. Ce processus ne débute pas à date fixe, et on ignore quels arbres vont lancer le mouvement. Même si vous viviez ici depuis quarante ans, vous n'en sauriez rien… Mais, pour un observateur comme moi, c'est passionnant. Tout à fait passionnant. Ça commence par des branches totalement dépouillées et, à la fin, elles sont couvertes de feuilles. Ce qui rend la route très sombre en été. En hiver, elle est plus lumineuse.

ED Une des raisons pour vous être installé en Normandie, David, est donc de pouvoir saisir le printemps et cela reste votre objectif aujourd'hui. Mais personne n'aurait pu prédire la Covid, ni le confinement de toute la planète. Et vous étiez ici à célébrer la nature, alors que le monde était confiné et terrifié par la pandémie.

DH En fait, cela ne m'a pas beaucoup affecté. Nous avions programmé cette année. Pour arriver à faire tout ça sur un iPad, il faut en effet programmer le processus, savoir ce que vous allez faire, savoir ce que vous regardez, savoir comment travailler sur un iPad… Et le projet était au point lorsque la Covid est arrivée. L'absence de visiteurs a été une véritable aubaine pour moi. Nous ne pouvions pas aller au restaurant, car tout était fermé, mais nous mangions parfaitement bien ici. Tout s'est bien passé. J'envoyais systématiquement les images sur iPad à une bonne vingtaine de personnes, parce que c'est possible, et je pense que, si c'est possible, il faut partager : cela fait partie du processus. La plupart pensaient qu'ils recevaient l'image de la veille, mais en réalité elles remontaient à cinq jours, car j'étais parfois encore au travail sur les plus récentes. On peut les réarranger, les modifier, dessiner par-dessus si on veut, et j'ai commencé à les envoyer après en avoir fait six. Ensuite, l'envoi est devenu quotidien.

ED J'étais parmi les heureux destinataires, et c'était quelque chose d'extraordinaire, alors que nous étions tous tellement déprimés par la pandémie, de recevoir ces images qui célébraient l'arrivée du printemps, avec ce message fort de votre part : on ne peut annuler le printemps, tout le reste peut s'arrêter, mais pas le printemps. C'était réellement réconfortant !

DH Les gens les appréciaient en effet. Ils me répondaient par de petits messages.

ED À quel moment avez-vous décidé, David, du médium à utiliser pour le printemps 2020 ? Vous aviez déjà fait le printemps sur l'iPad en 2011, et puis *L'arrivée du printemps* au fusain et au crayon en 2013.

DH J'ai d'abord utilisé des encres, mais, comme Jonathan s'obstinait à me signaler cette nouveauté sur l'iPad, j'ai commencé à m'y intéresser en novembre 2019. J'avais fait tous ces dessins à l'encre, dont je ne m'étais pas servi depuis longtemps – je l'emploie à cause de la couleur – mais je me suis alors rendu compte que sur l'iPad, eh bien, je peux utiliser la couleur, je peux utiliser la ligne, je peux utiliser tout ce que je veux… Je m'y suis donc remis et j'ai pas mal travaillé à L.A. Et dès mon retour en France, en février, je me suis dit, je vais utiliser cette technique. Et j'ai commencé à dessiner les arbres en hiver, en me disant que je pourrais tout faire sur l'iPad, mais sans en être tout à fait sûr. Et puis, après quinze jours de travail, j'ai pensé, cette fois c'est vraiment bien, il y a de meilleurs pinceaux que dans les versions précédentes, et j'ai travaillé en couches superposées, parfois jusqu'à cinq, et j'étais de nouveau très emballé. Vous voyez, vous obtenez une couche, et rien ne vous empêche de dessiner par-dessus, et ensuite vous ajoutez une autre couche, et vous pouvez en permanence compléter le dessin. Vous pouvez retourner en arrière et refaire la couche précédente, ça m'arrive parfois, et on peut aussi laisser les choses en l'état, ce qui me permet de travailler plus vite, de saisir l'atmosphère plus rapidement. C'est vraiment une toute nouvelle méthode. Et j'en connais un bout sur les dessins et les tableaux, j'ai passé soixante ans de ma vie à en faire. Mais là, c'est nouveau, à cause des couches, et parce qu'on peut y revenir. Sur papier ou sur toile, c'est impossible.

ED Et bien entendu, avec un iPad, les déplacements sont plus simples. Il suffit de partir en voiture, sans devoir emporter tout un attirail de peintre…

DH En effet… En réalité, je devais rejoindre l'arbre pour observer sa floraison, il est impossible de le faire depuis la maison. Mais c'est tout ce dont j'ai besoin, cet iPad et son stylet, rien d'autre. Donc, je n'avais qu'à sortir, m'asseoir dans la voiture et dessiner, et je m'absorbais complètement dans mon travail. Parfois, je dessinais pendant trois ou quatre heures d'affilée,

Fig. 9 | *In Front of House Looking West* (« Devant la maison, à l'ouest »), 2019. Encre sur papier, 57,5 x 76,8 cm

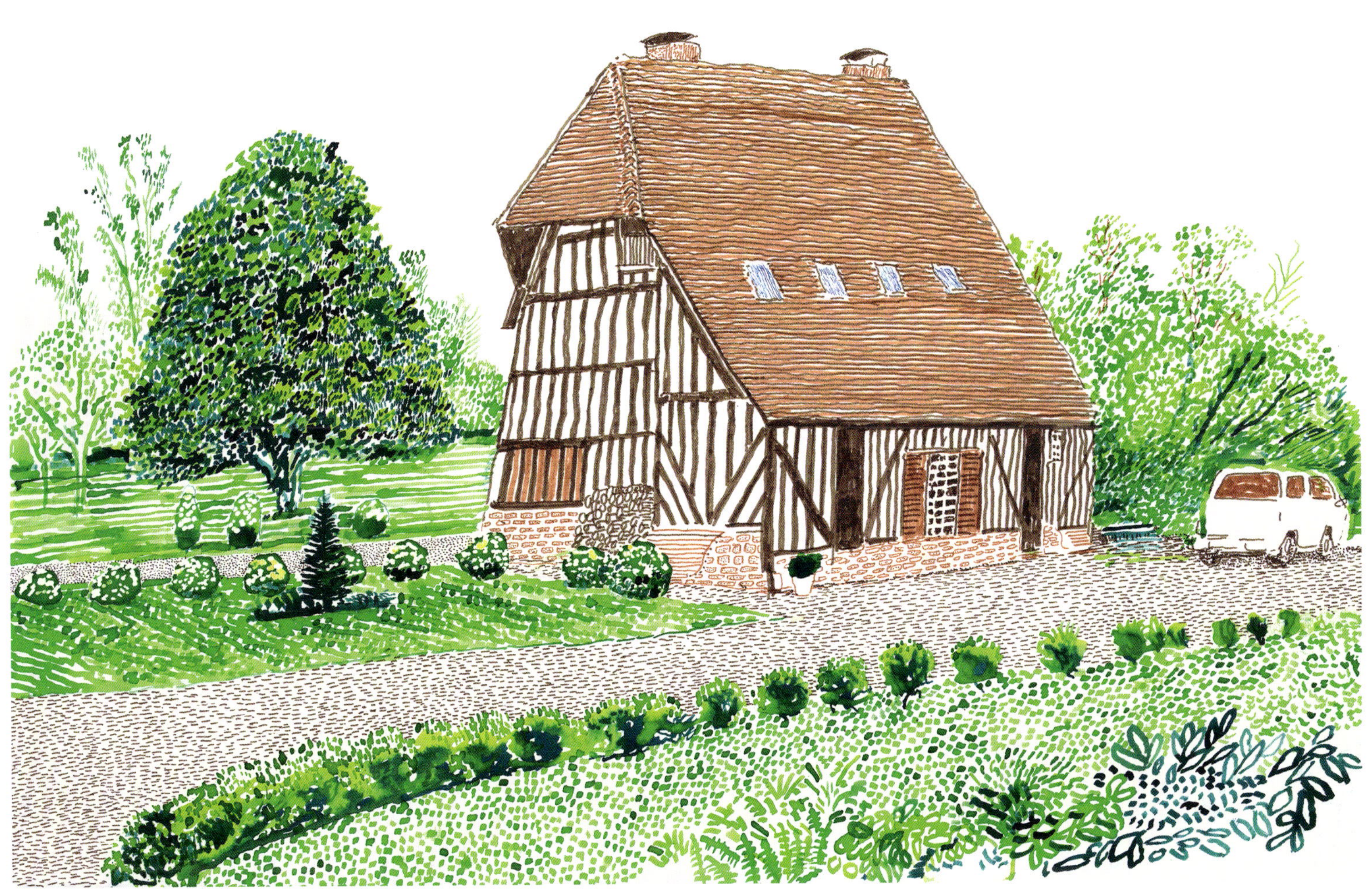

et puis je rentrais, et il m'arrivait d'aller me coucher à huit heures et demi, et même de continuer à dessiner dans mon lit, sur l'iPad, car c'est tout ce dont on a besoin.

ED L'image du sujet vous reste-t-elle dans la tête, après toute une journée d'observation ?

DH Effectivement. Et pendant le confinement, je ne pensais même à rien d'autre. Je n'avais pas à penser à qui venait le lendemain, ou à telle ou telle chose que je devais faire. Je ne pensais qu'au travail et à ce que j'allais créer le lendemain. Le soir, je me disais, je vais couper une branche en fleurs, la ramener ici et la dessiner en gros plan. J'ai beaucoup utilisé le cerisier, j'ai fait un dessin avec tout juste une ébauche de floraison, puis davantage de fleurs, et davantage de fleurs encore, et puis avec ces petites choses roses qui apparaissent. Je trouve ça très excitant, dessiner sur un iPad, très, très excitant. J'utilisais les couleurs, j'utilisais les textures, et tout ça sur l'iPad. Ensuite, au bout d'une quinzaine de jours, nous avons commencé à les imprimer et à les accrocher dans l'atelier. Ils mesuraient plus ou moins soixante centimètres, et ils s'accumulaient, et je passais tout mon temps à les regarder, et puis je sortais, et je dessinais quelque chose, que nous imprimions et qui s'ajoutait aux autres. Parfois, j'y revenais et je les retravaillais.

ED Mais, avec la peinture à l'huile, c'est également possible, non ?

DH Oui, mais avec l'iPad, il ne faut pas attendre que ça sèche. On peut dessiner en continu, sans même s'arrêter pour réfléchir. Certains dessins prennent douze heures. Pas tous, mais c'est le cas pour beaucoup. Vous pouvez tout voir, et vous travaillez, et votre esprit travaille aussi, parce que vous pensez en couches, vous pensez à la manière de disposer les éléments couche après couche, à ce qui précède en fait. En bas, au bord de la rivière, il faut penser à ce qui est devant quoi, ce n'est pas facile là en bas.

ED Et vos images de nuit et de la Lune ?

DH En fait, je ne me suis pas arrangé pour voir la Lune, enfin si, mais plus tard, au début, je me suis juste levé pour un besoin naturel, et j'ai vu la Lune là dehors, mon regard est redescendu vers le sol et j'ai vu les jeux d'ombres, et je me suis dit, je dois dessiner ça, maintenant. Avec un iPad, on peut dessiner instantanément, et c'est ce que j'ai fait. Deux dessins en à peu près une heure, une demi-heure chacun. La Lune, il faut la dessiner rapidement, car les nuages bougent, ça change très vite. J'ai donc fait ces deux dessins, des images de la Lune de cette nuit-là, et, dès six heures du matin, je les ai envoyés à certains. Et je l'ai refait à chaque pleine lune. La pleine lune du 31 octobre, Halloween, était ce qu'on appelle une lune bleue, et elle est apparue ici vers dix-neuf heures, alors j'ai commencé à la dessiner, et puis j'ai remarqué que les lumières étaient allumées dans la maison, et nous les avons laissées comme ça, et je les ai dessinées elles aussi. Et puis j'ai de nouveau dessiné la Lune une heure après, plus haut dans le ciel, et ainsi de suite. Elle se déplace sans cesse et finit par se coucher. En fait, il faut la nuit entière pour réaliser ça. J'ai réussi à faire cinq dessins, et puis les nuages sont descendus trop bas et la Lune a disparu. Ce genre de dessins, on ne peut les faire que sur un iPad. Si on les faisait sur papier, il faudrait éclairer la feuille, il serait impossible de travailler dehors dans le noir. Mais, sur un iPad, c'est possible, car l'écran est rétroéclairé.

ED Votre démarche, tant pour la réalisation d'une image que pour la recherche de sujets à peindre, est assez complexe. Pas étonnant que ce projet ait occupé tout votre temps et toutes vos pensées : il est d'une envergure impressionnante. Mais, quand vous travaillez sur votre iPad, qui est évidemment de taille standard, vous savez qu'une fois imprimées, les œuvres finales seront plus grandes. En quoi cela influence-t-il votre façon d'apposer vos touches ?

DH Je me contente de travailler sur l'iPad, et il y a des milliers de manières différentes de le faire, afin d'obtenir une texture

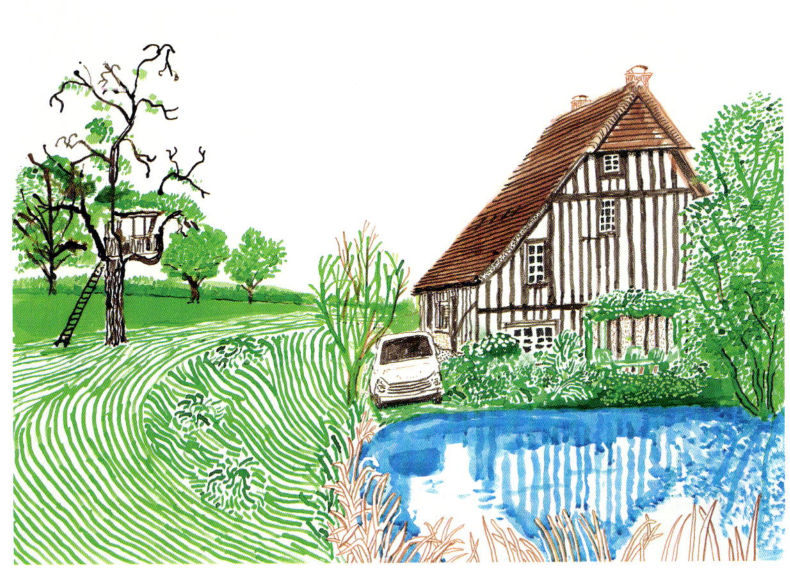

Fig. 10 | *In Front of House Looking East* (« Devant la maison, à l'est »), 2019. Encre sur papier, 57,5 x 76,8 cm

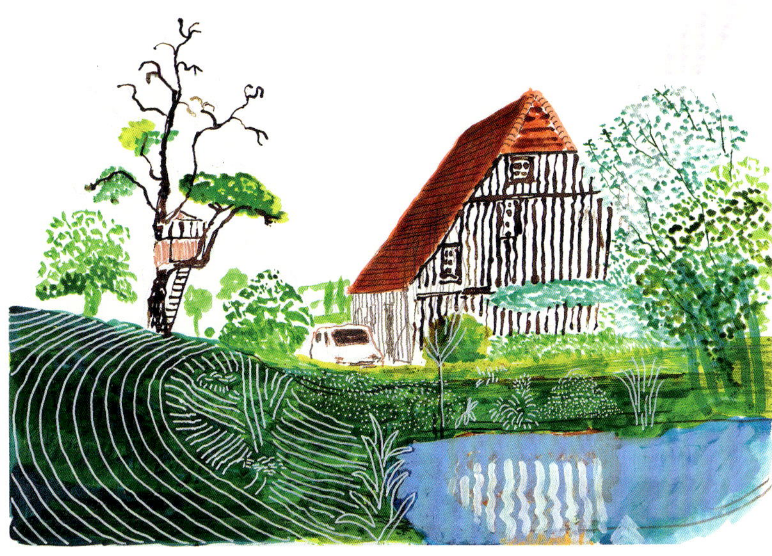

Fig. 11 | *Looking East I* (« À l'est I »), 2019. Encre et acrylique sur papier, 57,5 x 76,8 cm

différente. Je sais que certaines personnes se disent incapables de dessiner sur l'iPad en raison de sa taille réduite. Mais, bien avant d'utiliser un iPad ou un iPhone, je dessinais dans de petits carnets de croquis. J'ai commencé en 2005 ou 2006, je les avais toujours en poche, et j'utilisais ces petits pinceaux japonais à réservoir, avec de l'aquarelle, ainsi que de simples stylos. J'étais donc habitué à dessiner en petit format et je savais que, même à petite échelle, on peut dessiner bien des choses, on peut dessiner des montagnes majestueuses en tout petit. En tout cas, l'iPad est parfait pour moi, et bien sûr vous pouvez agrandir et étoffer n'importe quelle partie, ça m'arrive souvent. Mais il m'a fallu pas mal de temps pour apprendre à le maîtriser et, s'il m'en a fallu à moi, il en faudra à tout un chacun...

ED Et, comme vous le dites, vous avez soixante ans de dessin et de peinture derrière vous...

DH En effet. Mais, à présent, je le maîtrise parfaitement, je peux faire les choses très, très rapidement, et du coup j'aime vraiment ça. C'est un nouveau médium. Mais, à mon avis, il faut toujours imprimer. Sur un ordinateur, les choses peuvent se perdre. Quand vous les imprimez, elles deviennent des choses réelles, des choses de ce monde.

ED Et vous supervisez non seulement la qualité de l'impression, mais aussi les dimensions de l'épreuve finale, que vous déterminez minutieusement. Et voici l'échelle idéale, celle que

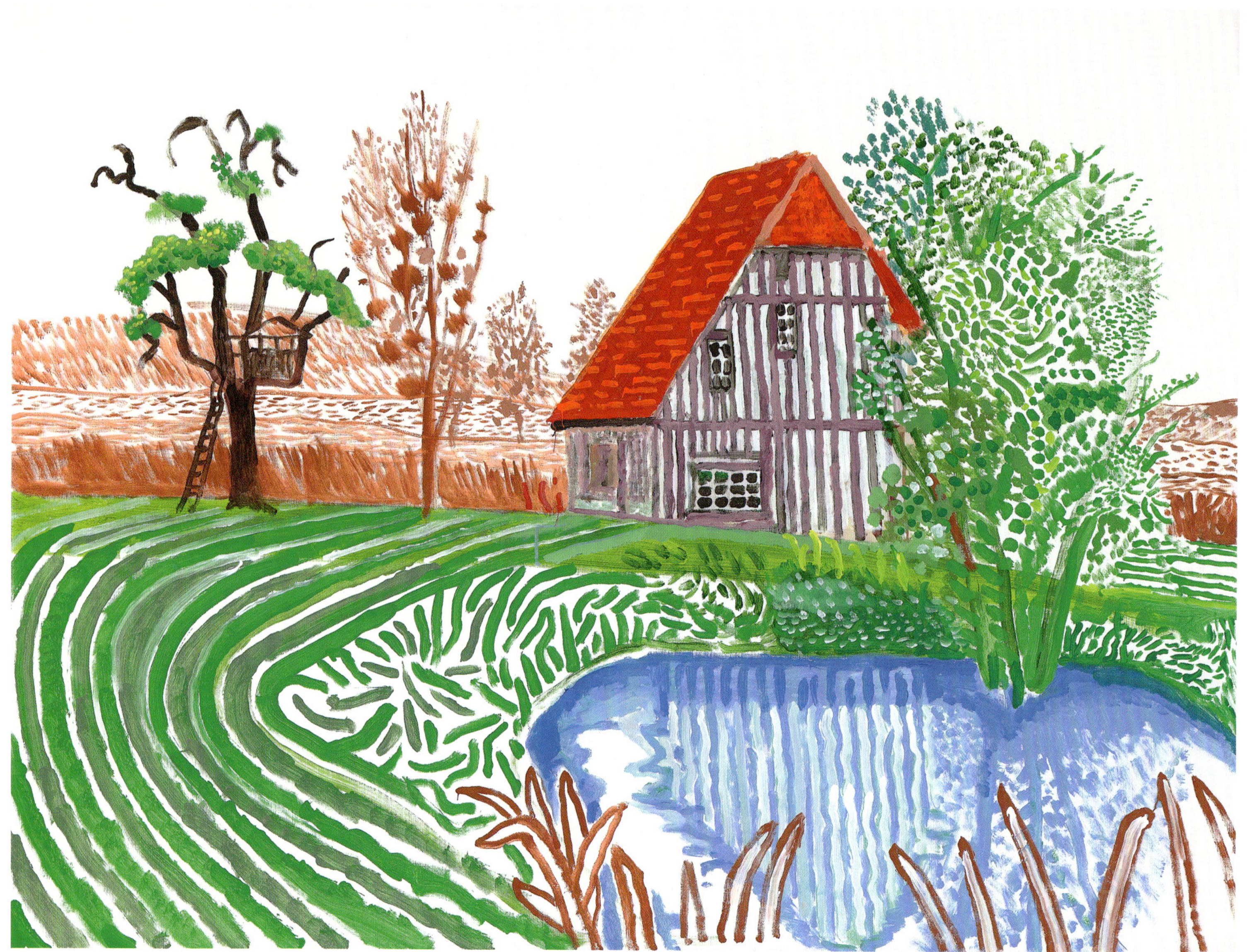

nous utilisons dans l'exposition, environ un mètre sur un mètre et demi. À cette échelle, nous distinguons votre main, votre geste... Je voulais évoquer avec vous deux œuvres qui vous occupaient avant ce projet, et vous interroger à ce sujet, car l'une et l'autre sont portées - comme *L'arrivée du printemps* - par un récit très puissant. La première est la Tapisserie de Bayeux. Ici, en Normandie, on en est très proche, et je sais que vous la connaissez depuis longtemps, mais vous l'avez beaucoup vue récemment. L'autre est la vidéo panoramique de Lisa Reihana, *In Pursuit of Venus [Infected]*, (« À la poursuite de Vénus [infectée] »), que vous avez découverte à la Royal Academy, dans le cadre de notre exposition *Oceania*, en 2018. J'aime l'idée que ces œuvres - l'une aussi ancienne que la Tapisserie de Bayeux et l'autre aussi moderne que la vidéo de Lisa Reihana - aient toutes deux joué un rôle dans votre processus de création.
DH Il y a un rapport entre elles, mais la différence est qu'avec l'œuvre de Lisa, on reste au même endroit. J'étais assis au premier rang, et les arbres sont en mouvement, et vous constatez cinq incidents séparés, chacun avec des gens qui vont et viennent, et personne ne vous dit où regarder. C'est ça qui est génial ! Il vous appartient à *vous* de décider où regarder, et vous regardez d'un côté, et puis vous regardez de l'autre, vous regardez partout à 180 degrés. Avec la Tapisserie de Bayeux, l'œuvre est en mouvement parce que vous l'êtes, et que vous déambulez en la regardant. Nous avons été la voir pour la première fois à mon arrivée ici, et je l'ai vue une bonne vingtaine de fois depuis, parce que je me suis rendu compte qu'elle était chaque fois différente. En marchant à différentes vitesses, vous voyez les choses à des moments différents.
ED David, je trouve fascinant que votre travail avec un médium influence votre approche du suivant. La gravure, qui est apparue très tôt, a eu de l'influence sur votre peinture et vos collages photographiques, qui ont modifié à leur tour votre manière de peindre ensuite. Il sera vraiment fascinant de voir comment ces œuvres sur iPad, aujourd'hui si complexes, vont transformer vos touches sur toile. Je ne peux pas m'empêcher de reparler de Monet, puisque nous sommes en Normandie...
DH Oui, il a passé quarante ans à Giverny, il a vu quarante printemps, quarante étés, quarante automnes et quarante hivers. Je veux dire par là que l'accumulation de toutes ces saisons doit avoir été magnifique à ses yeux, dans son esprit et dans sa manière de regarder les tableaux. Je sais combien tout cela a dû lui paraître excitant, je le sais, car on se demande toujours quand viendra le premier jour, les premières petites pousses, on les guette, c'est très excitant. Je suis sûr que Monet a été dans cette attente chaque jour de sa vie, et n'a-t-il pas peint dans cet esprit ?
ED En effet... Et votre enthousiasme et votre implication sont tellement évidents dans votre œuvre à vous, David.
DH Eh bien, je l'espère... En fait, je m'amuse énormément. C'est très excitant pour moi de saisir les choses, de les fixer. Ça m'a donné un nouveau souffle. Si j'étais resté à L.A., j'aurais fait autre chose, mais ceci, je n'aurais pas pu le faire : il faut être en Europe du Nord.
ED Et ici, ce n'est pas comme dans le Yorkshire, vous n'avez pas à vous éloigner de chez vous. Vous vivez au cœur de tout.
DH Oui en effet, sur ce terrain d'un hectare et demi. Je l'ai à peine quitté, j'en connais les moindres recoins, je connais les arbres, je les connais en hiver, je les ai connus en été, je les ai connus avec leur feuillage d'automne. Et chacun d'eux... Car c'est tout ce que je fais, les regarder. Les arbres que nous avons plantés ne vont pas tarder à grandir. Au cours des deux prochaines années, ils vont beaucoup changer.
ED Nous l'attendons impatiemment... Ce sera quelque chose de neuf et de plus grand à représenter dans un an ou deux.

Fig. 12 | *Looking East II* (« À l'est II »), 2019. Acrylique sur toile, 91,4 x 121,9 cm

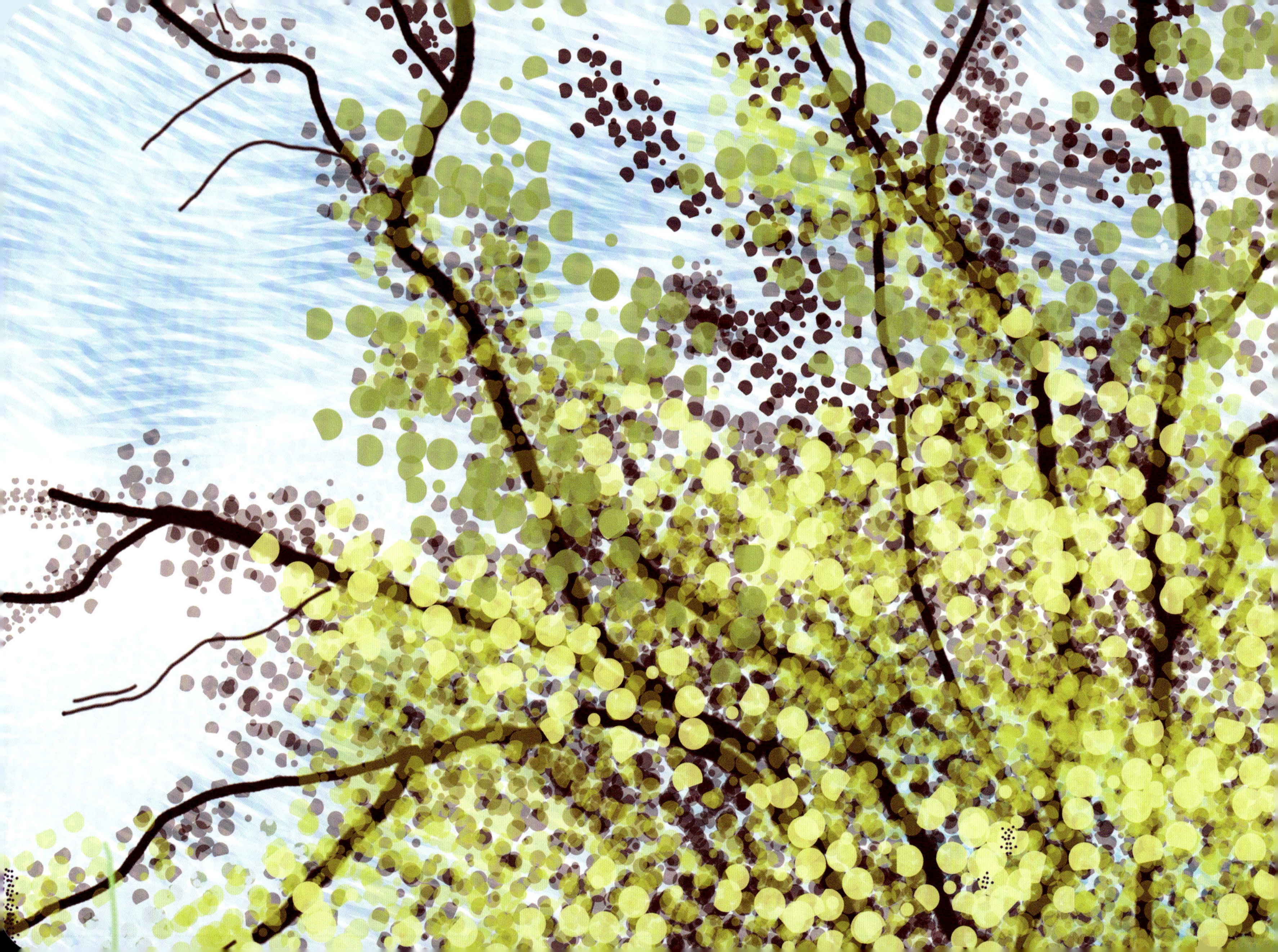

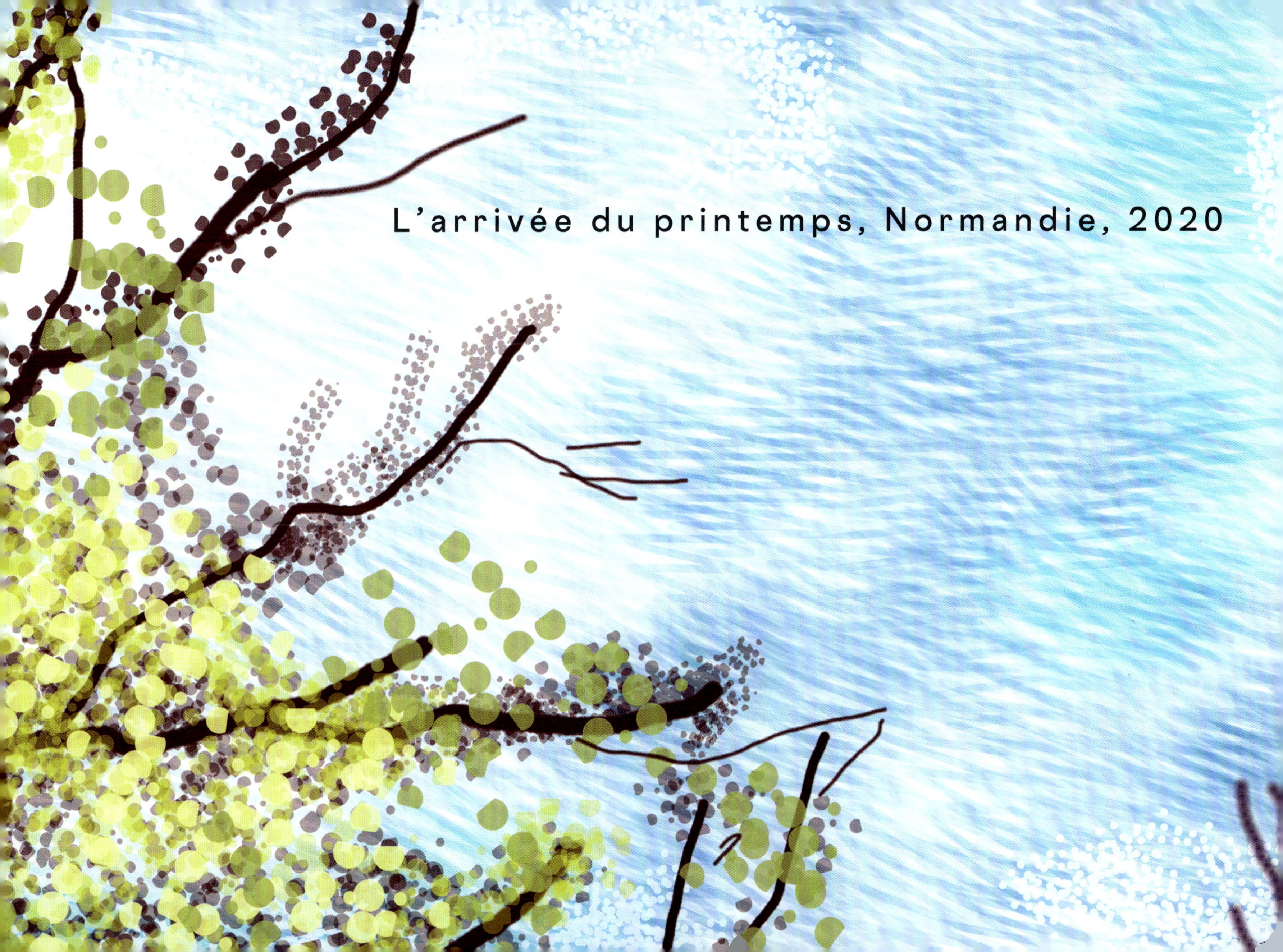
L’arrivée du printemps, Normandie, 2020

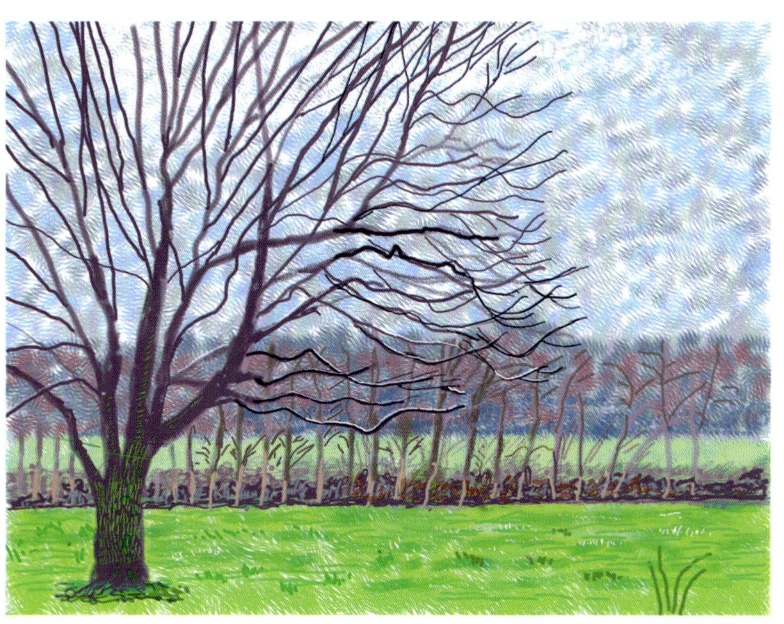

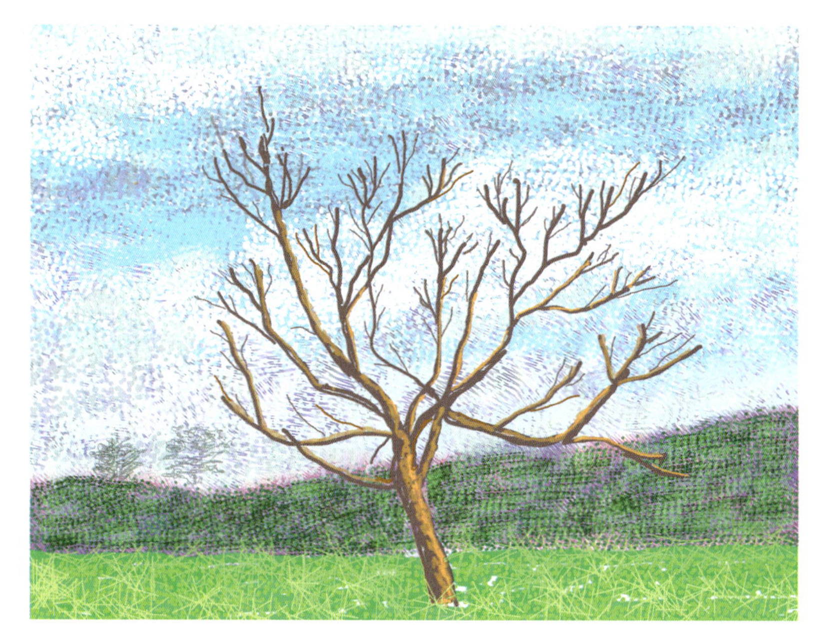

1 | n° 41, 11 février 2020. Tableau sur iPad
2 | n° 112, 14 février 2020. Tableau sur iPad

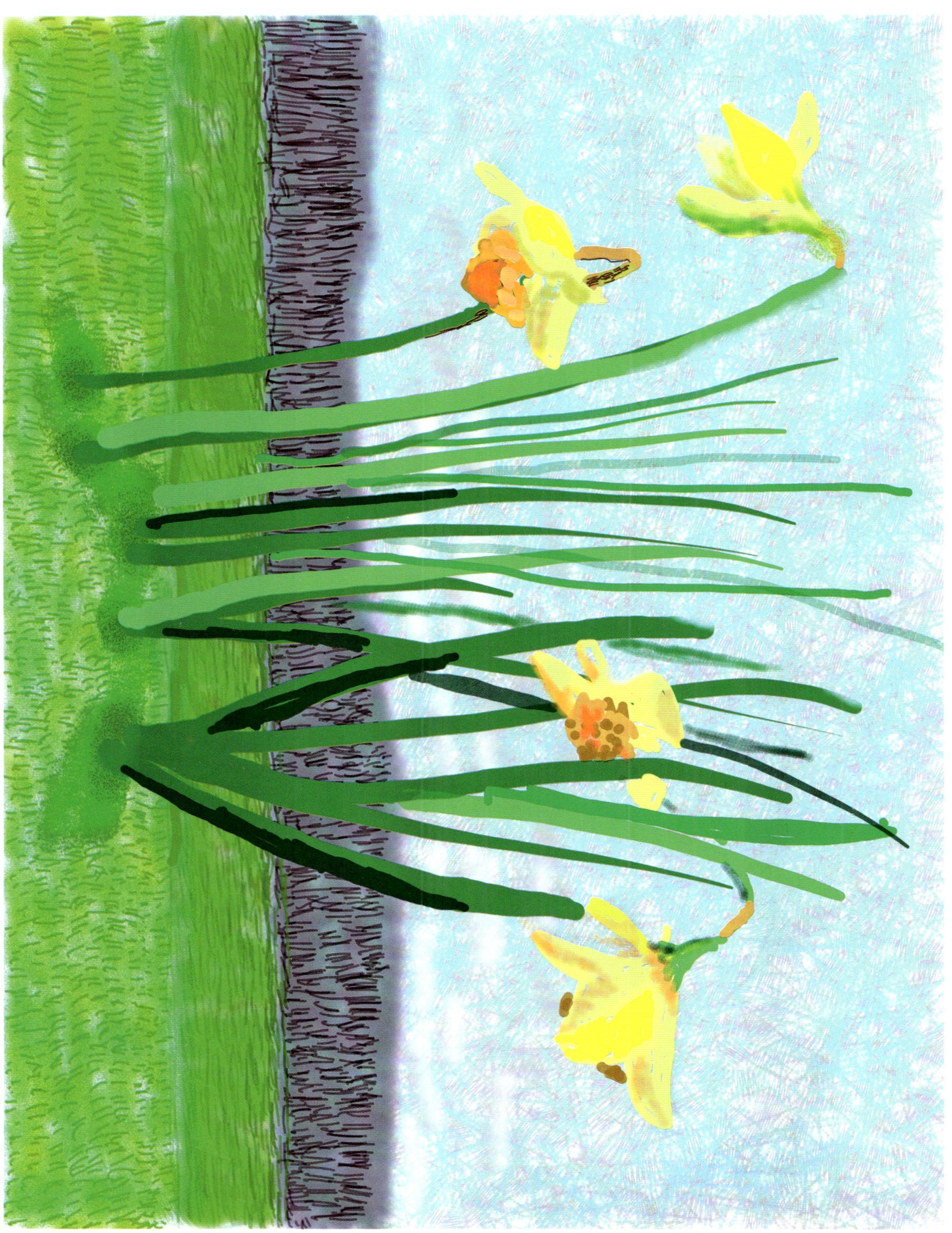

3 | *n° 118*, 16 mars 2020. Tableau sur iPad

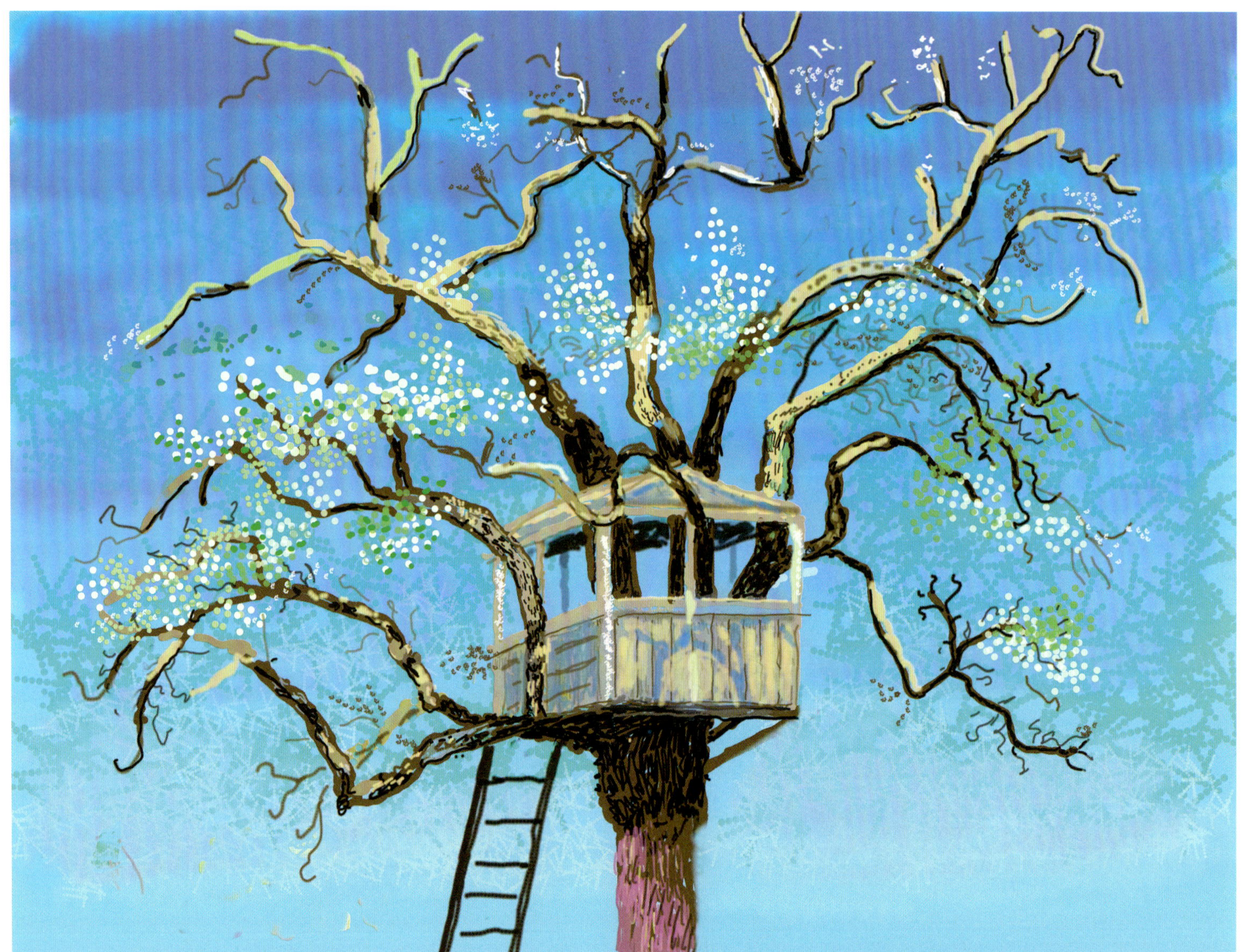

4 | n° 125, 19 mars 2020. Tableau sur iPad

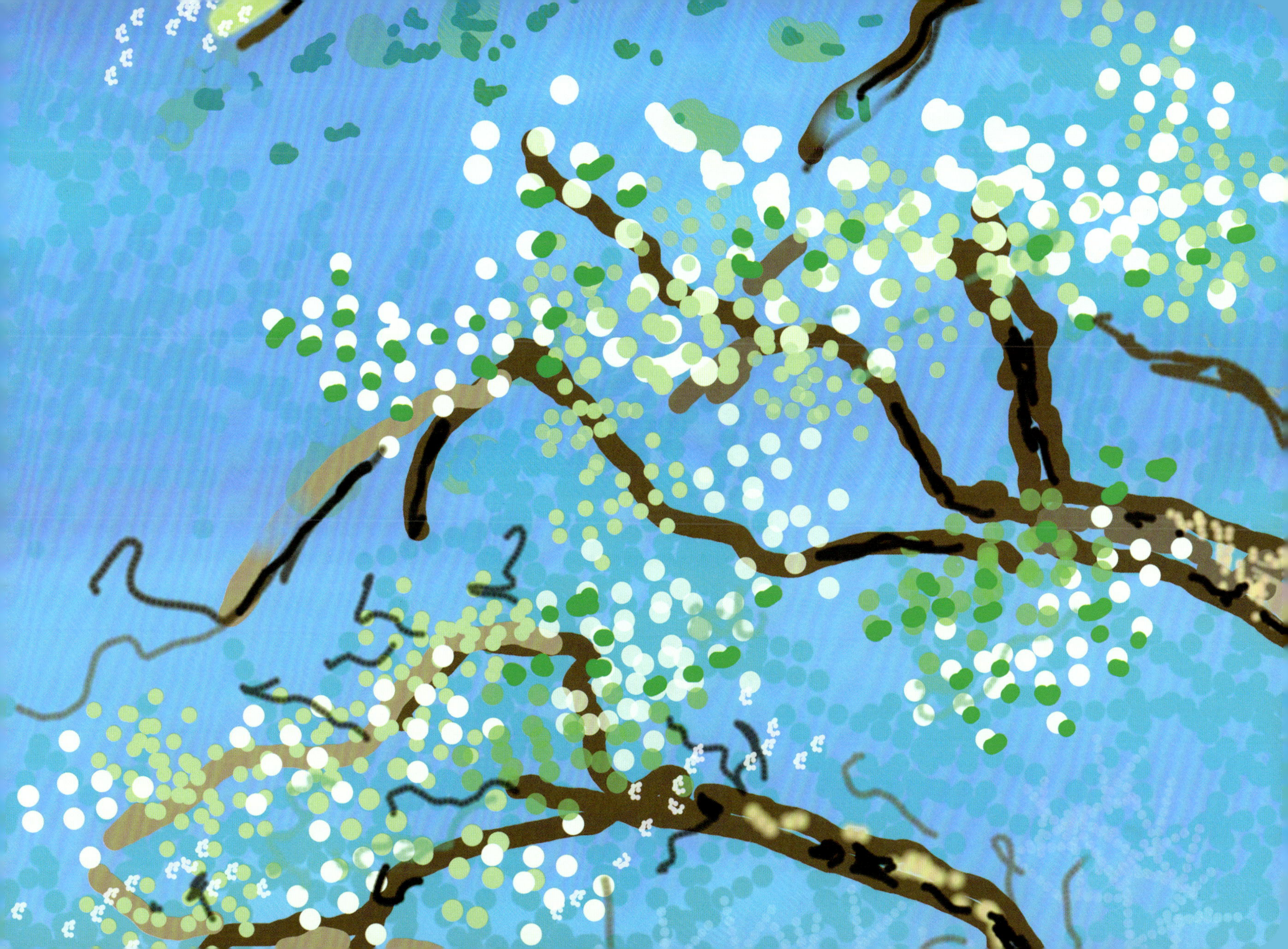

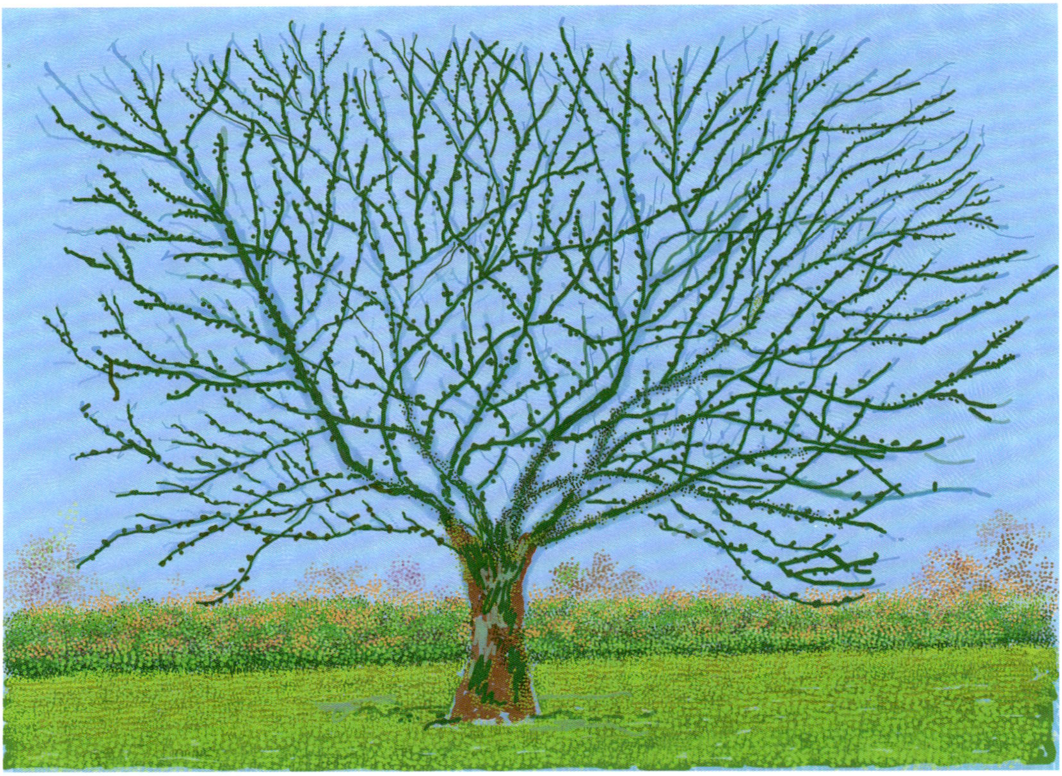

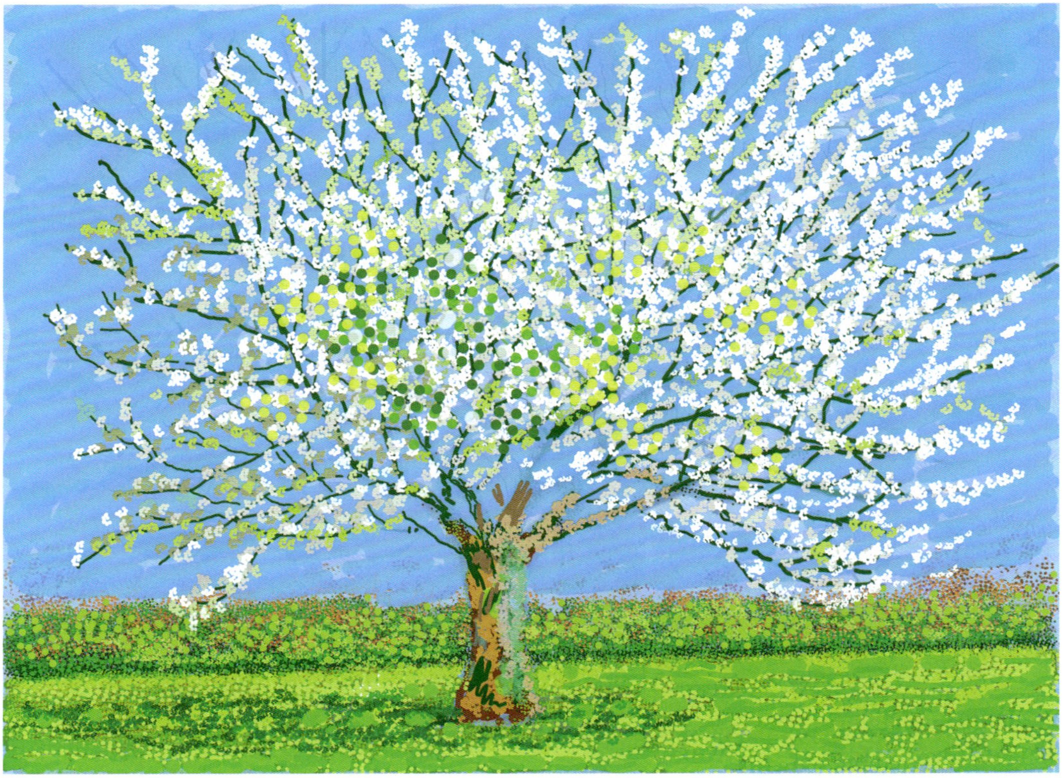

5 | *n° 175*, 9 avril 2020. Tableau sur iPad
6 | *n° 180*, 11 avril 2020. Tableau sur iPad

7 | *n° 225*, 4 mai 2020. Tableau sur iPad
8 | *n° 296*, 7 mai 2020. Tableau sur iPad

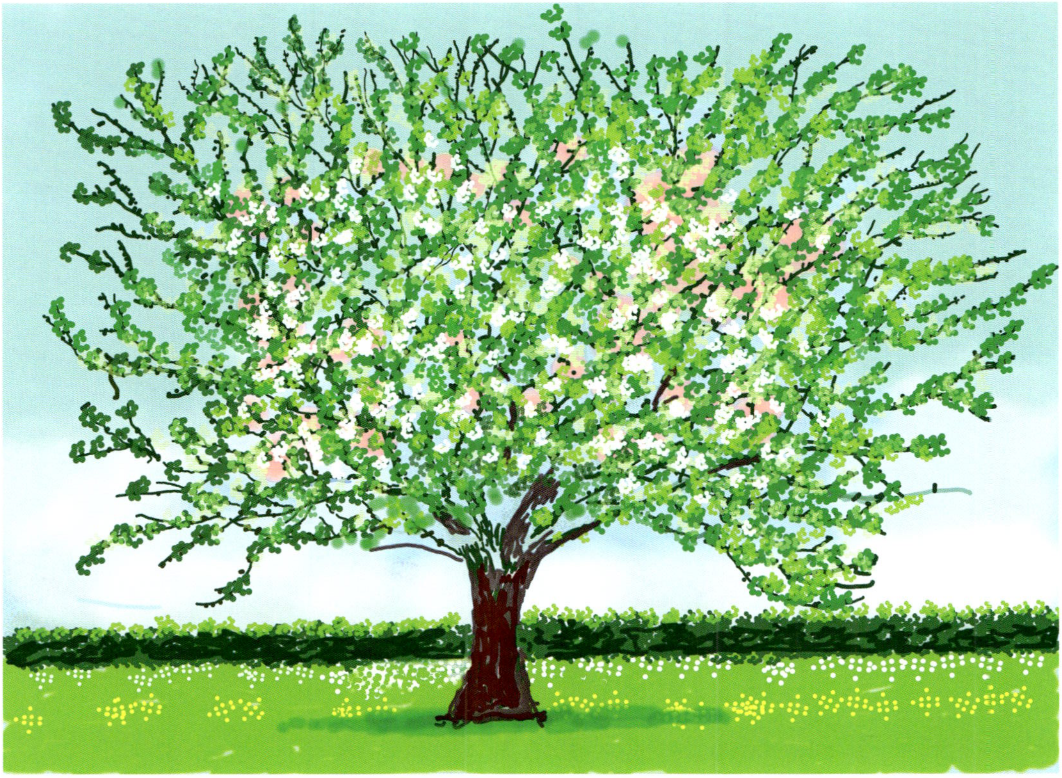

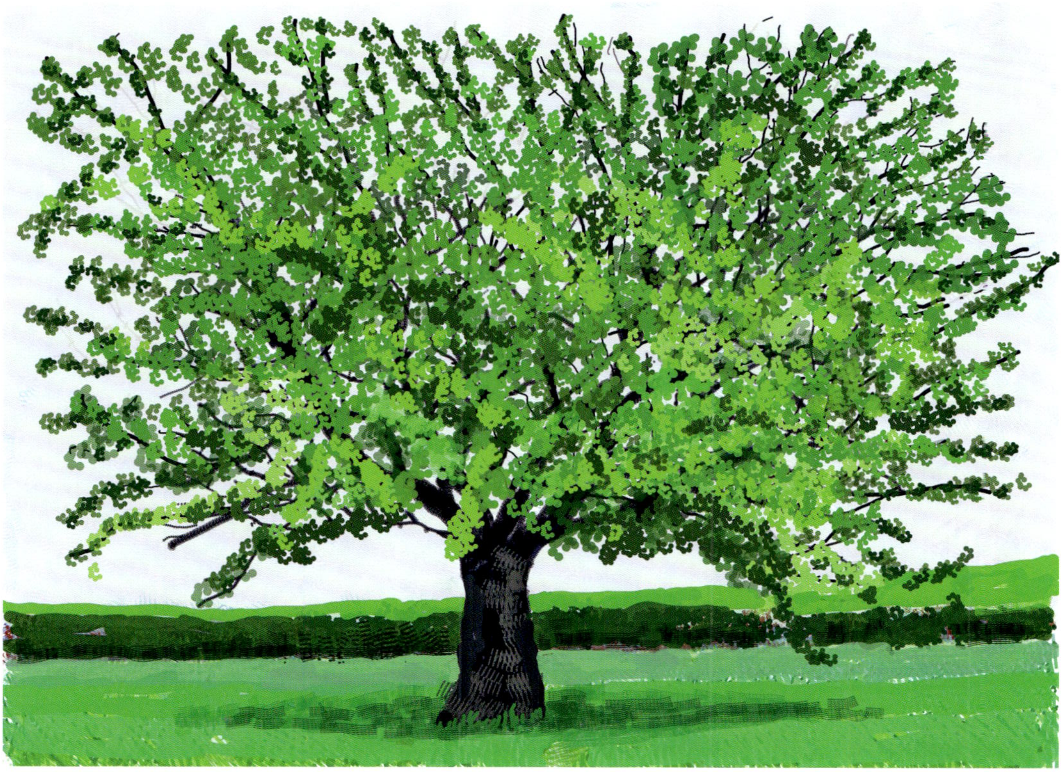

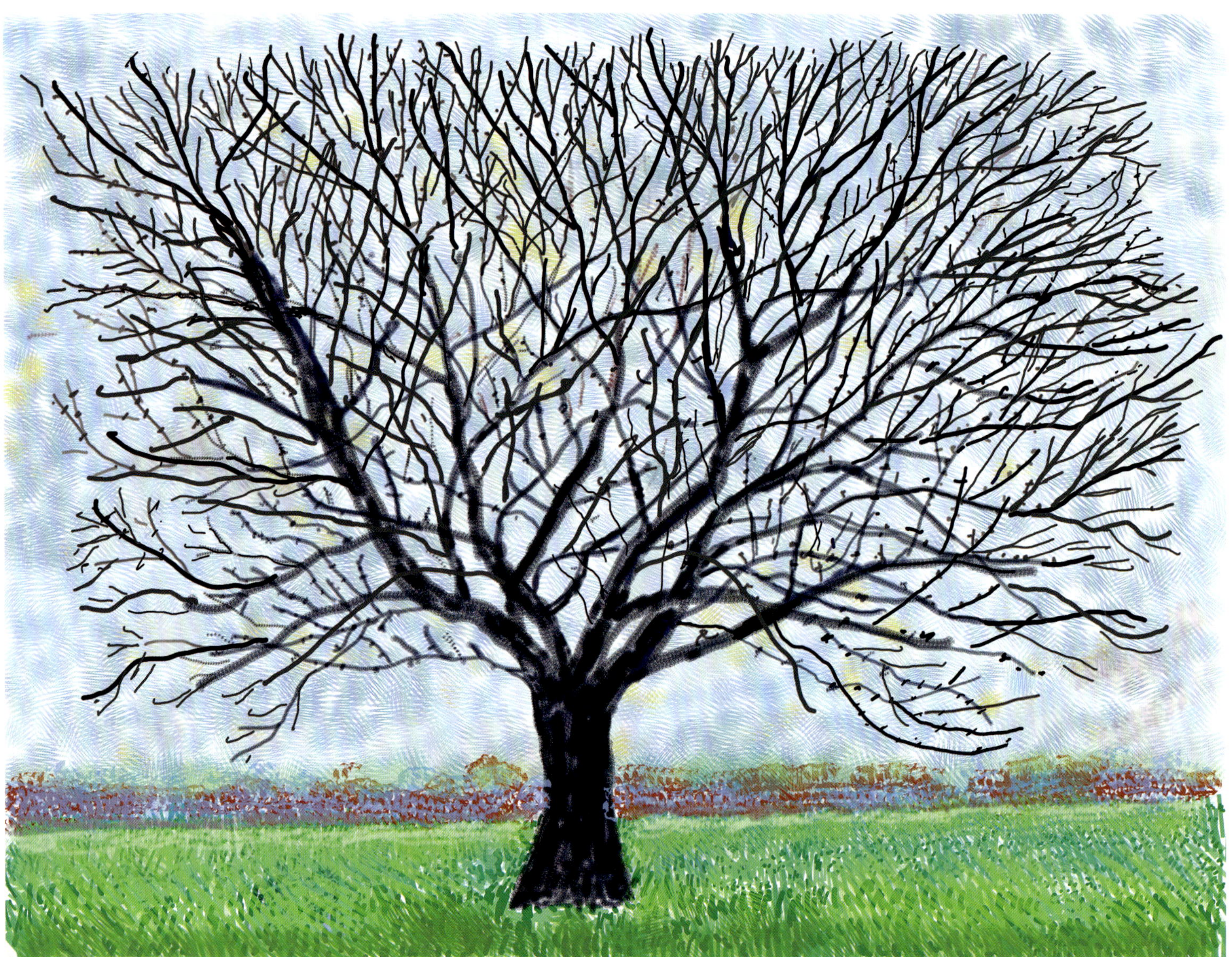

9 | nº 308, 14 février 2020. Tableau sur iPad

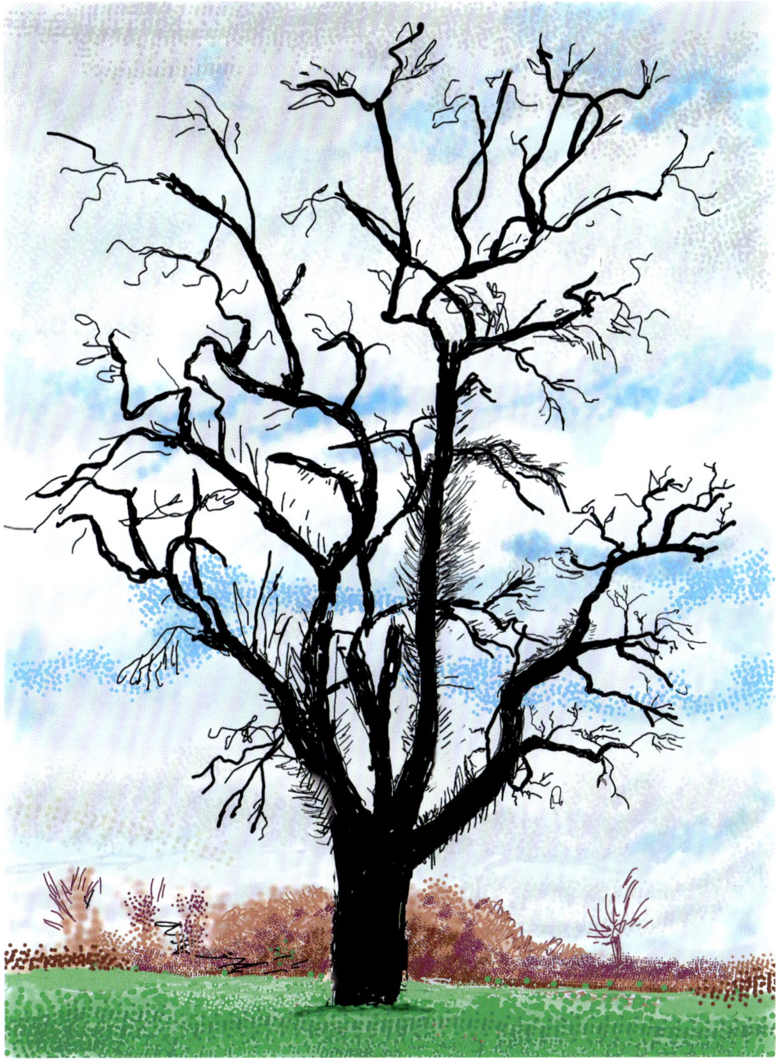

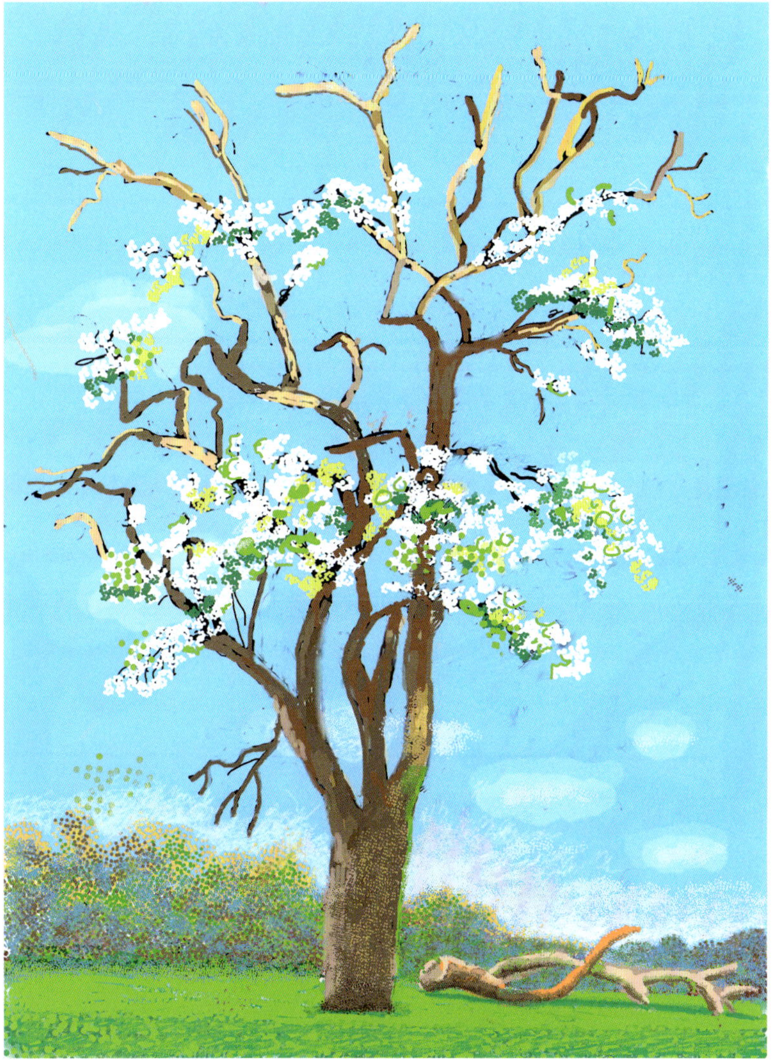

10 | nº 60, 16 février 2020. Tableau sur iPad
11 | nº 147, 5 avril 2020. Tableau sur iPad

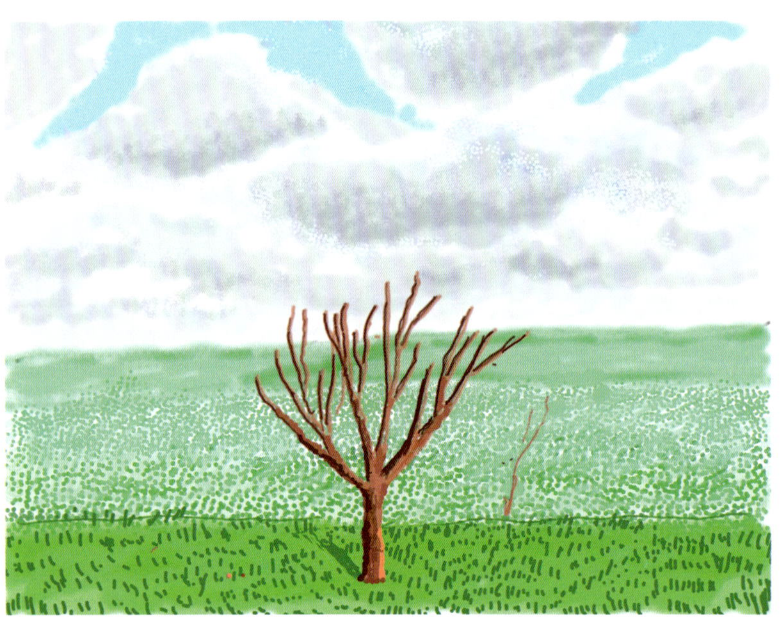

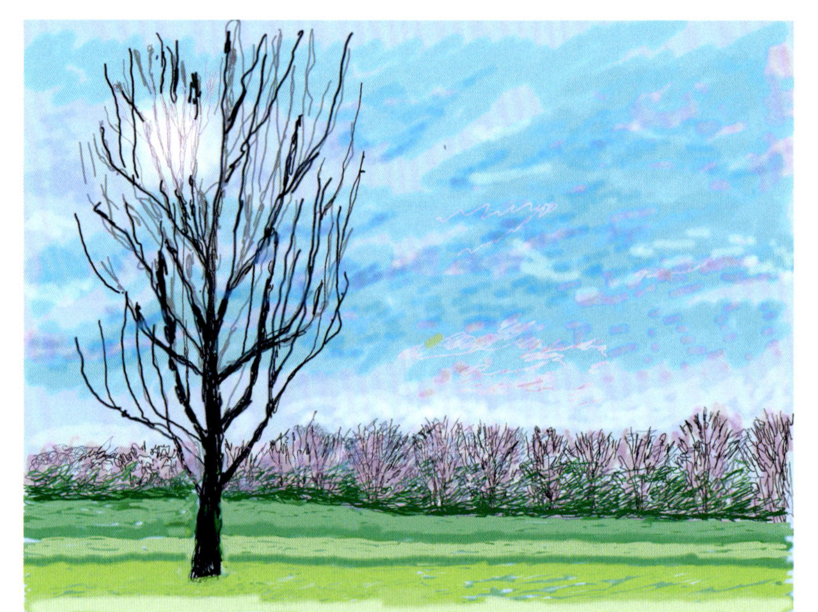

12 | *n*° 66, 17 février 2020. Tableau sur iPad
13 | *n*° 76, 3 mars 2020. Tableau sur iPad

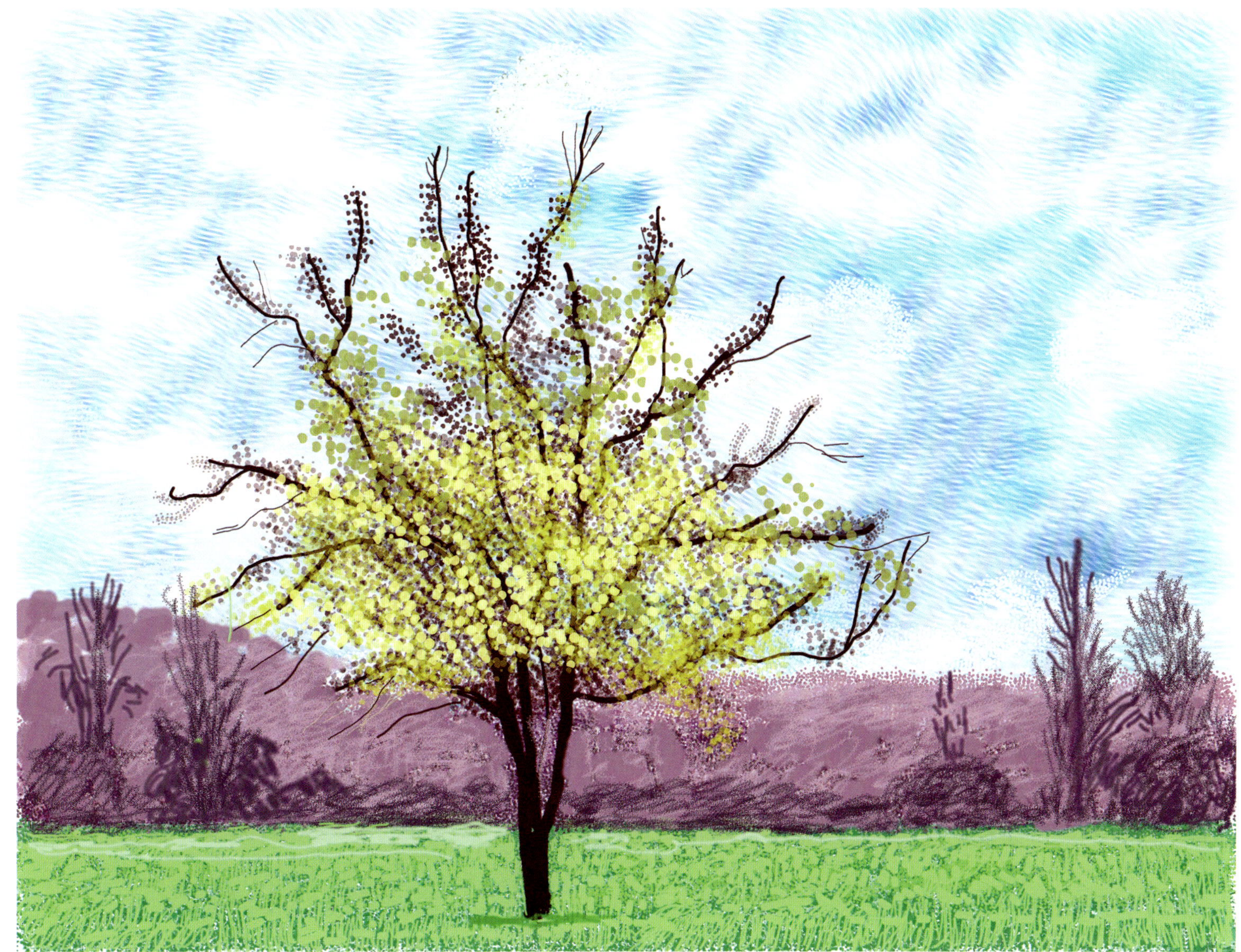

14 | n° 88, 3 mars 2020. Tableau sur iPad

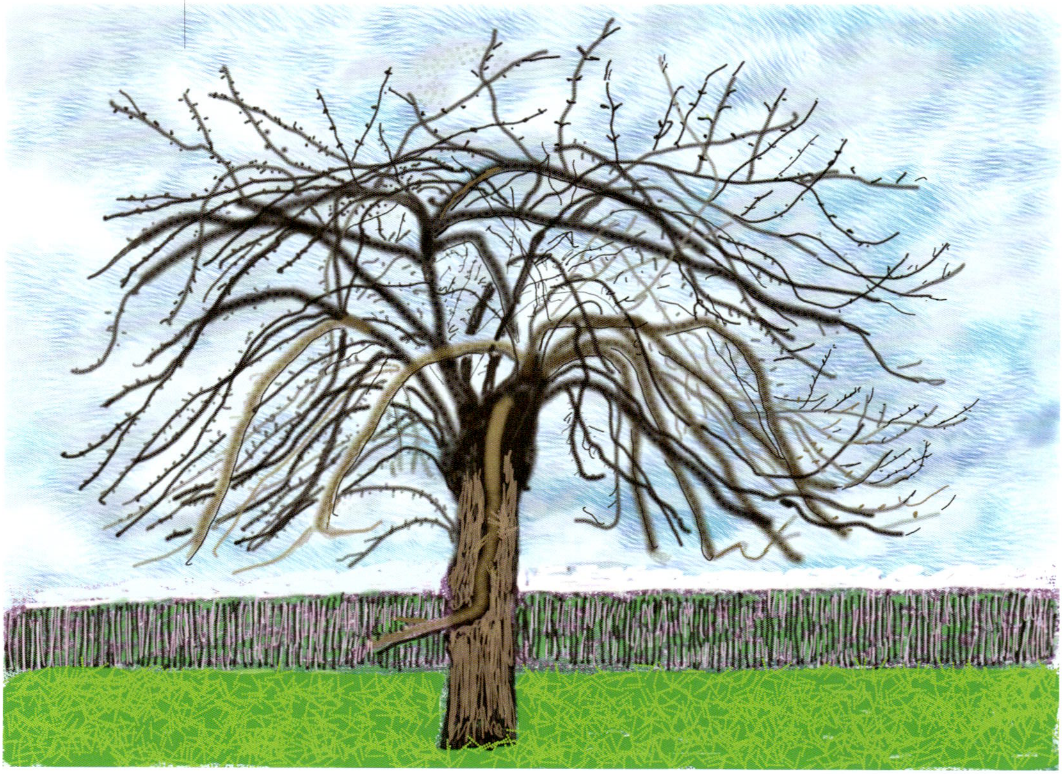

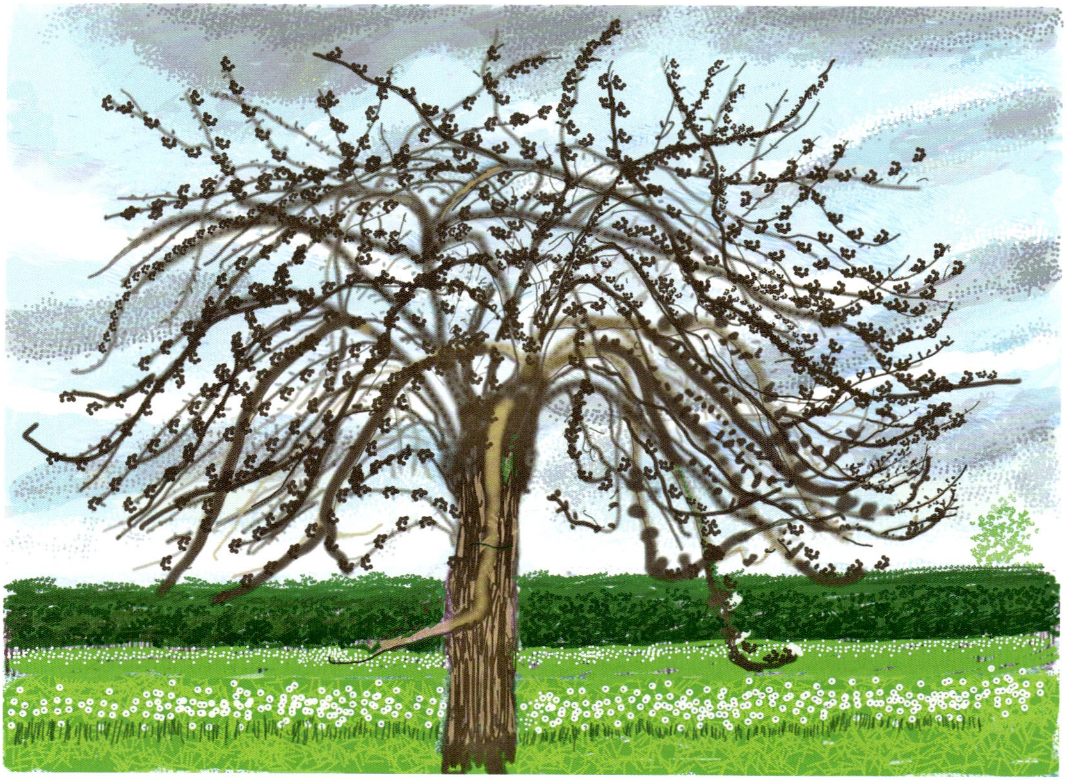

15 | *n° 195*, 3 mars 2020. Tableau sur iPad
16 | *n° 257*, 4 mai 2020. Tableau sur iPad

17 | *nº* 288, 12 mai 2020. Tableau sur iPad
18 | *nº* 322, 30 mai 2020. Tableau sur iPad

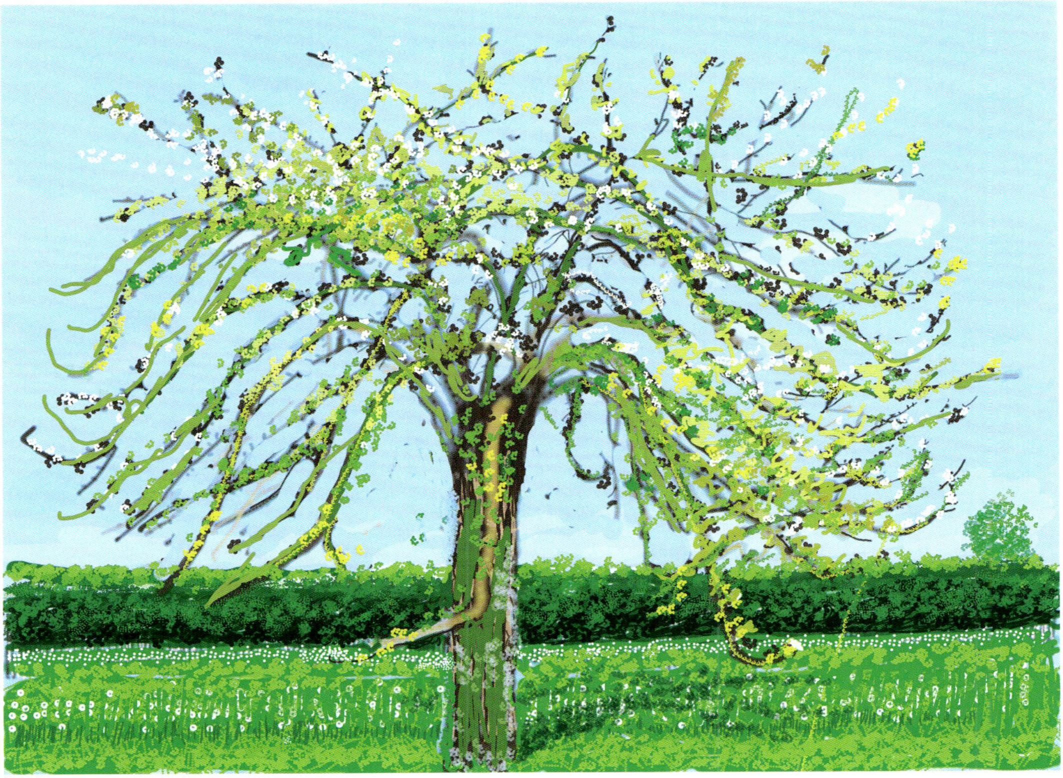

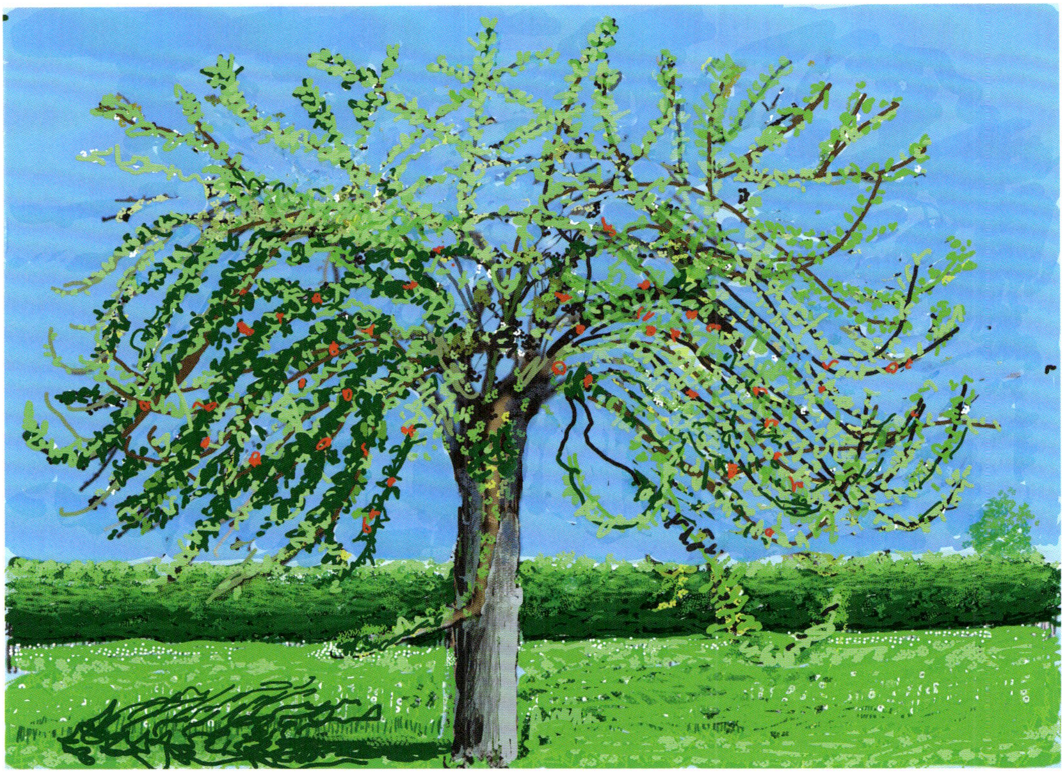

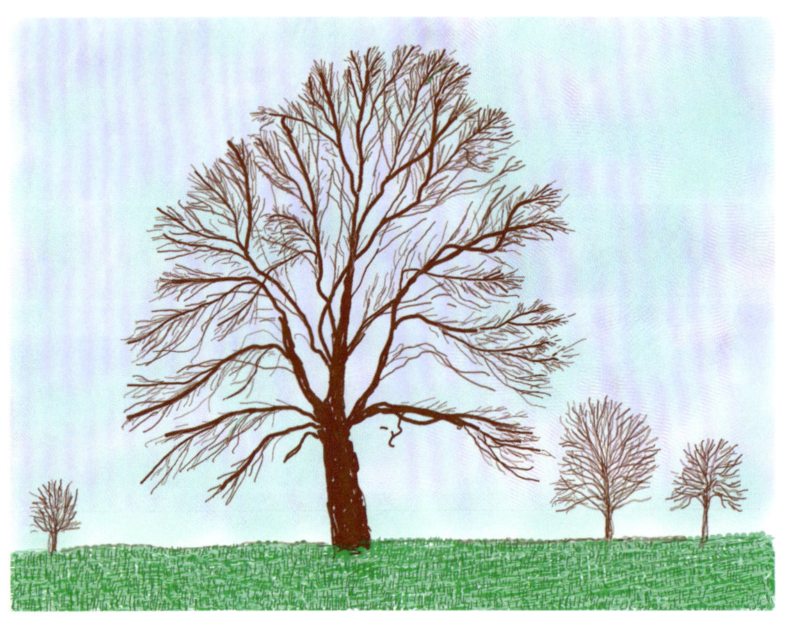

19 | *n°* 83, 4 mars 2020. Tableau sur iPad

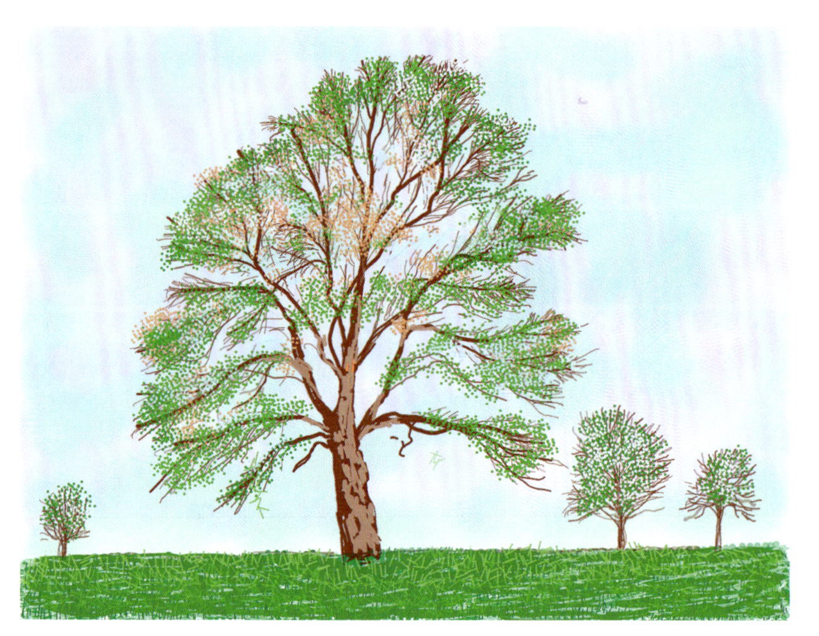

20 | *n°* 192, 22 avril 2020. Tableau sur iPad

21 | *n*° 247, 26 avril 2020. Tableau sur iPad

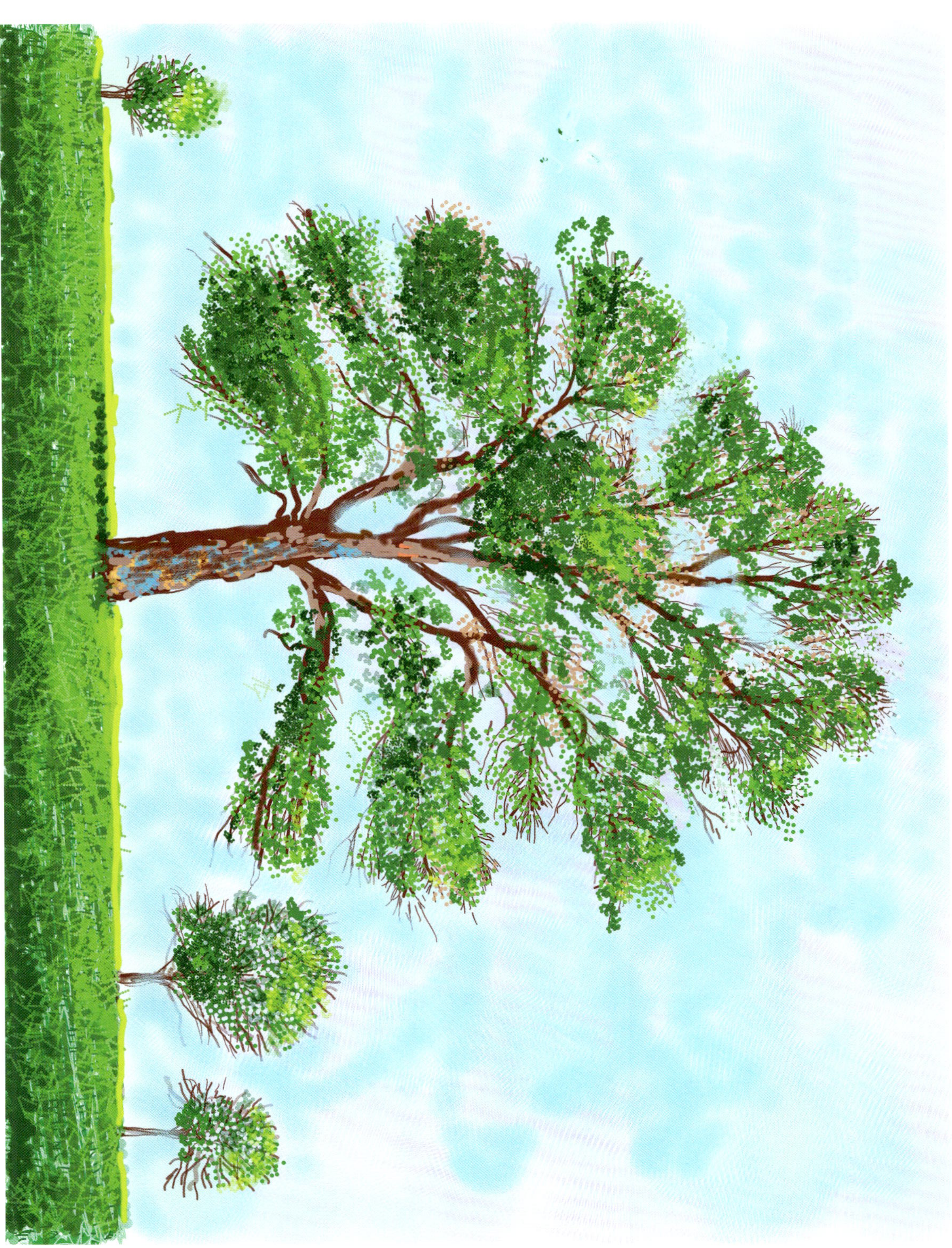

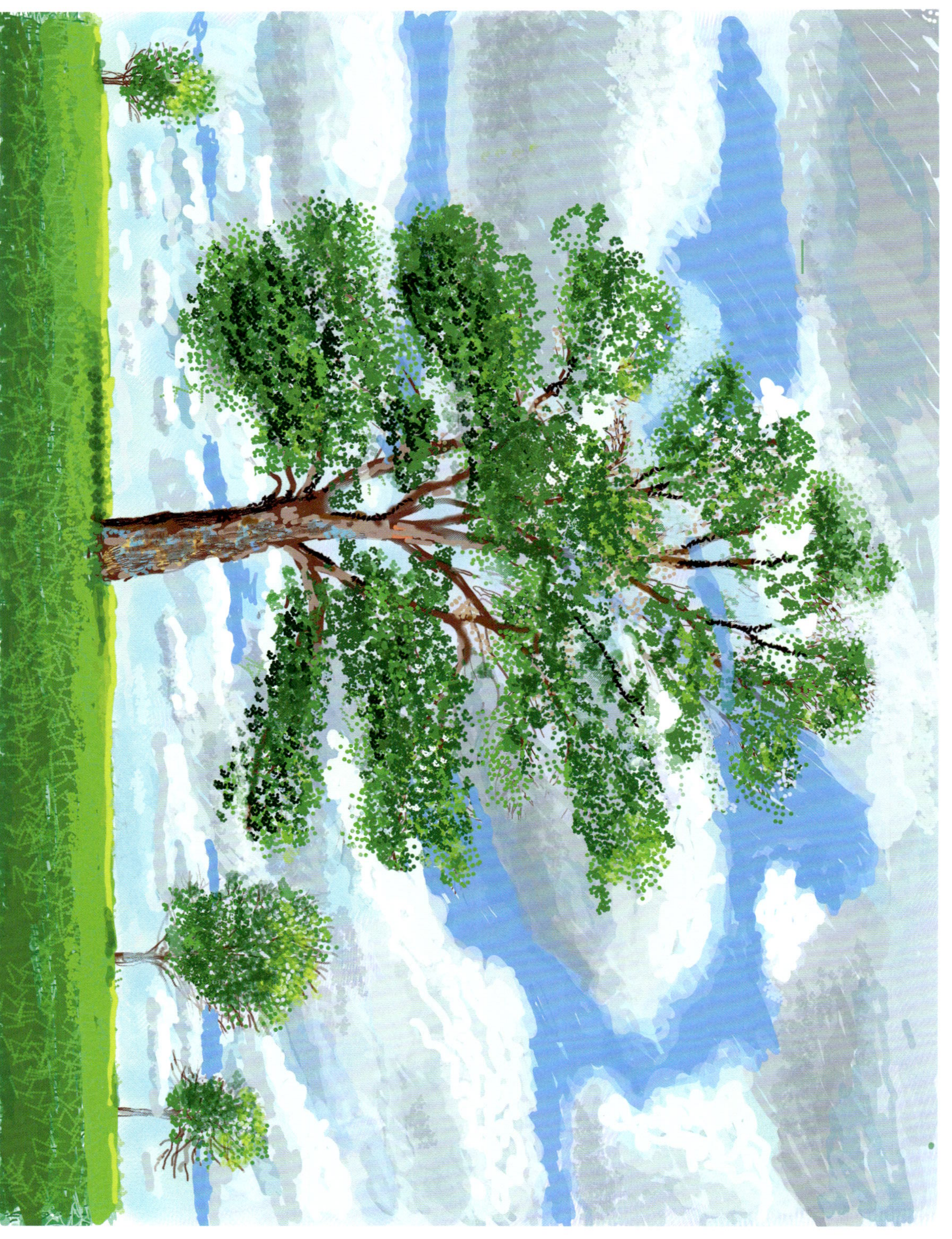

22 | *n° 276*, 29 avril 2020. Tableau sur iPad

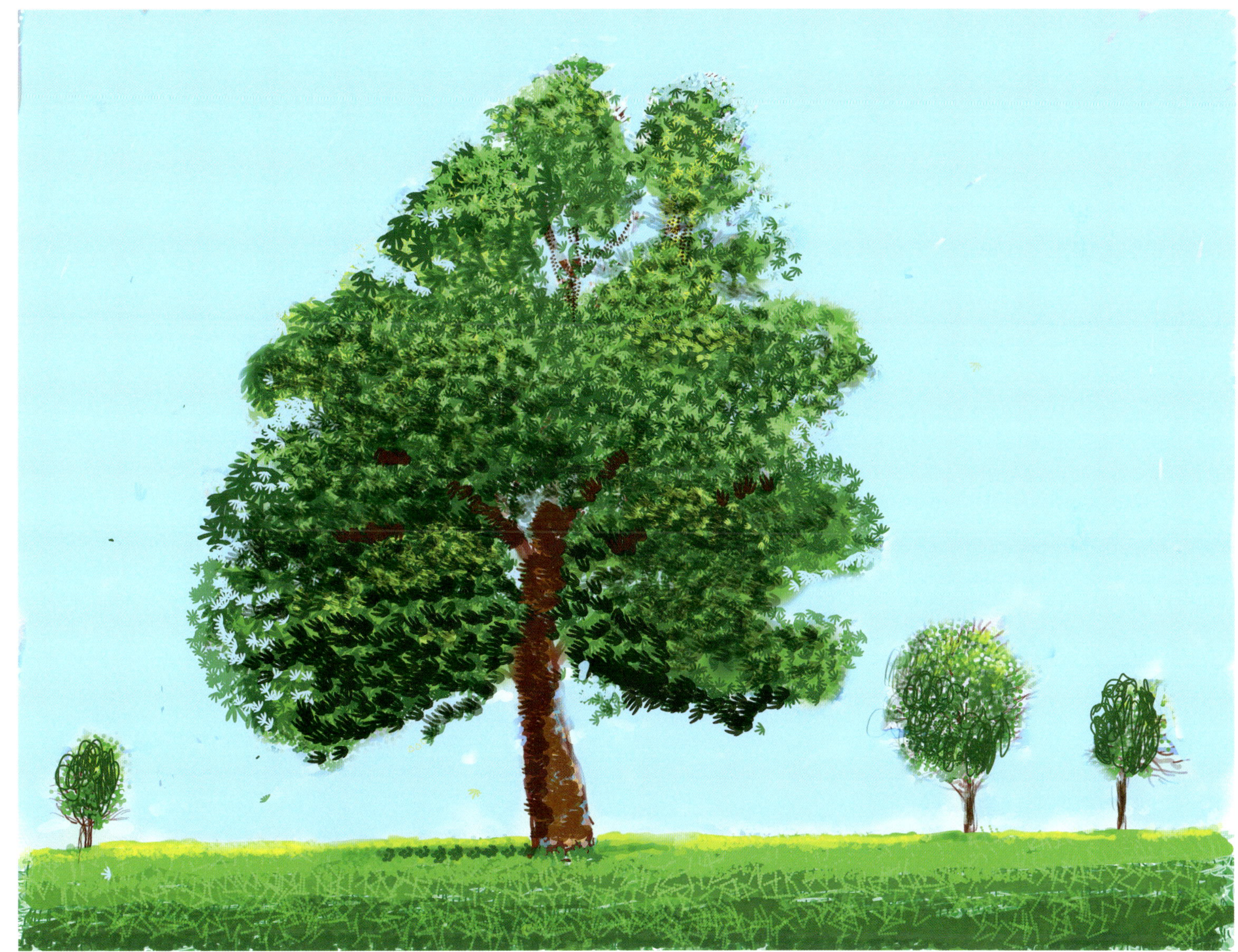

23 | n° 312, 8 mai 2020. Tableau sur iPad

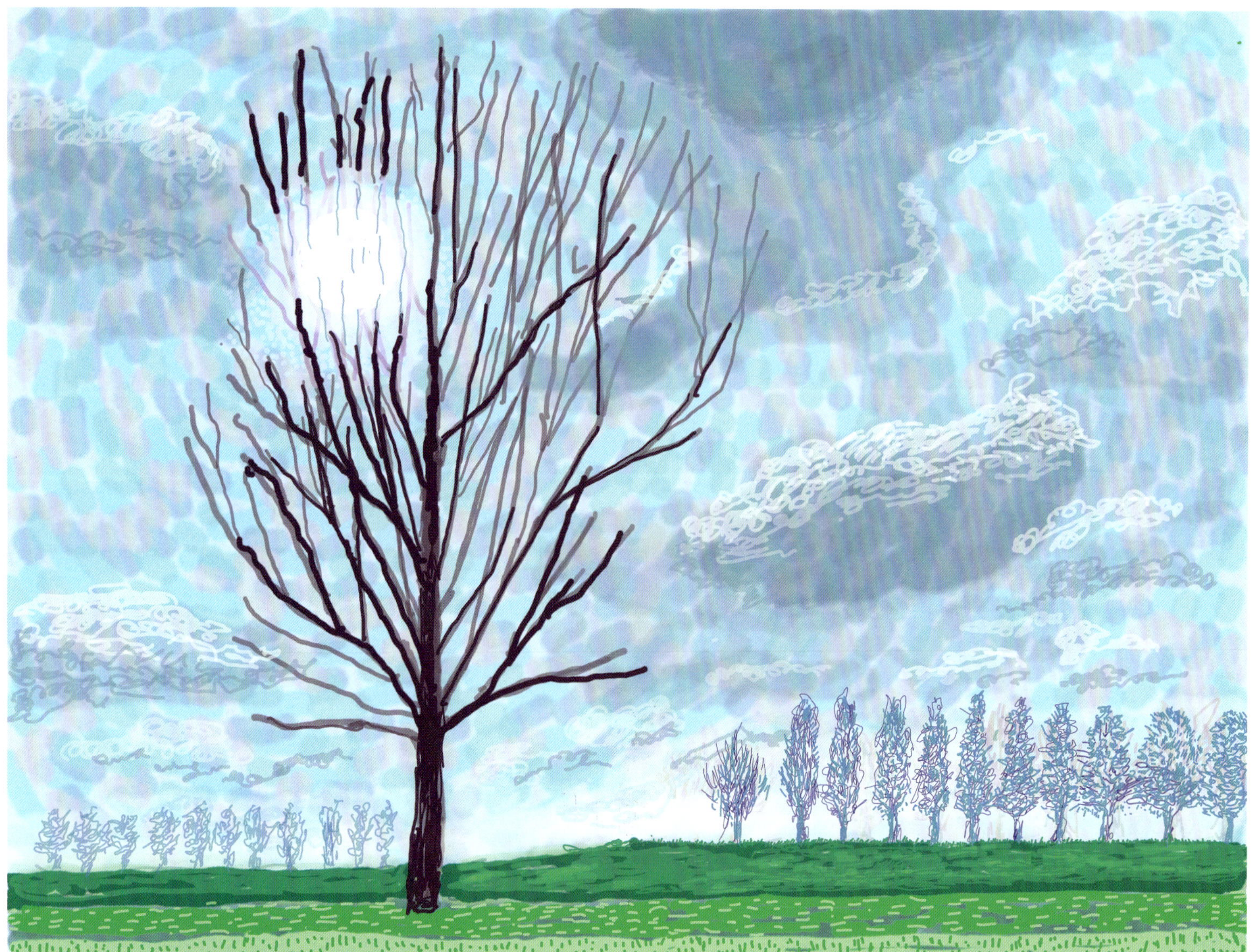

24 | n° 82, 5 mars 2020. Tableau sur iPad

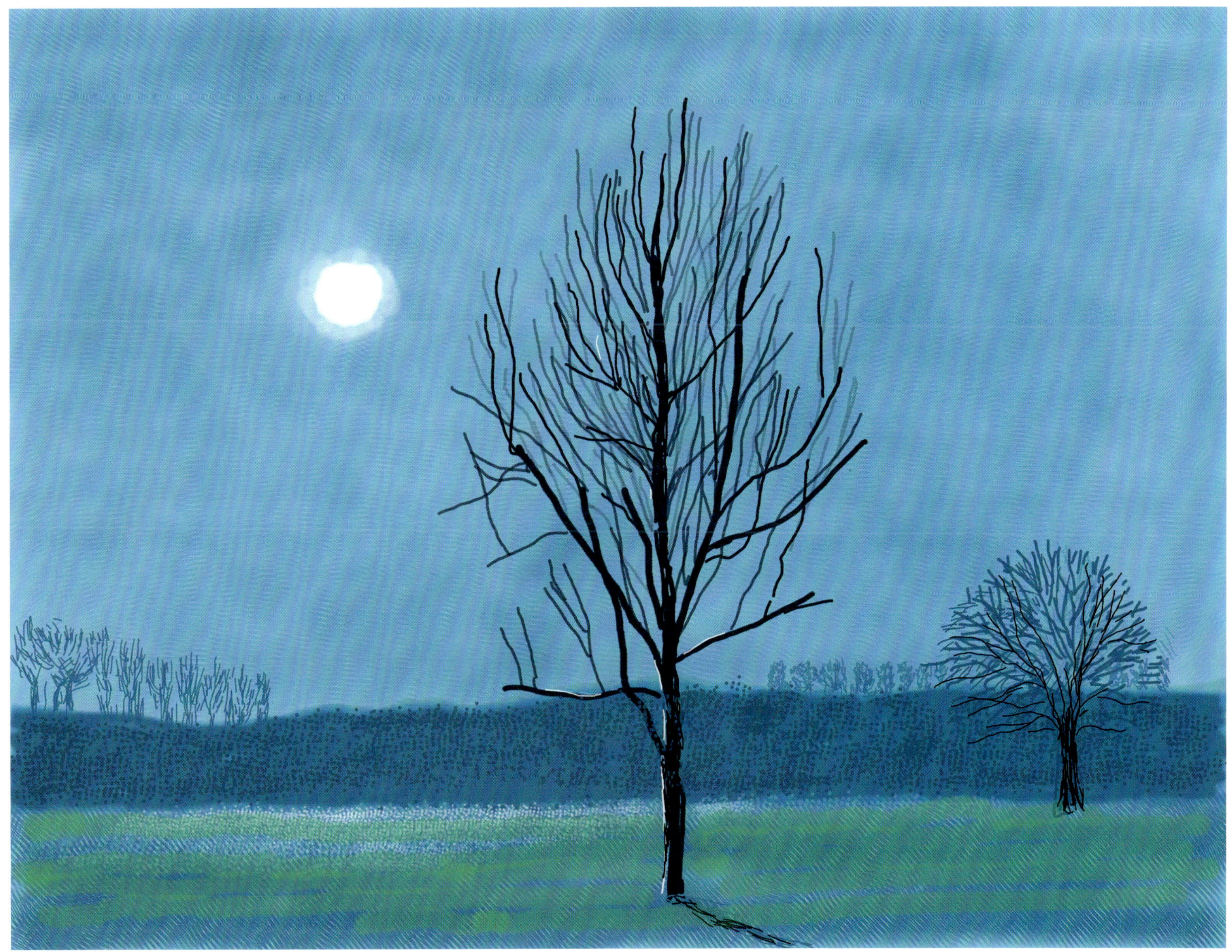

25 | nº 97, 5 mars 2020. Tableau sur iPad

26 | *n° 98*, 9 mars 2020. Tableau sur iPad

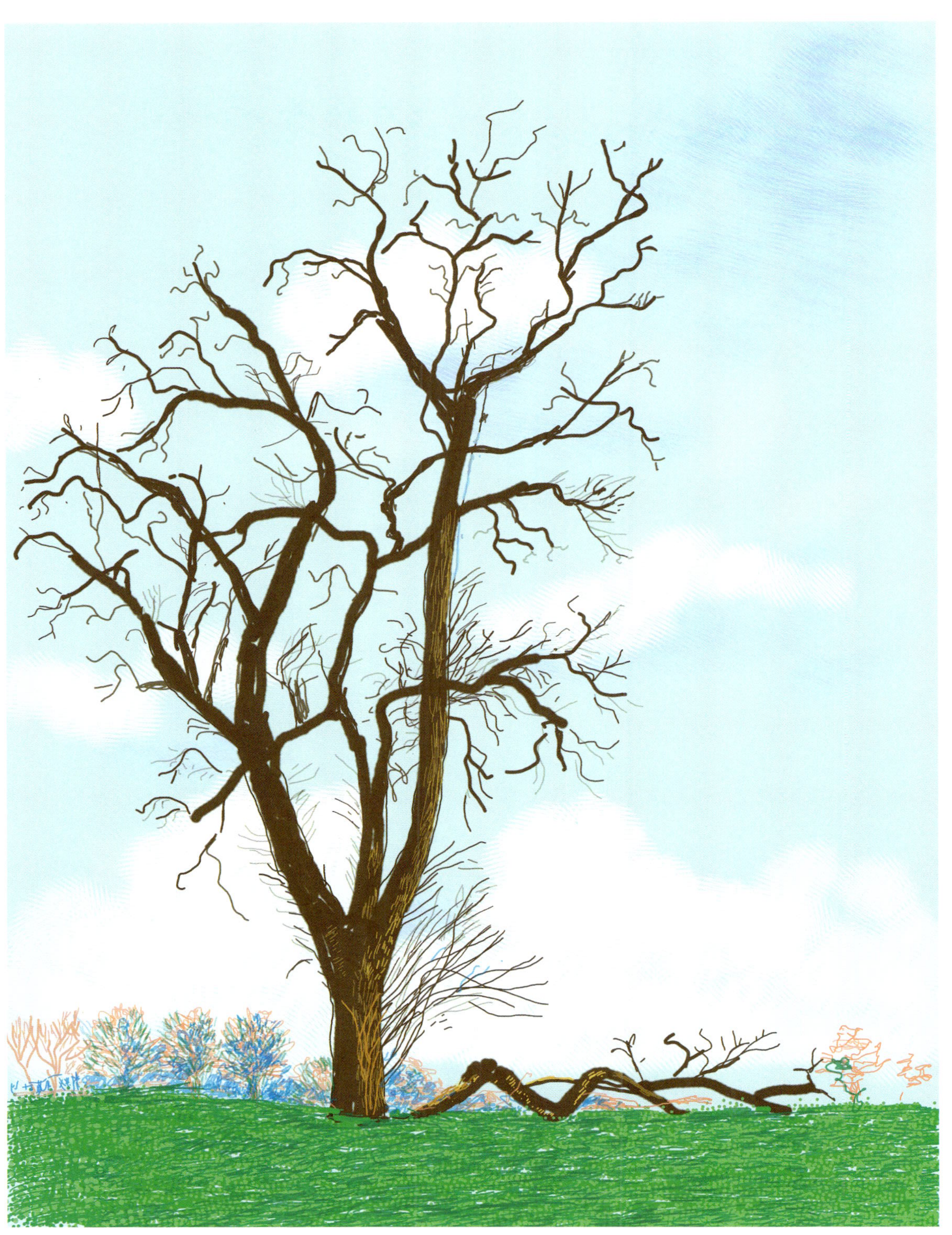

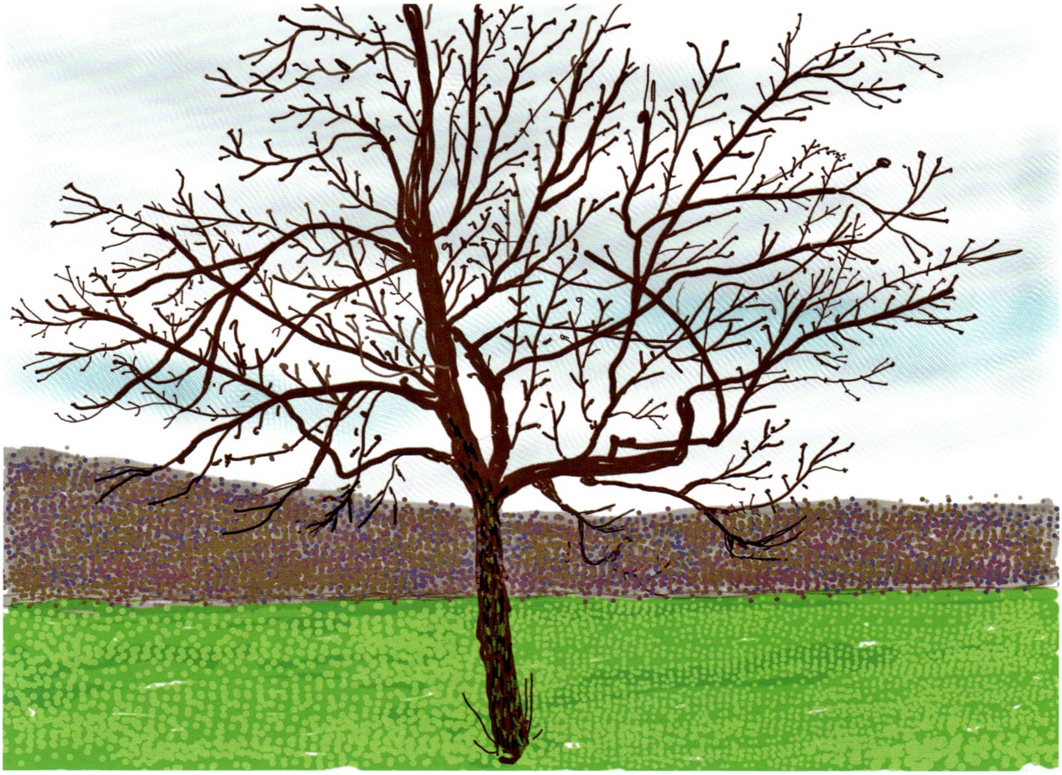

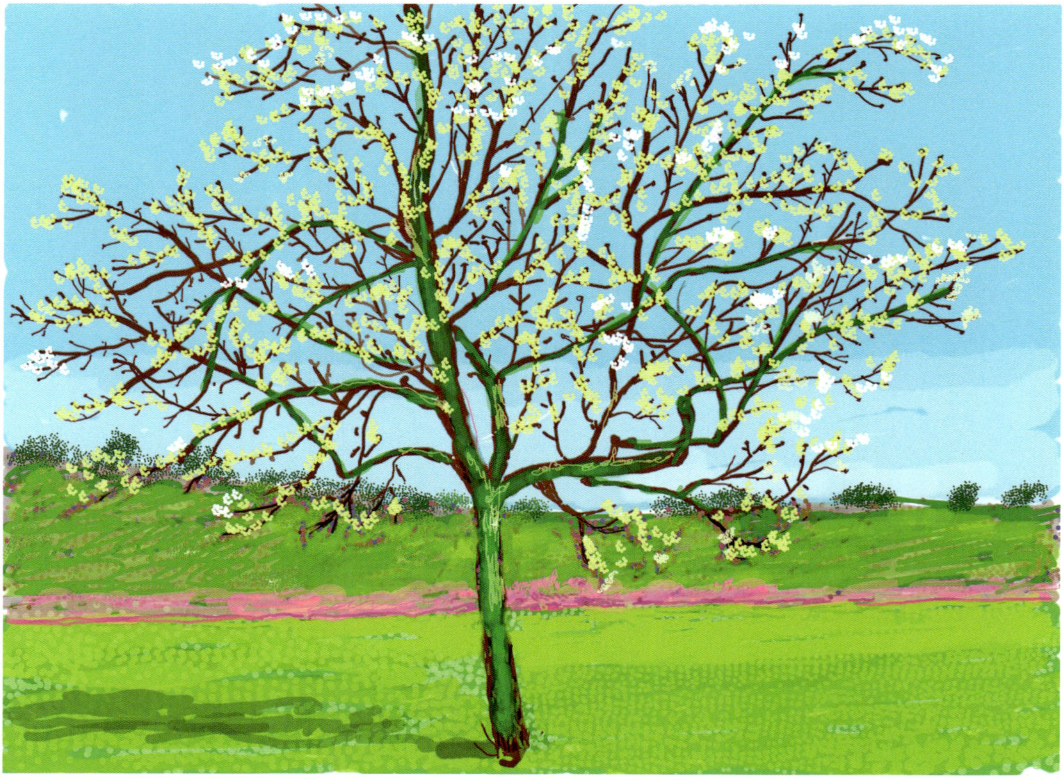

27 | *n° 99*, 10 mars 2020. Tableau sur iPad
28 | *n° 146*, 30 mars 2020. Tableau sur iPad

29 | *n° 219*, 20 avril 2020. Tableau sur iPad

30 | *n° 307*, 14 mai 2020. Tableau sur iPad

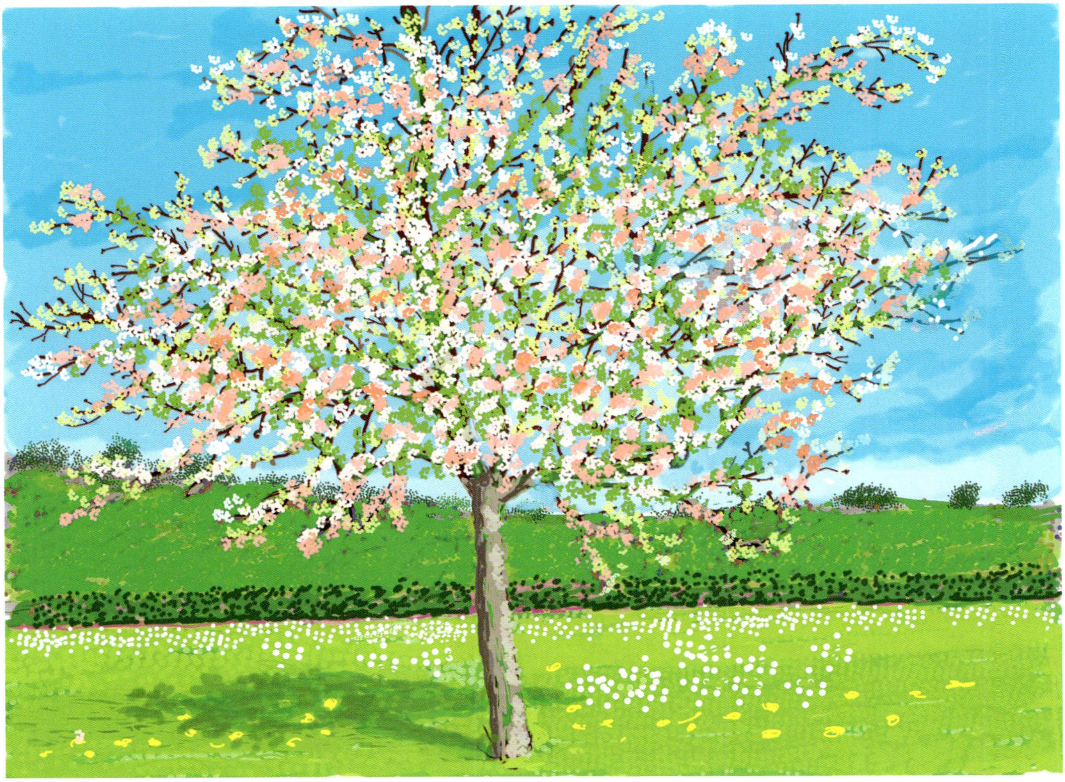

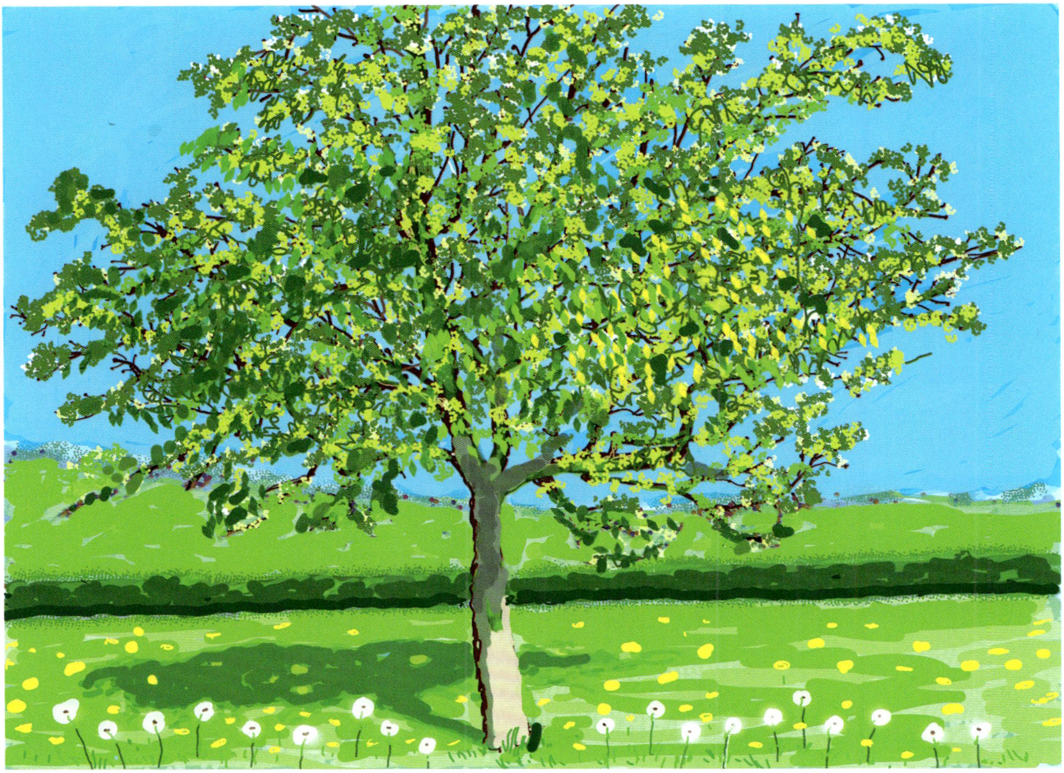

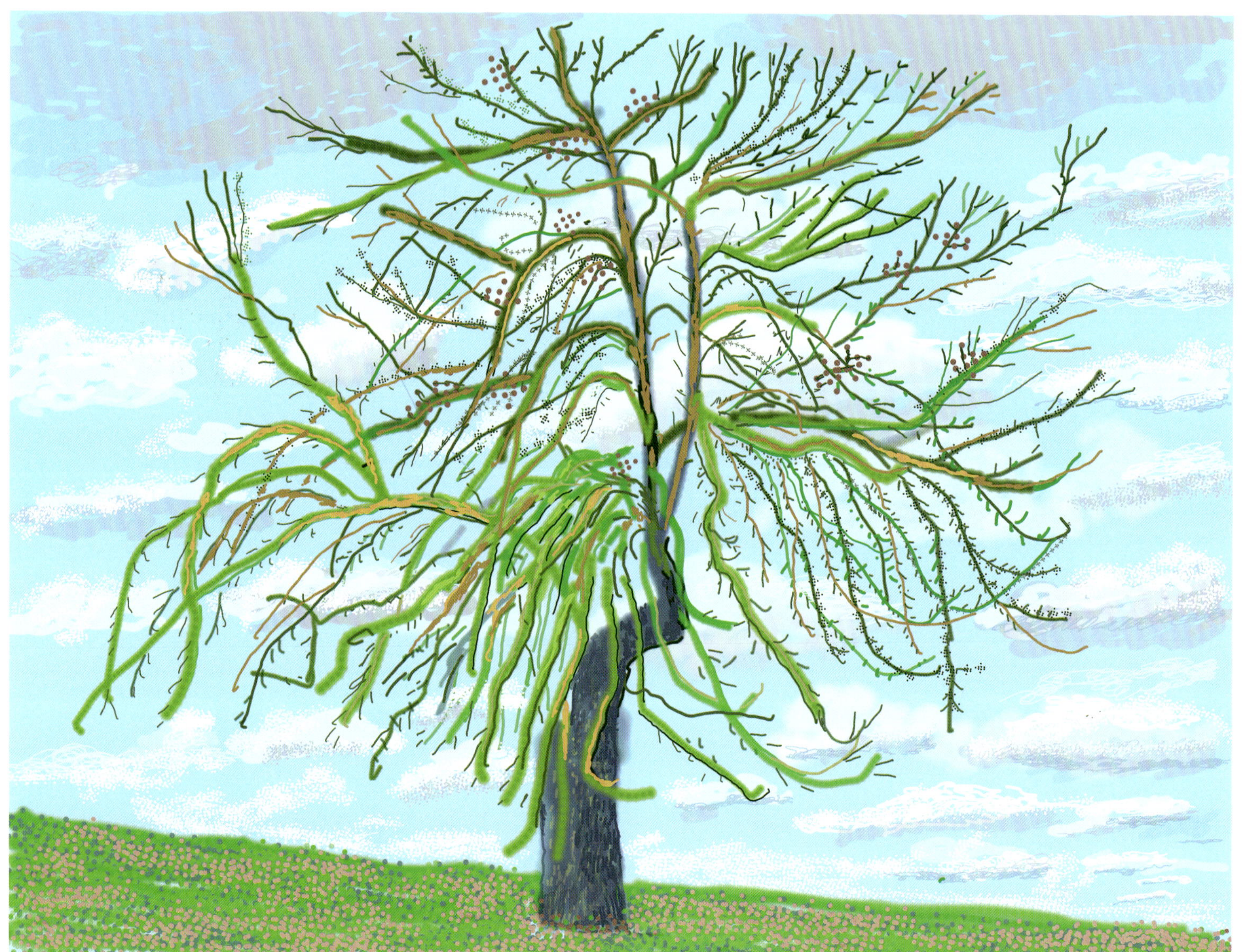

31 | n° 110, 12 mars 2020. Tableau sur iPad

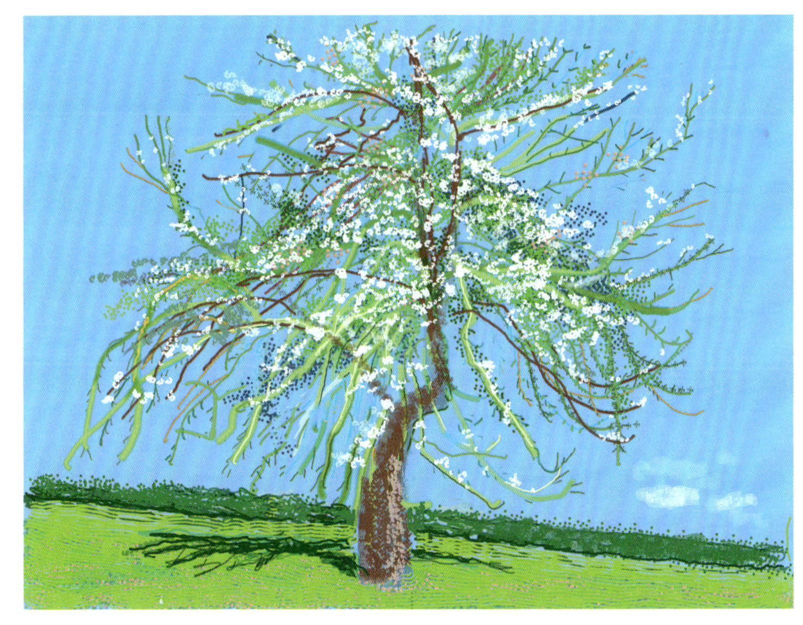

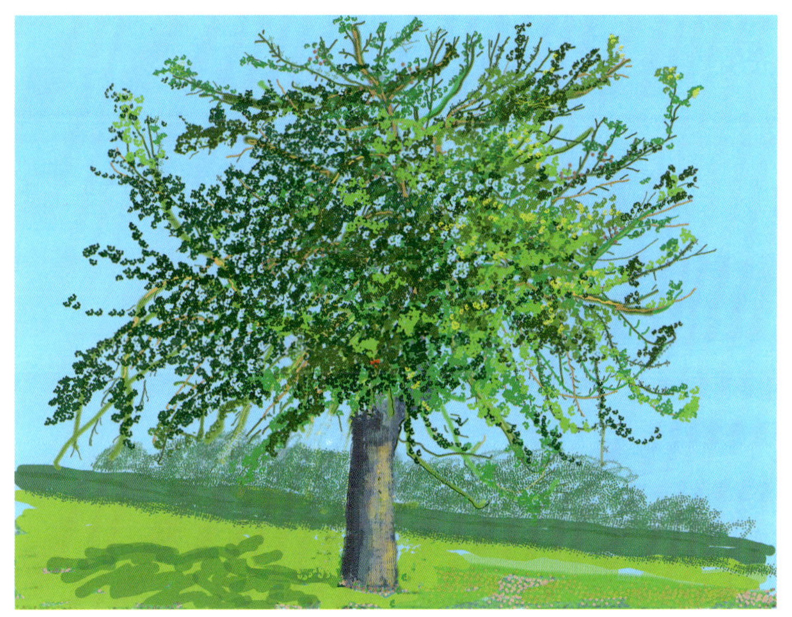

32 | nº 194, 12 avril 2020. Tableau sur iPad
33 | nº 292, 6 mai 2020. Tableau sur iPad

34 | *n° 124*, 18 mars 2020. Tableau sur iPad

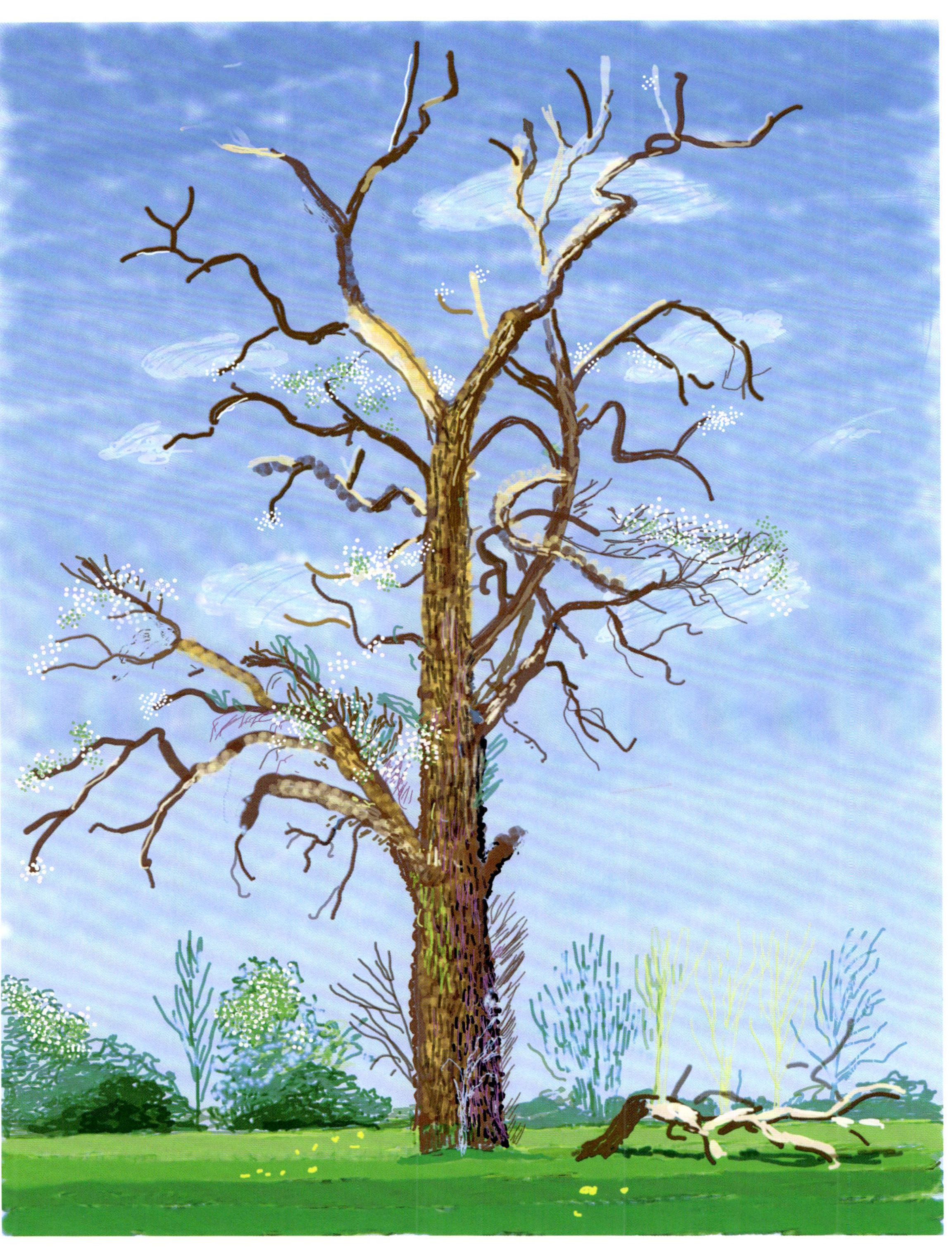

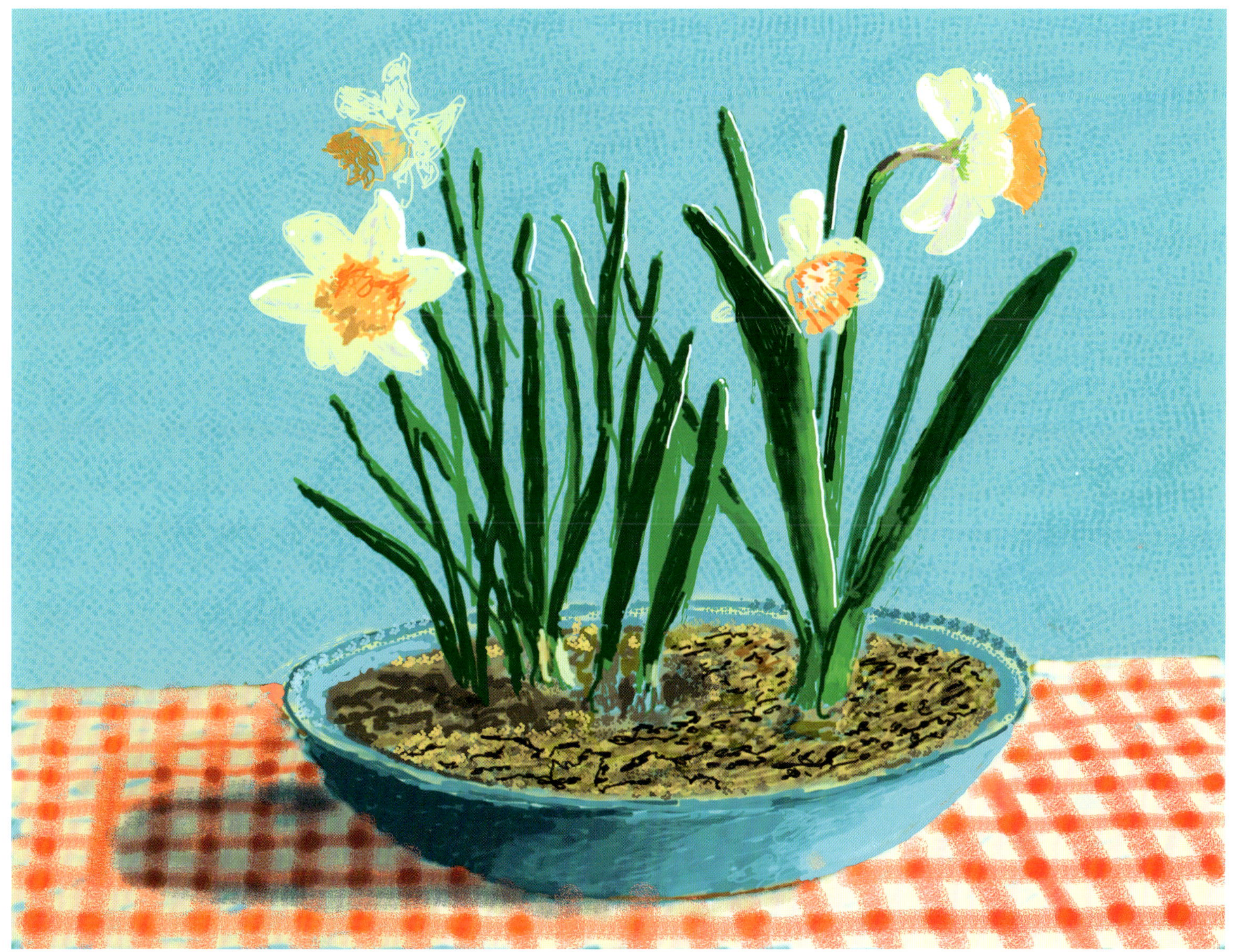

35 | n° 130, 20 mars 2020. Tableau sur iPad

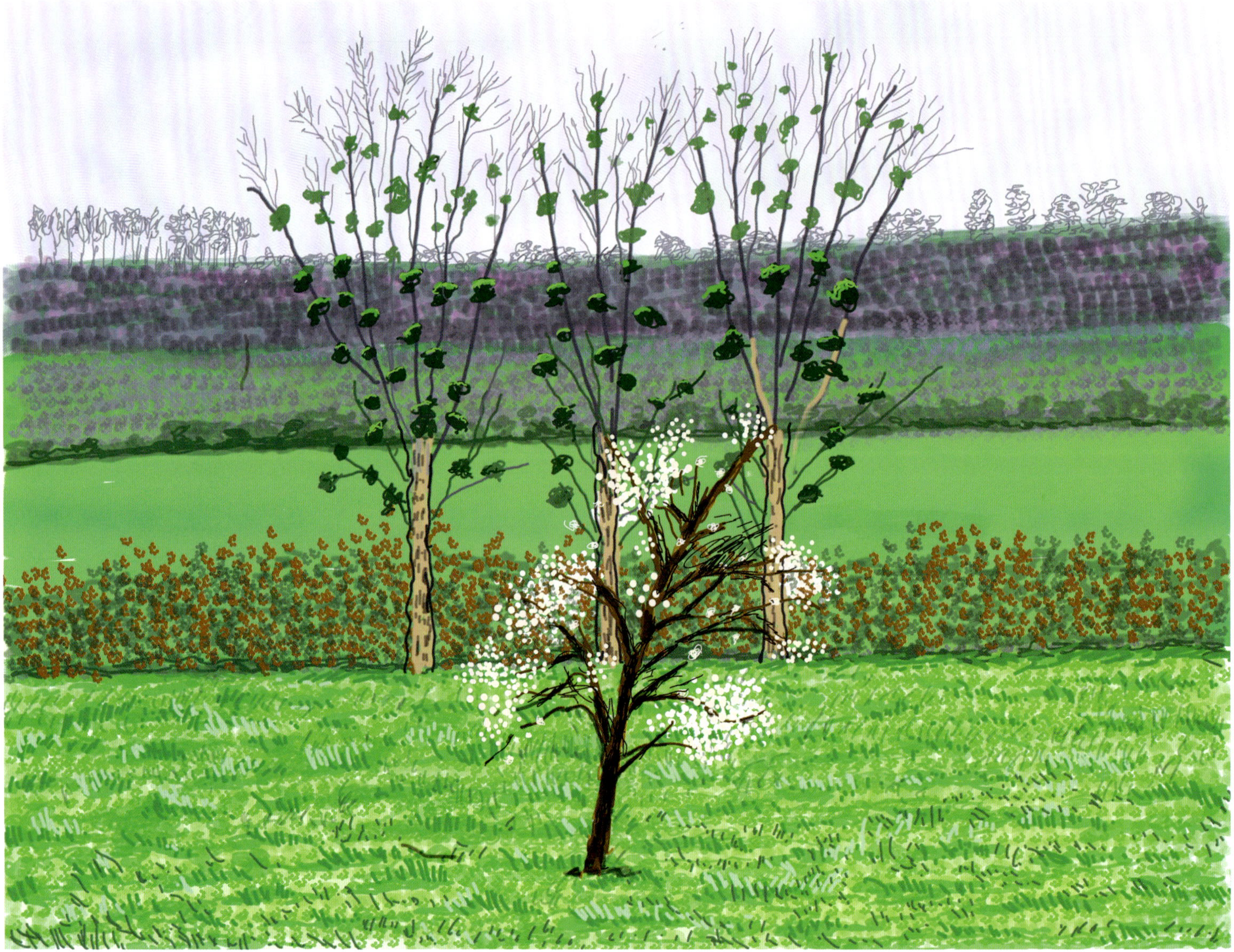

36 | n° 132, 21 mars 2020. Tableau sur iPad

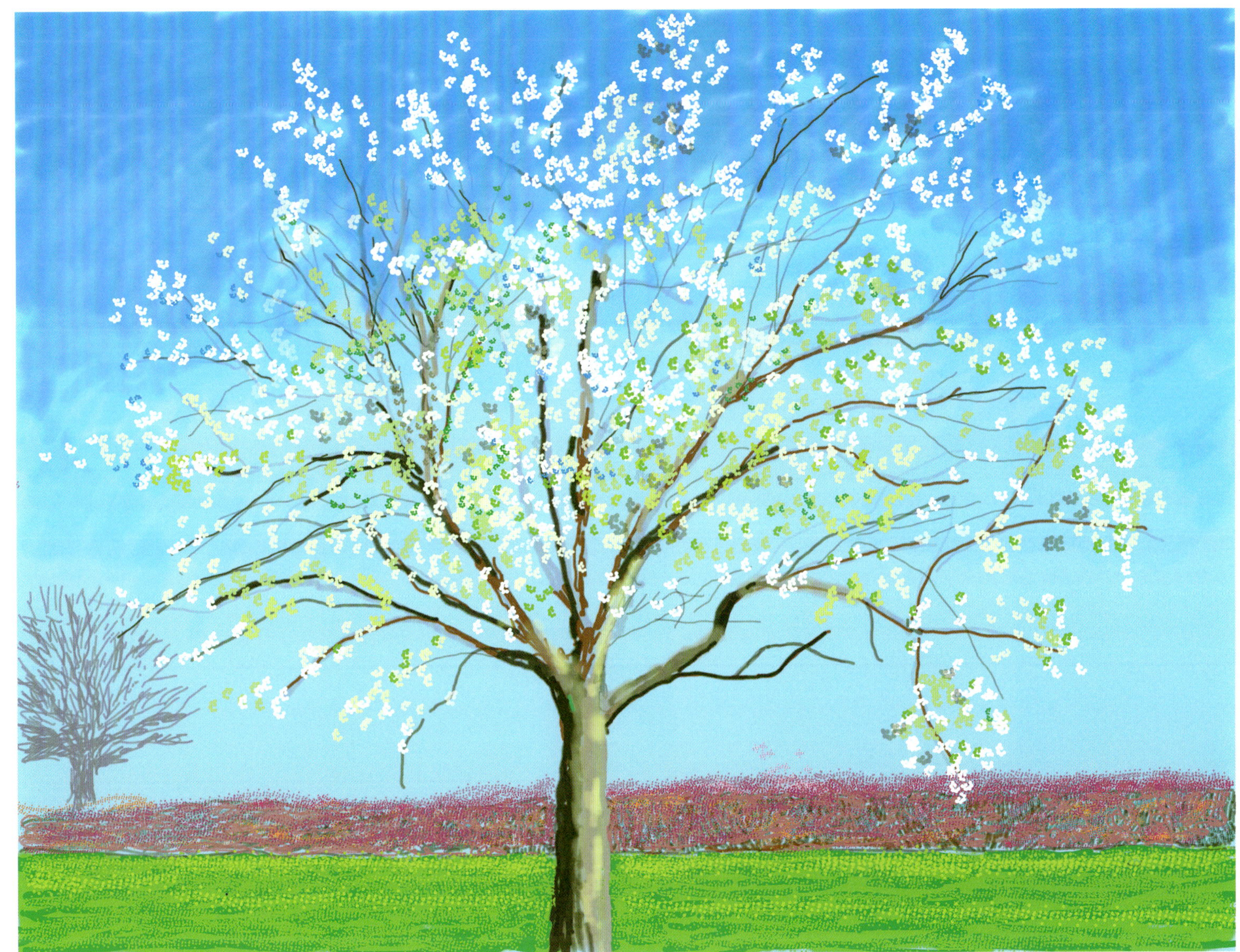

37 | nº 133, 23 mars 2020. Tableau sur iPad

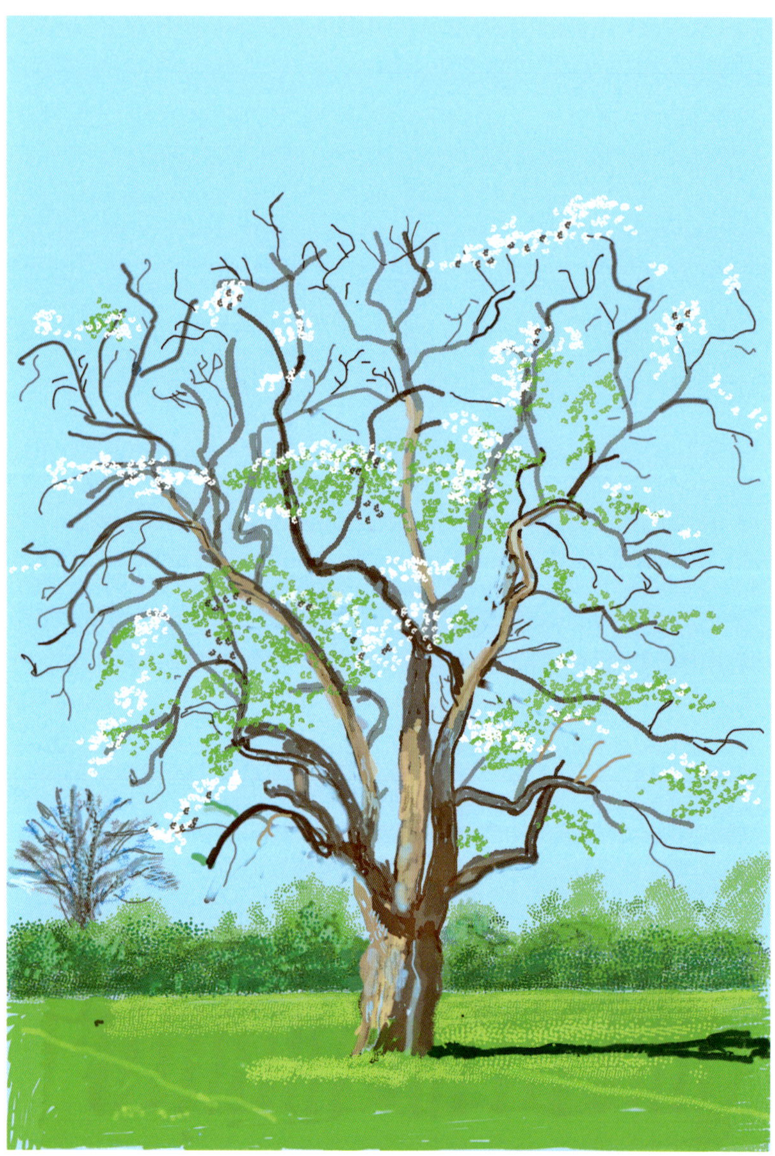

38 | n° 136, 24 mars 2020. Tableau sur iPad

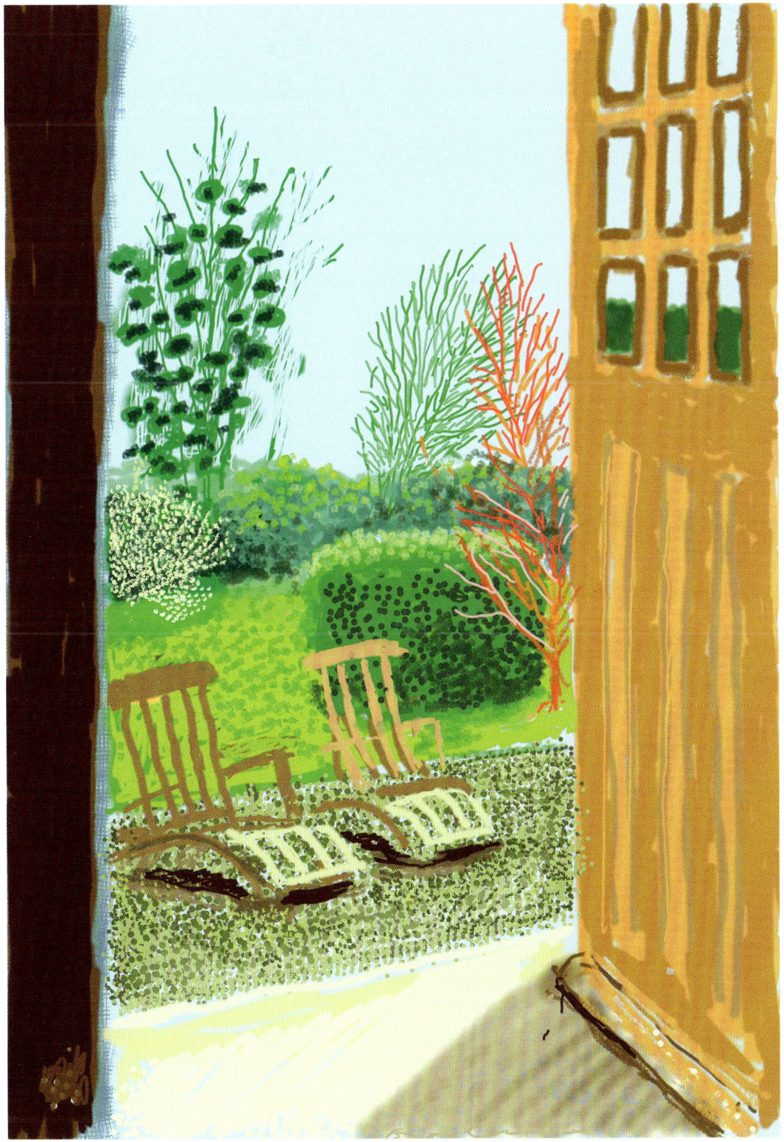

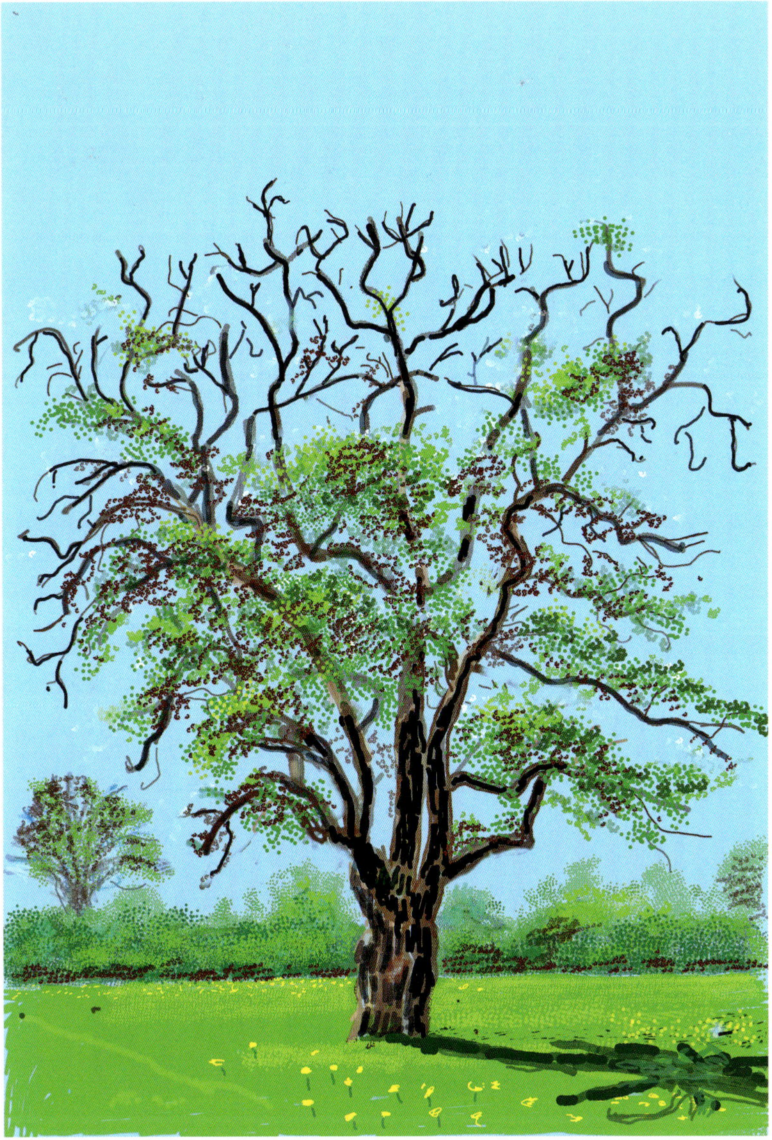

39 | n° 138, 24 mars 2020. Tableau sur iPad
40 | n° 199, 17 avril 2020. Tableau sur iPad

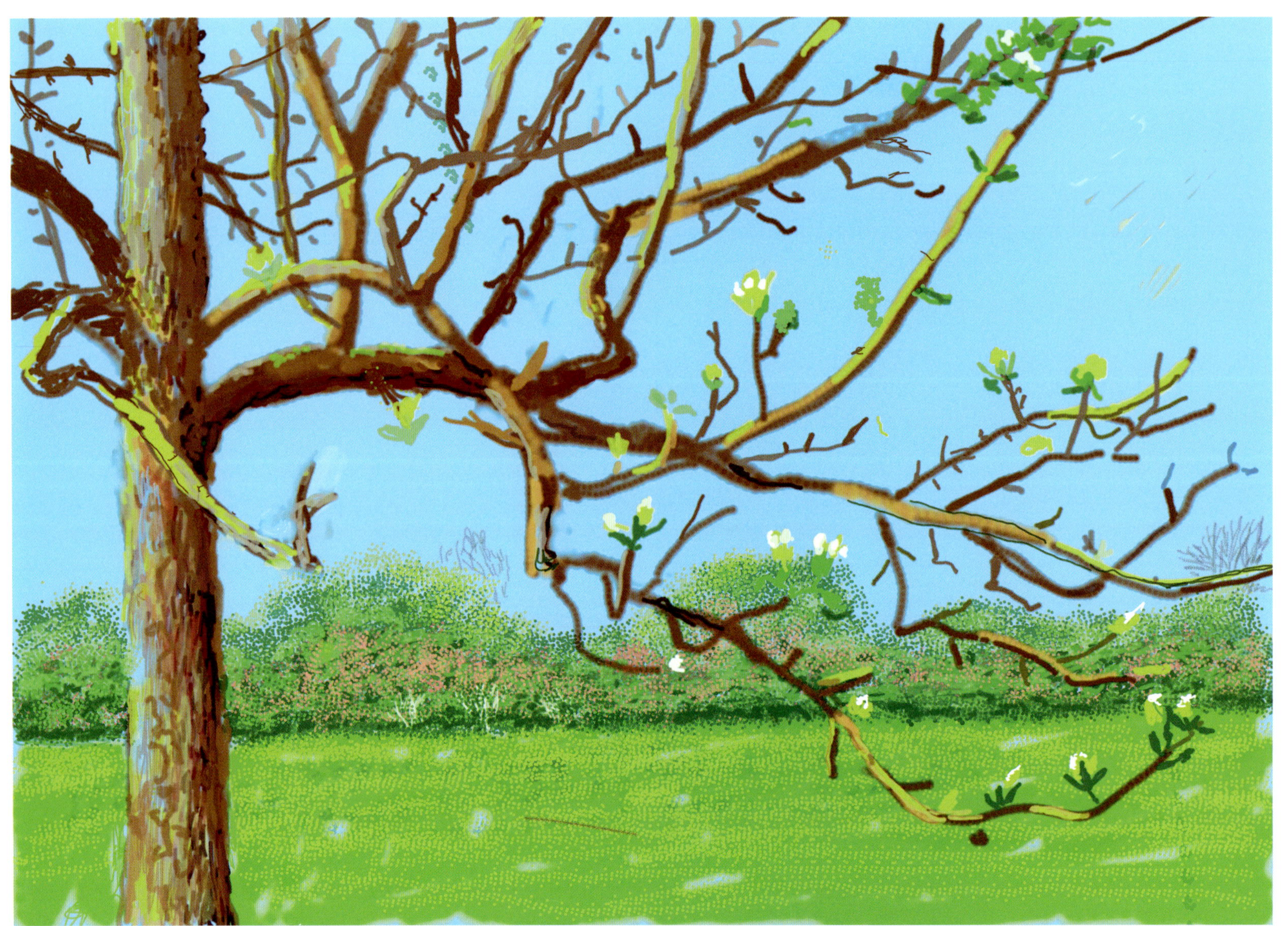

41 | n° 139, 25 mars 2020. Tableau sur iPad

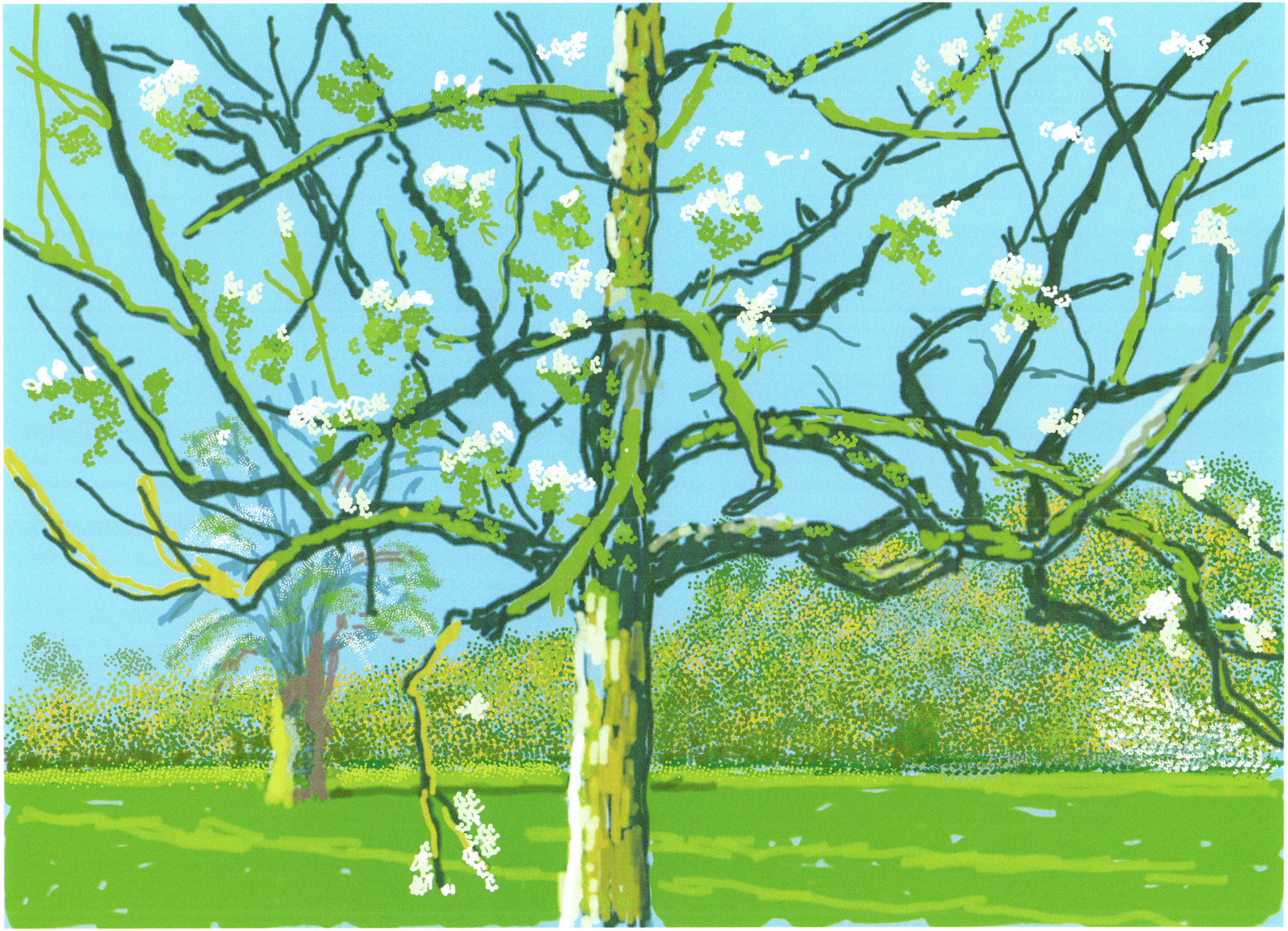

42 | n° 140, 26 mars 2020. Tableau sur iPad

43 | *n° 141*, 26 mars 2020. Tableau sur iPad

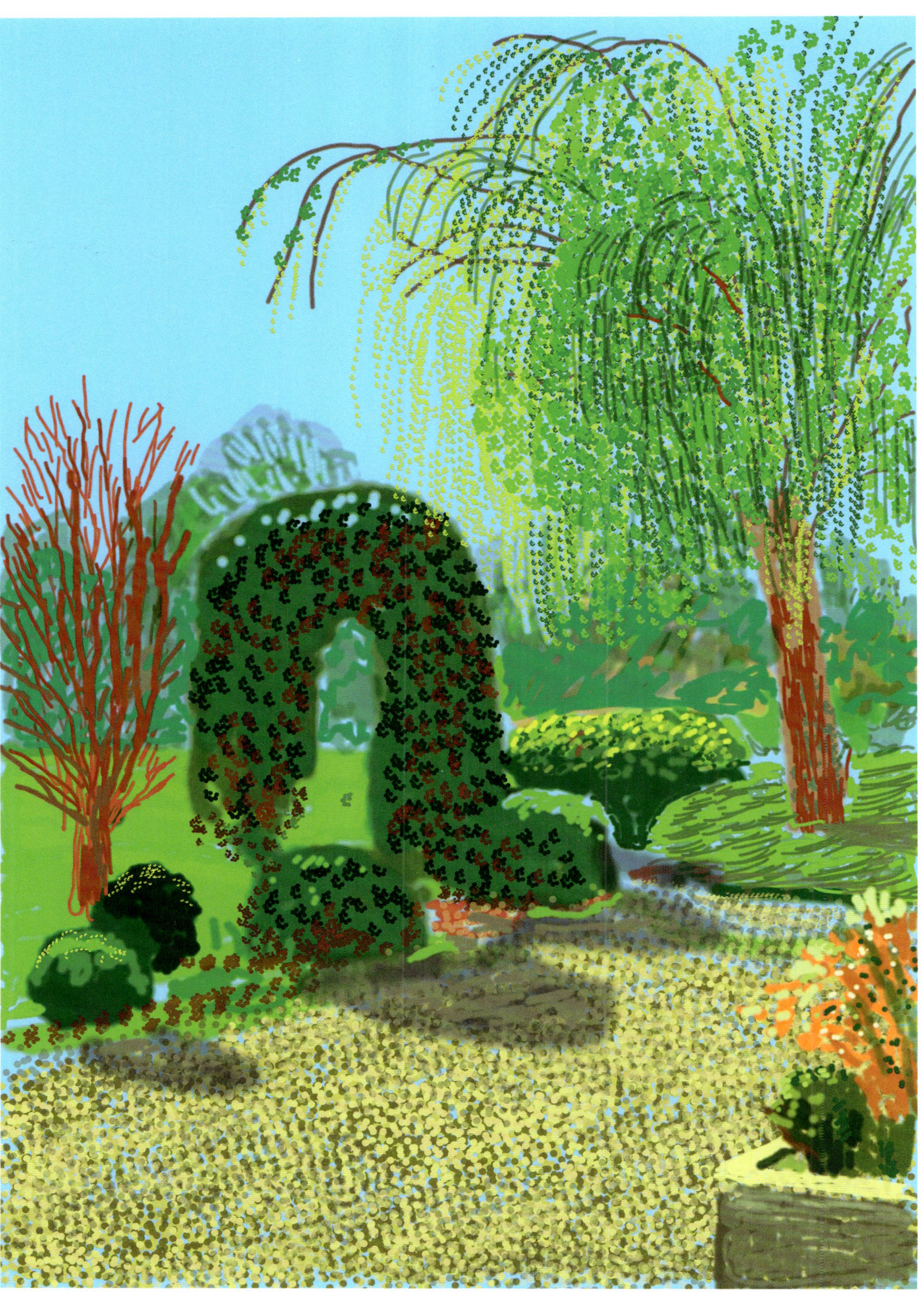

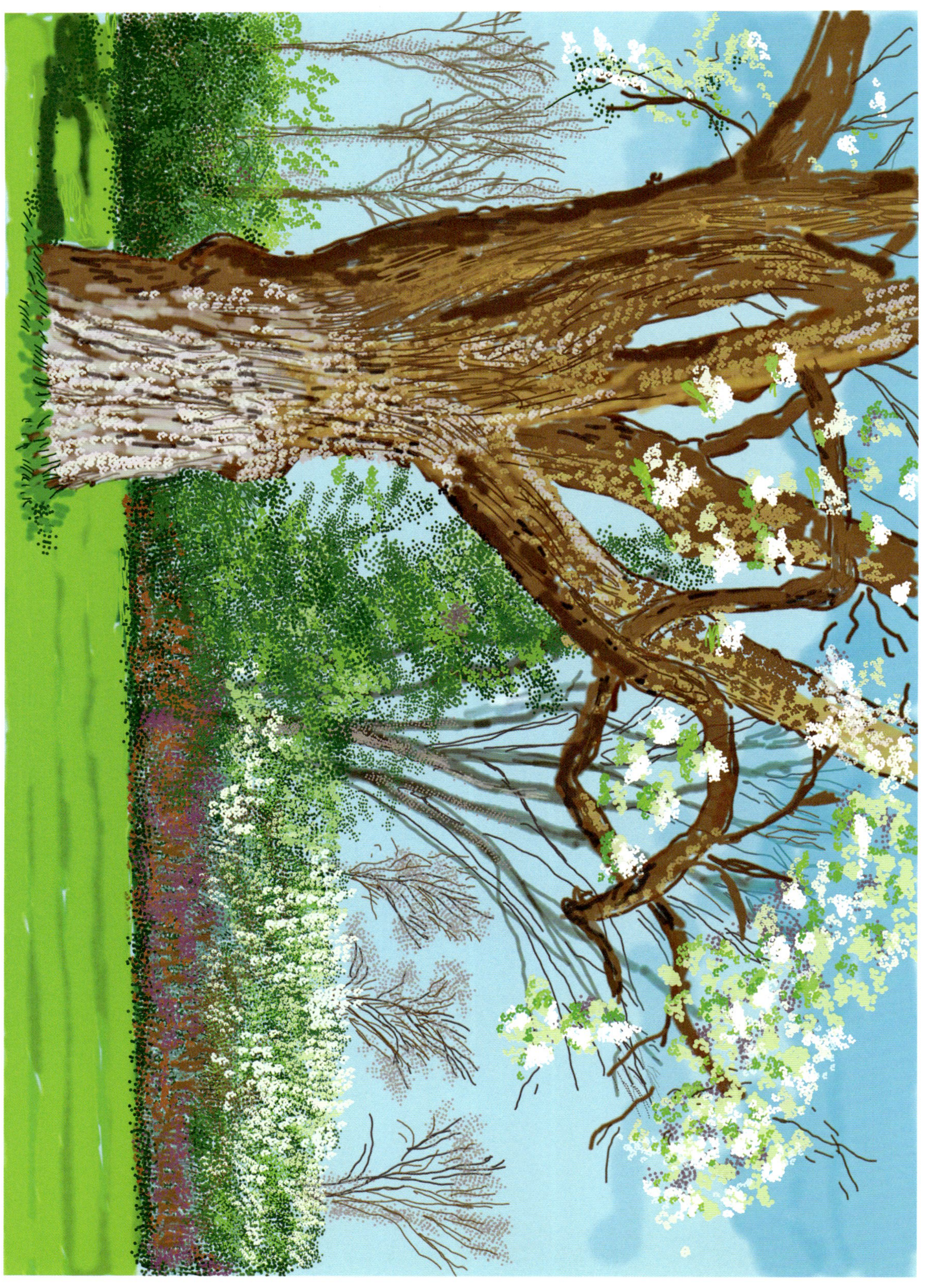

44 | *n°* 142, 27 mars 2020. Tableau sur iPad

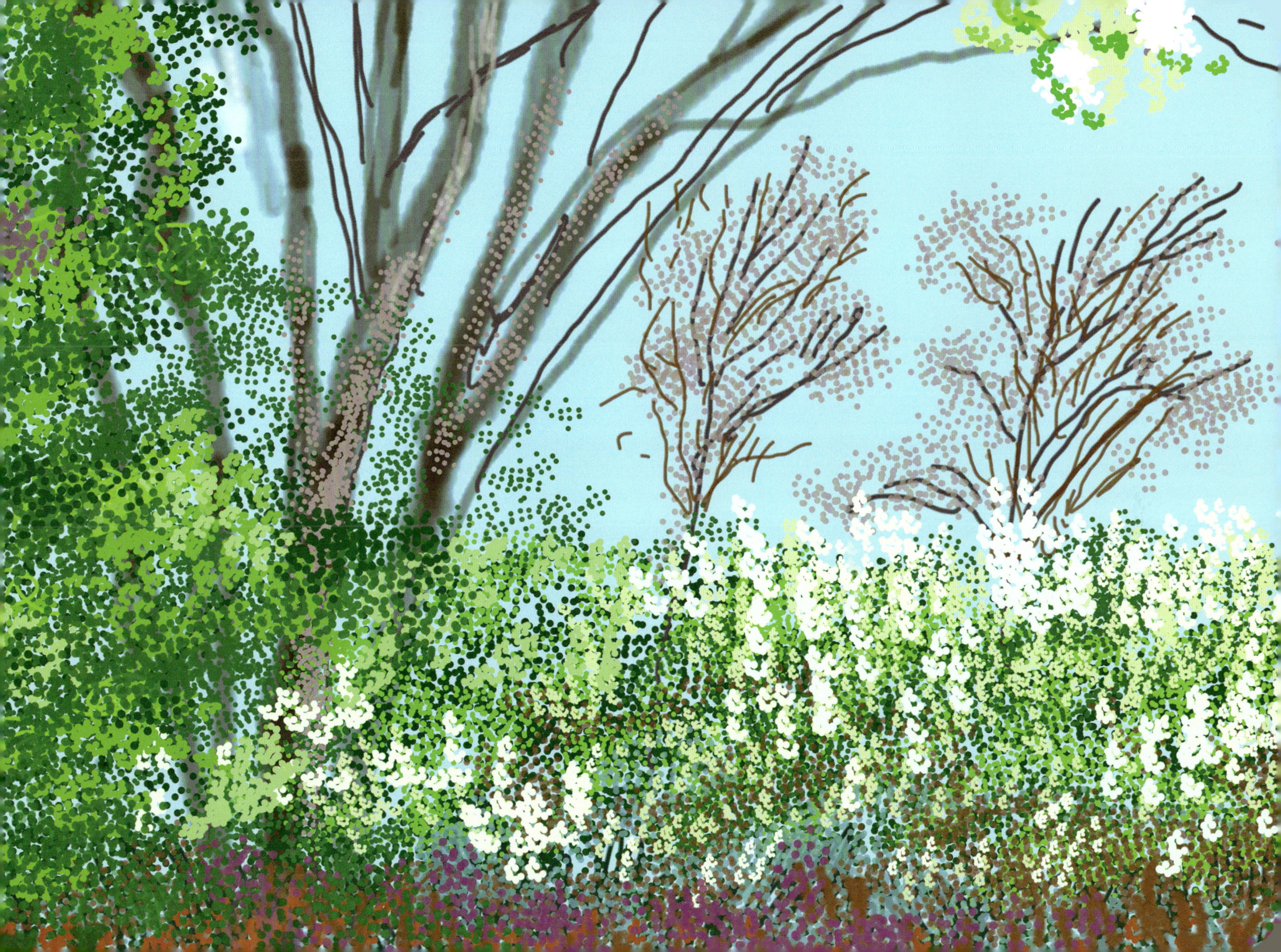

45 | *n° 143*, 27 mars 2020. Tableau sur iPad

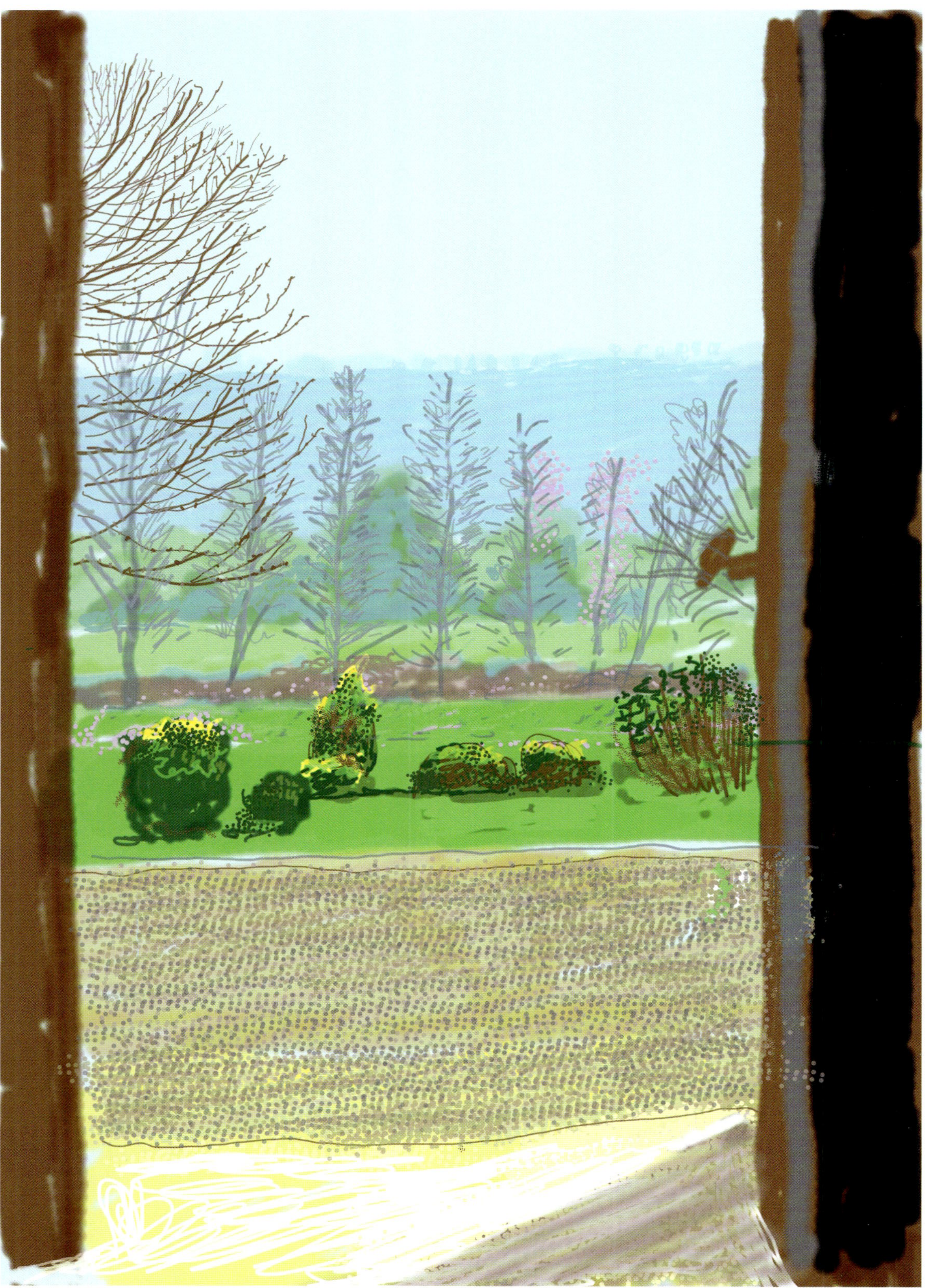

46 | *n° 144*, 28 mars 2020. Tableau sur iPad

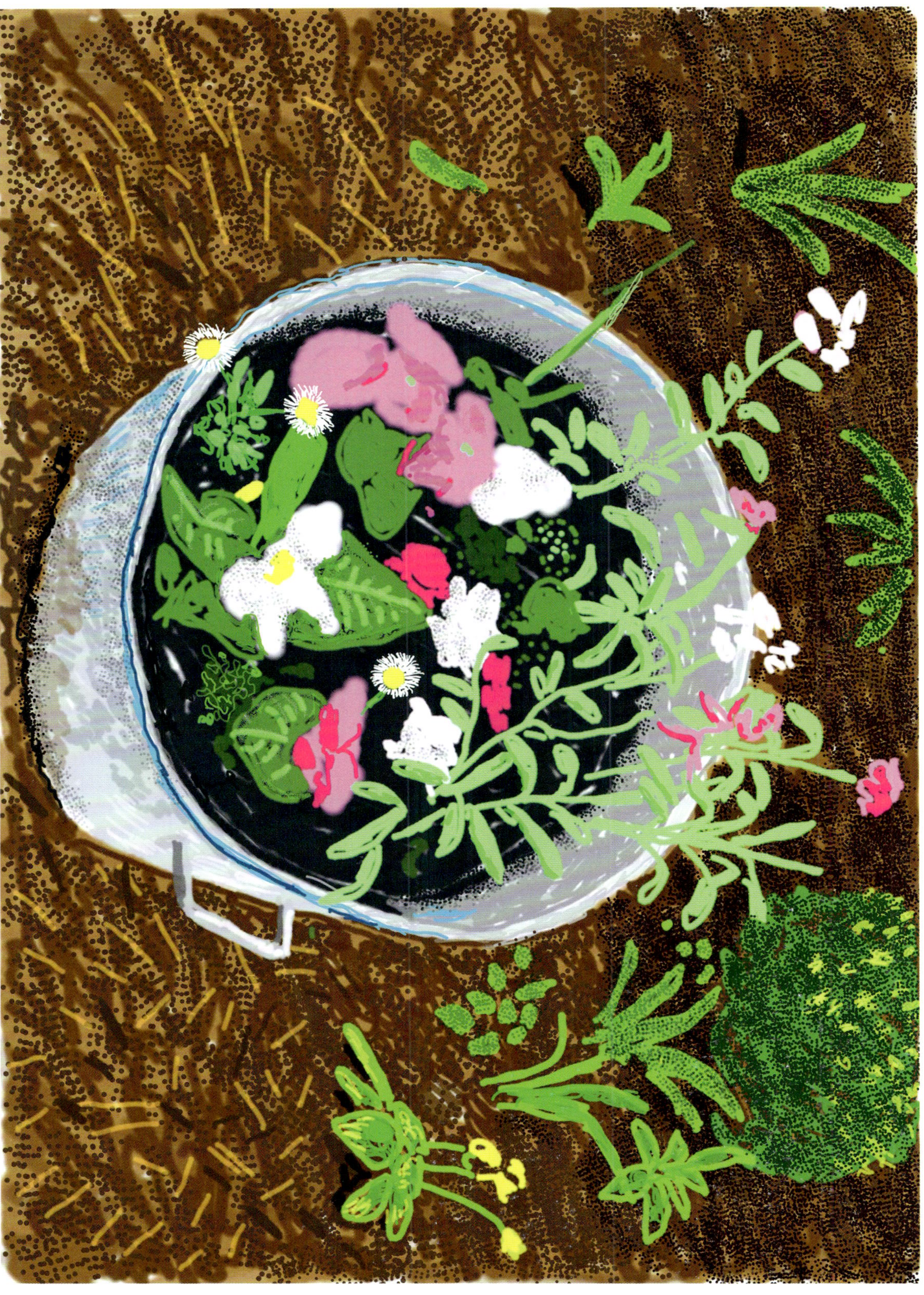

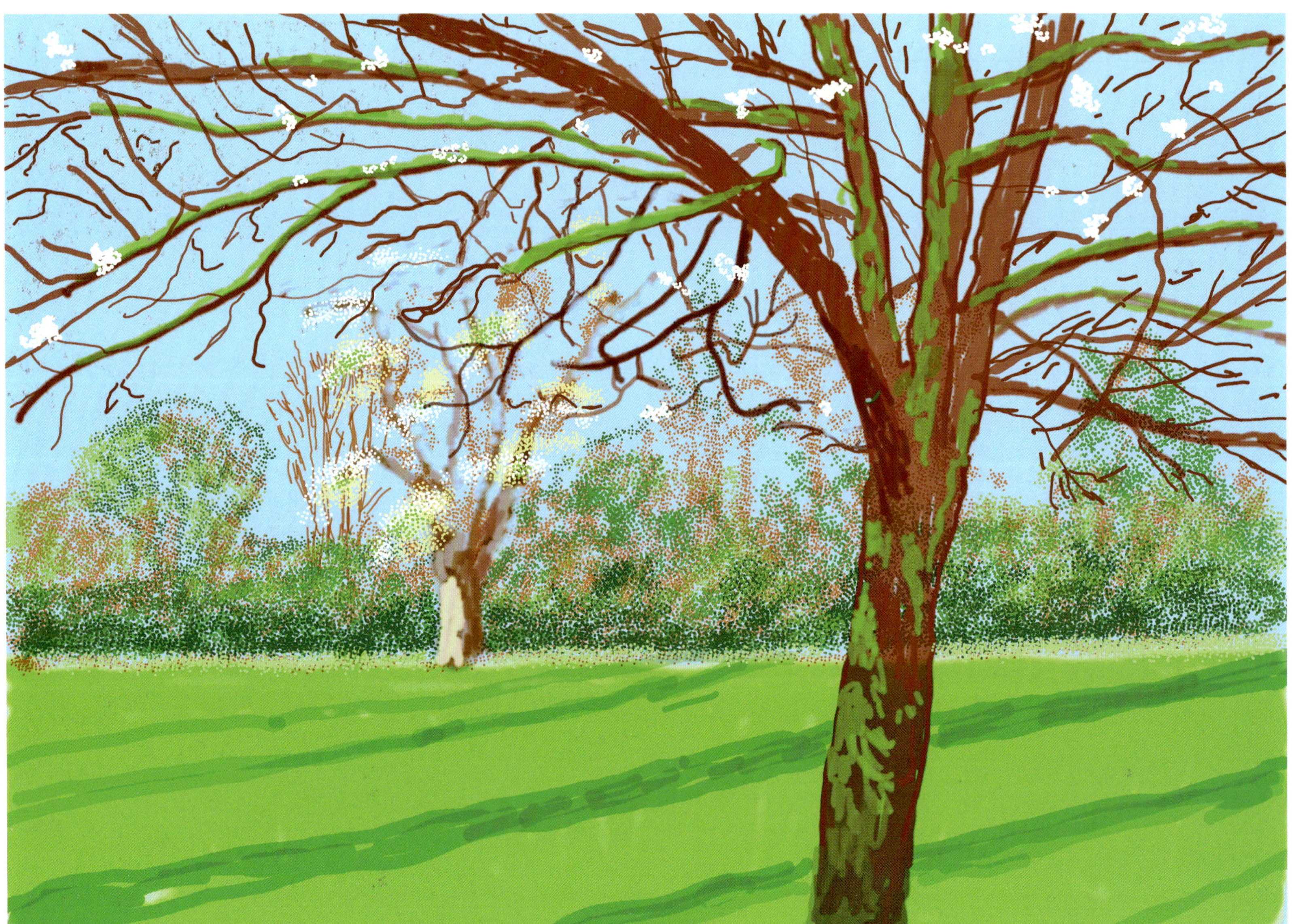

47 | n° 145, 30 mars 2020. Tableau sur iPad

 | *n°* 149, 31 mars 2020. Tableau sur iPad

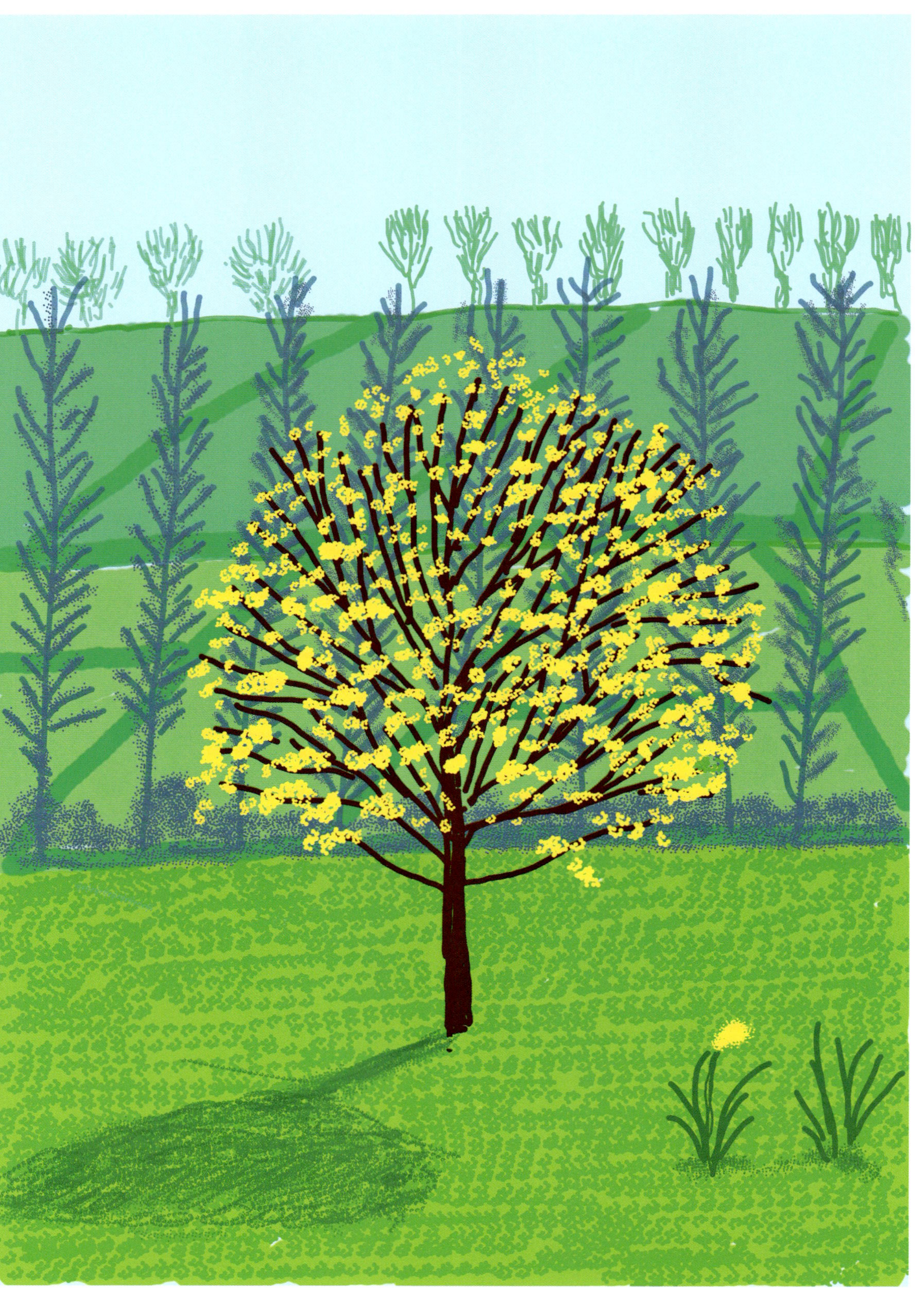

49 | *n° 151*, 1er avril 2020. Tableau sur iPad

50 | *n° 155*, 1er avril 2020. Tableau sur iPad

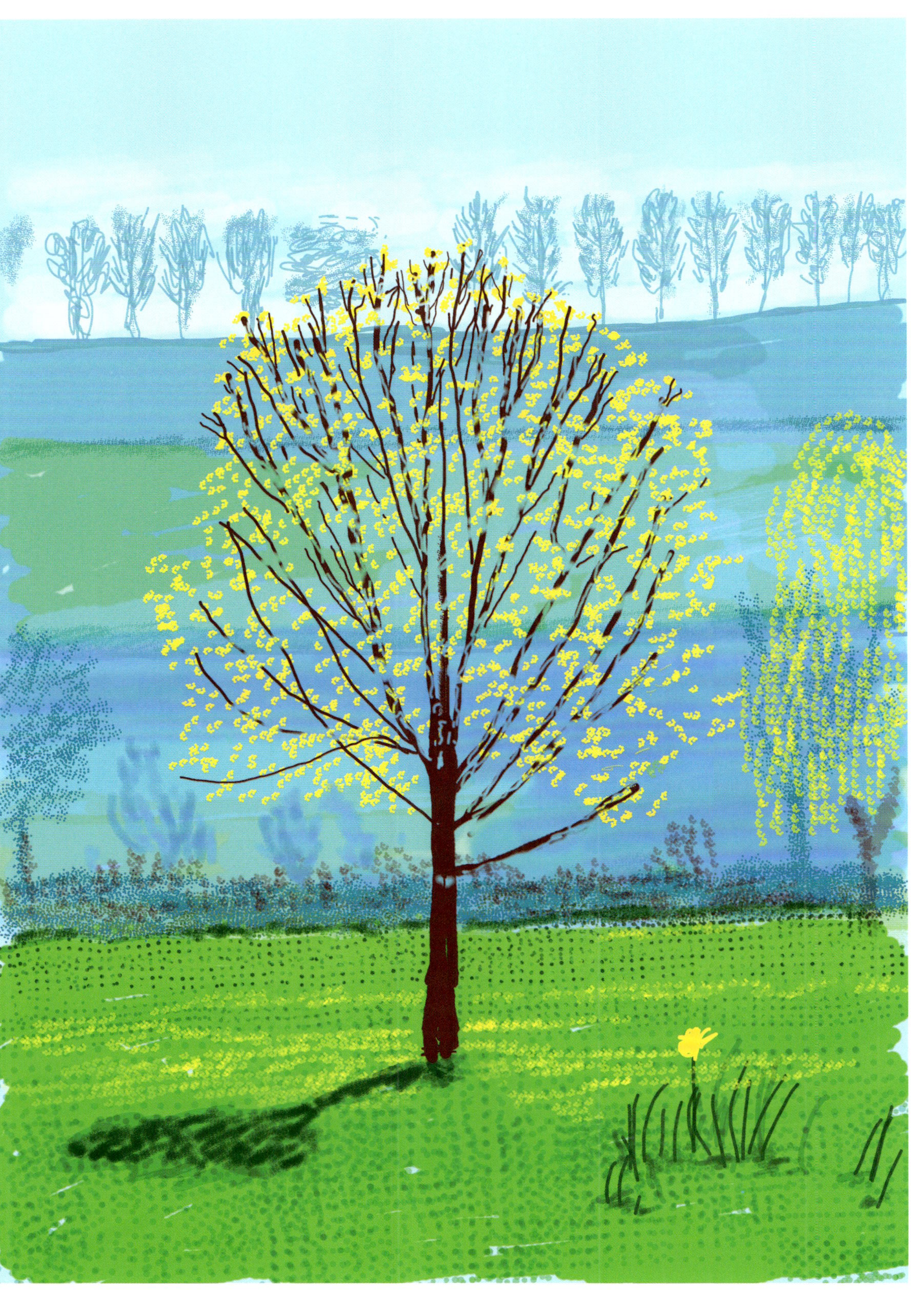

51 | n° 161, 3 avril 2020. Tableau sur iPad

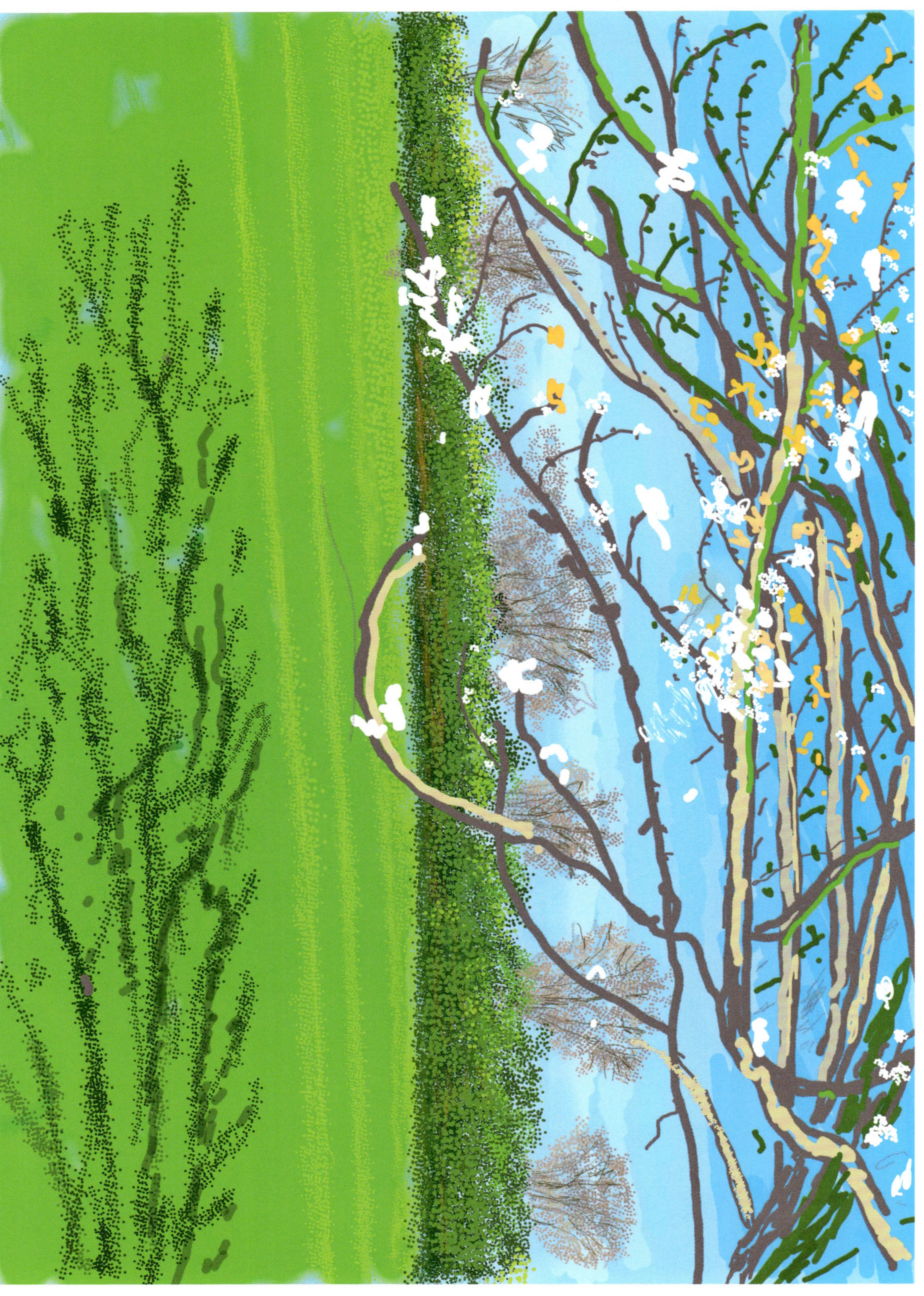

52 | *n° 164*, 5 avril 2020. Tableau sur iPad

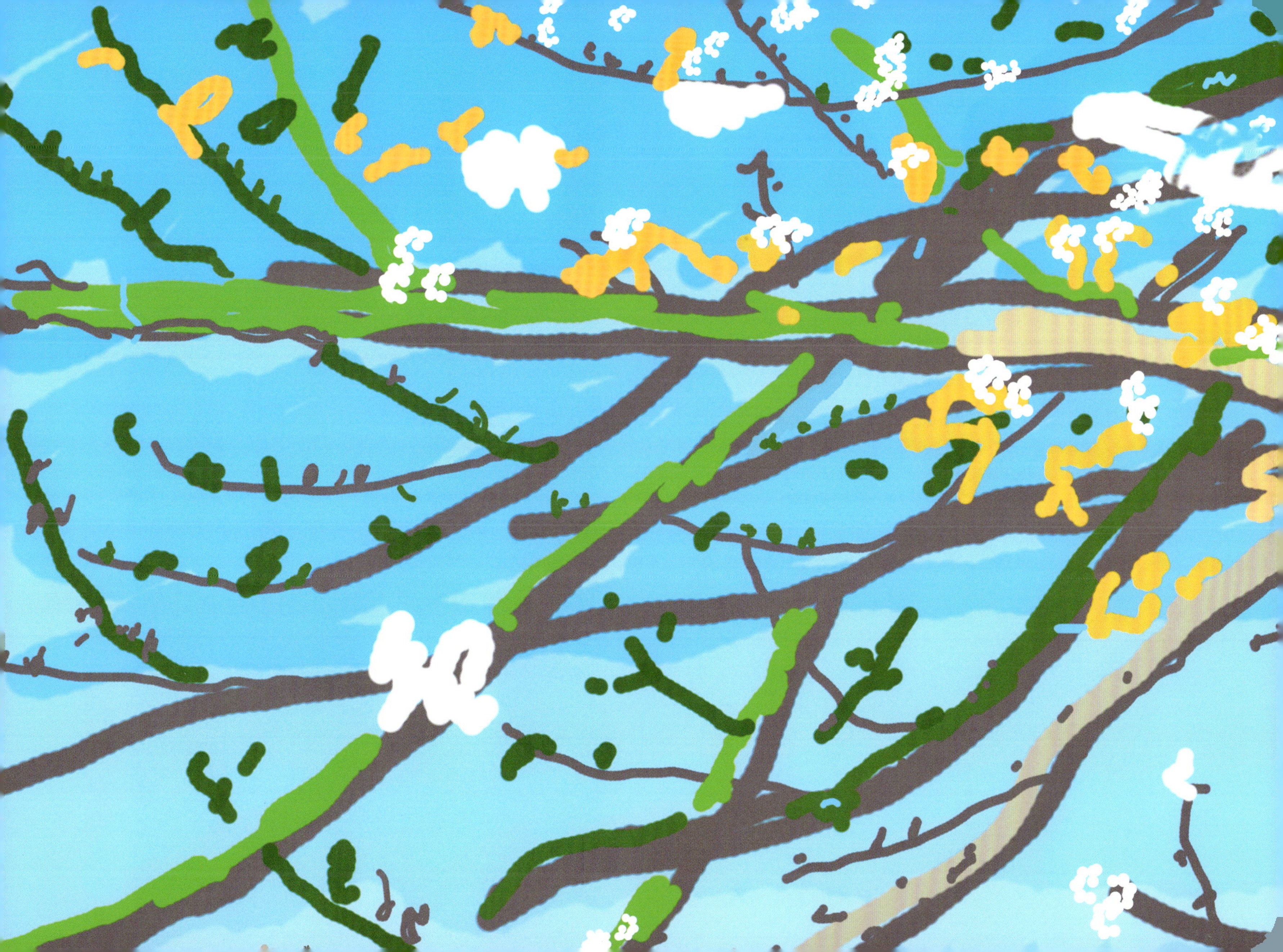

53 | *n° 169*, 5 avril 2020. Tableau sur iPad

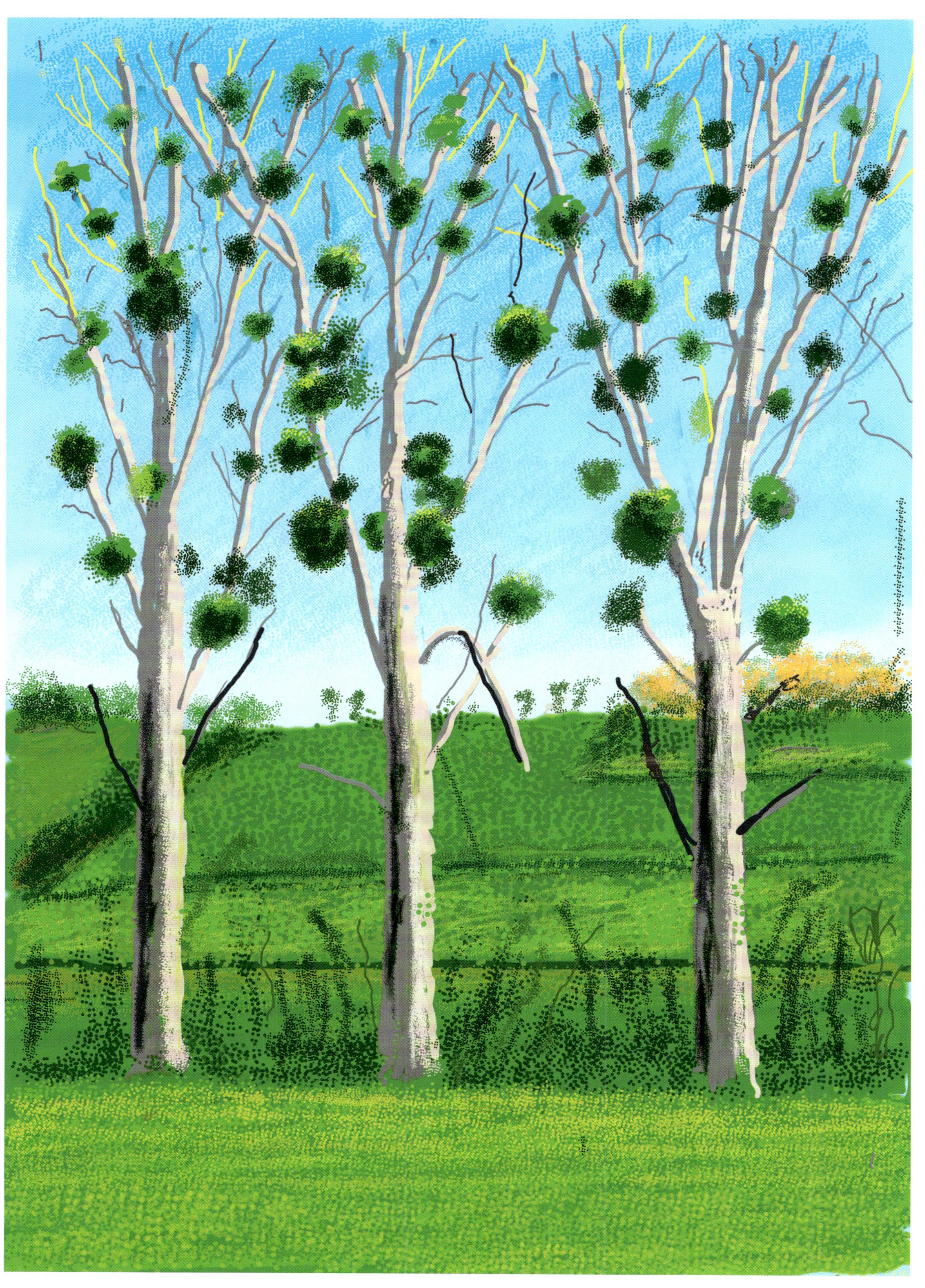

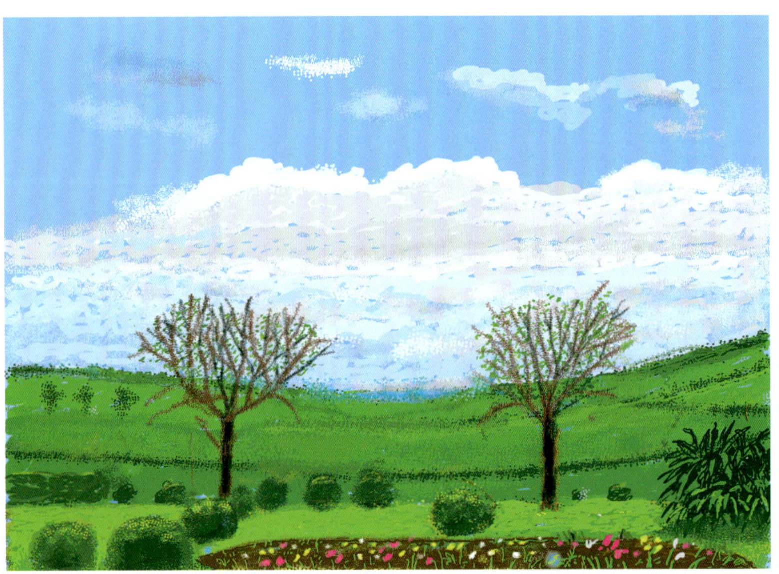

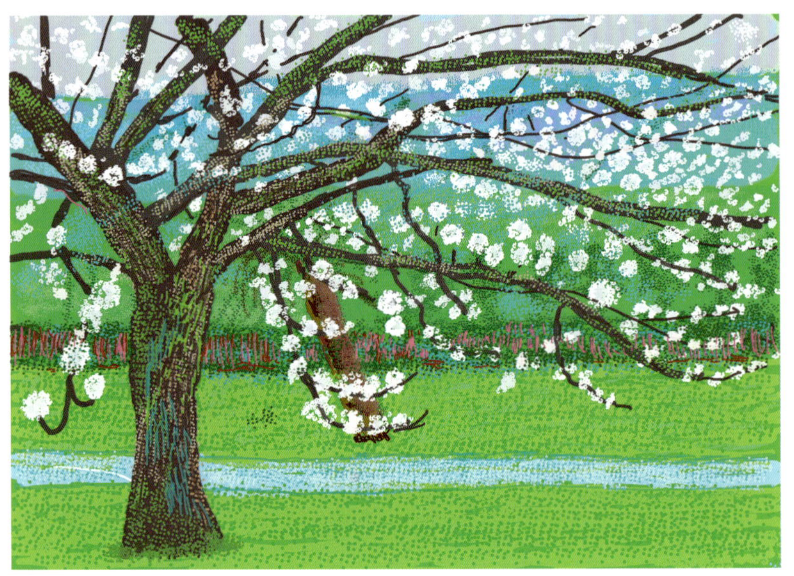

54 | *n°* 168, 6 avril 2020. Tableau sur iPad
55 | *n°* 173, 8 avril 2020. Tableau sur iPad

56 | n° 369, 8 avril 2020. Tableau sur iPad

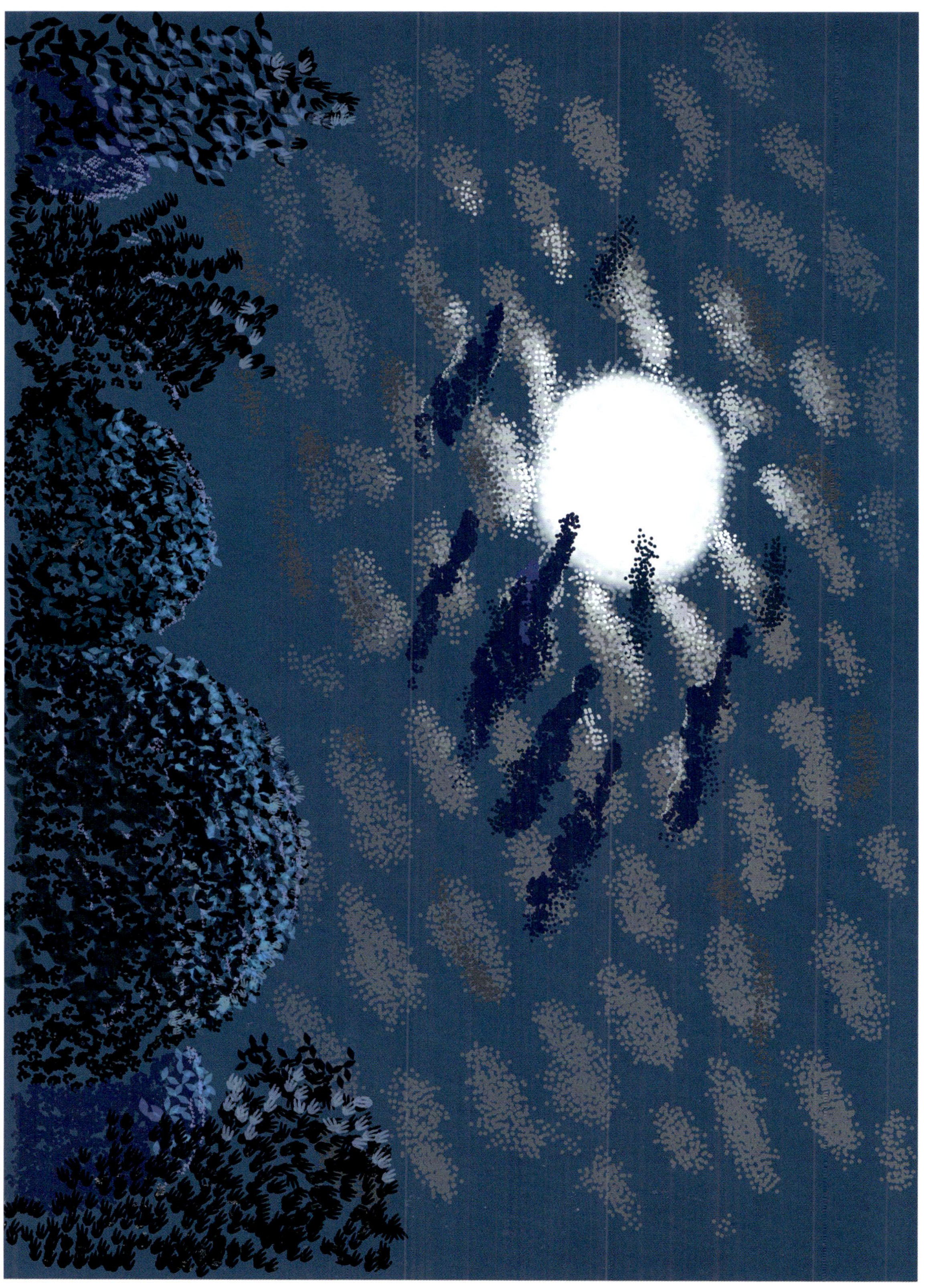

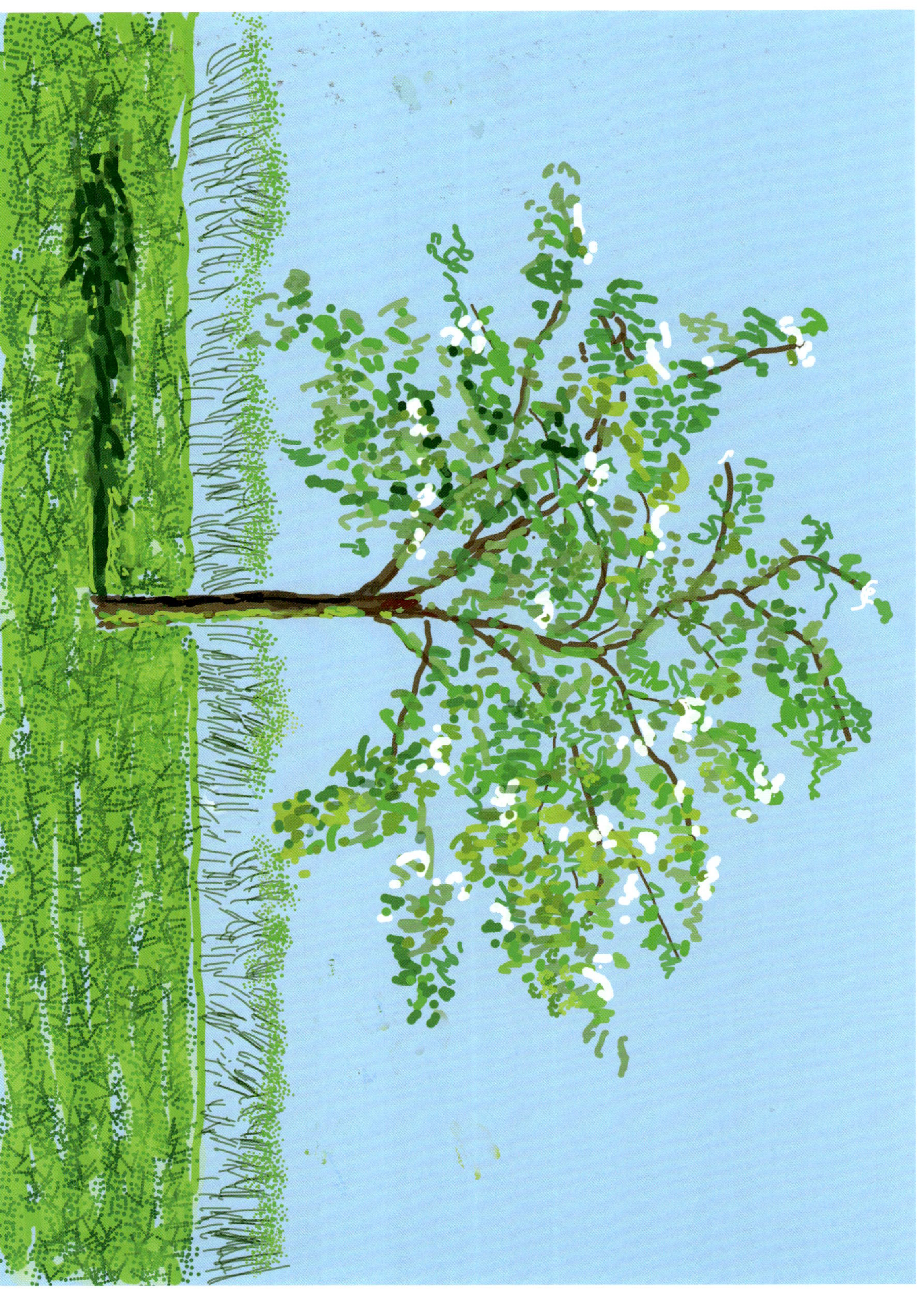

57 | *nº 198*, 9 avril 2020. Tableau sur iPad

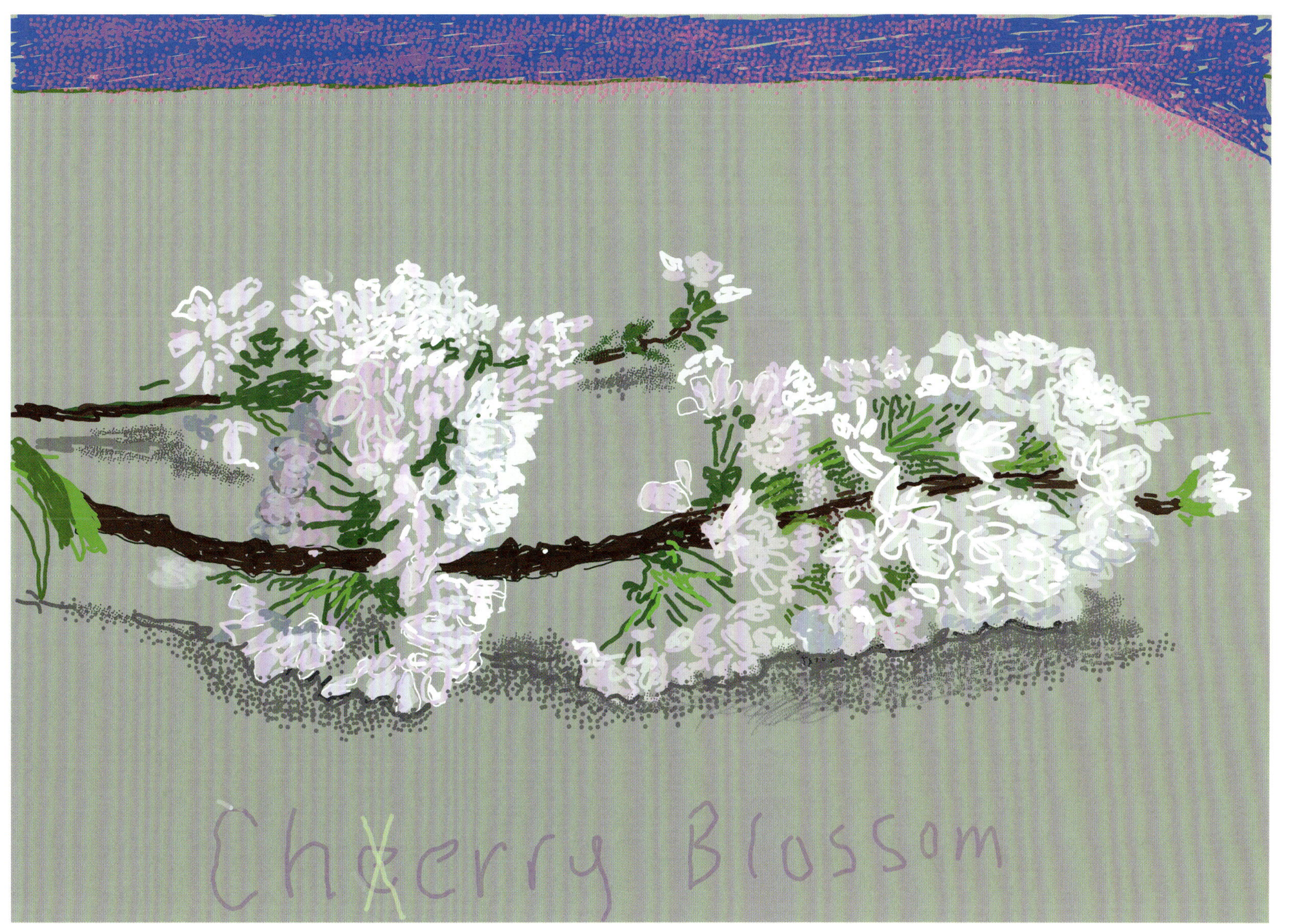

58 | n° 181, 10 avril 2020. Tableau sur iPad

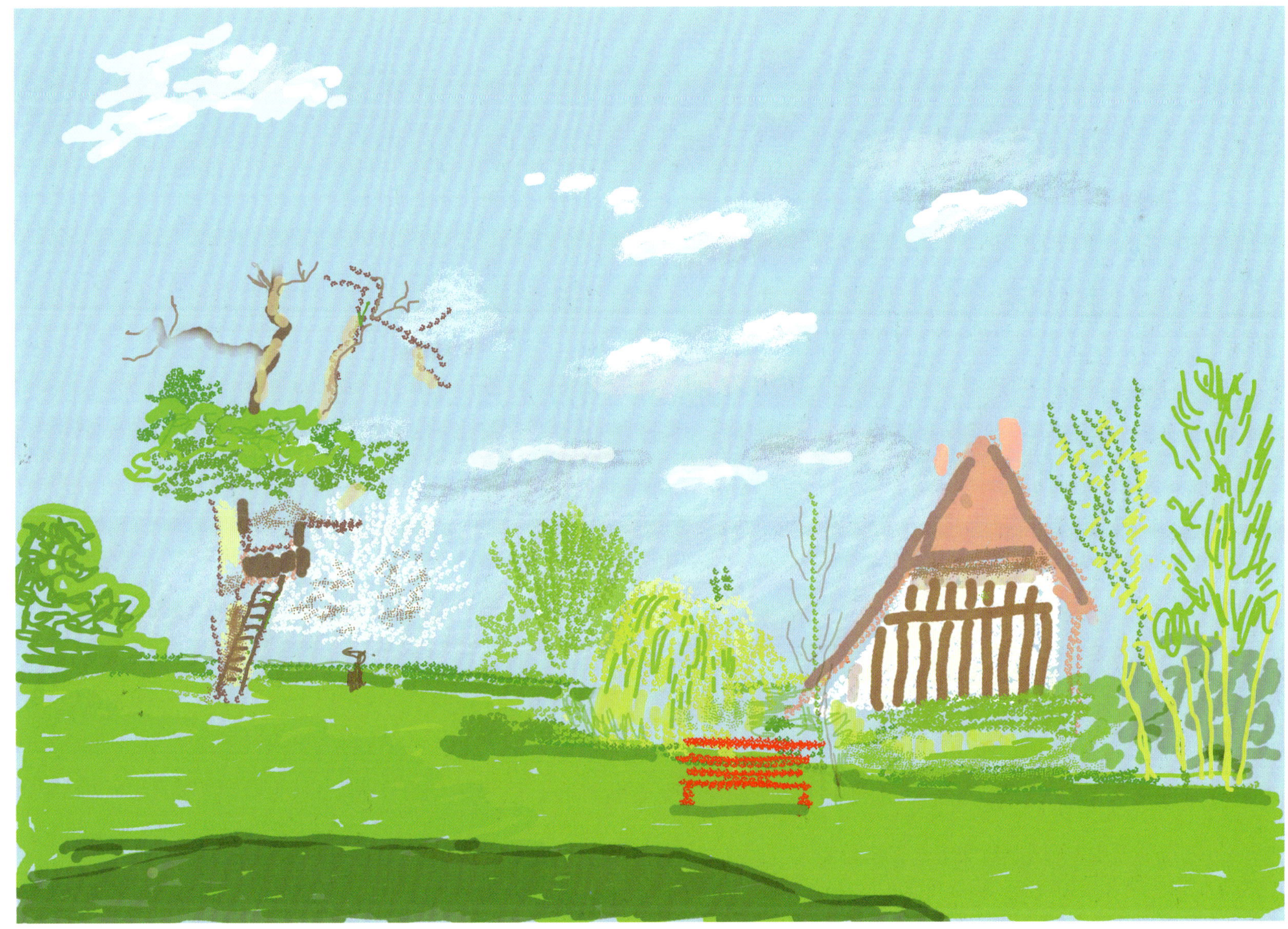

59 | n° 183, 10 avril 2020. Tableau sur iPad

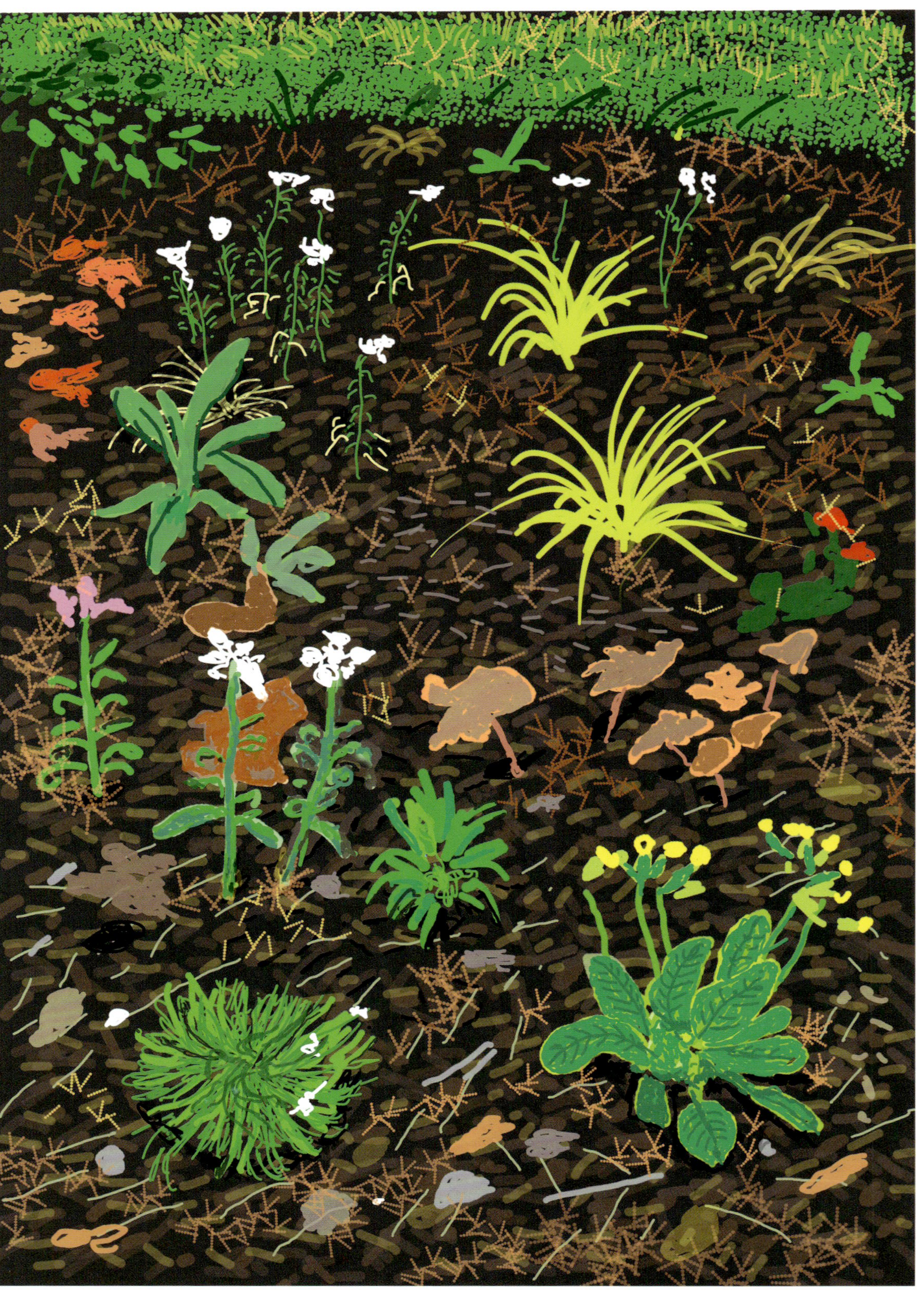

60 | *n° 186*, 11 avril 2020. Tableau sur iPad

61 | *n° 187*, 11 avril 2020. Tableau sur iPad

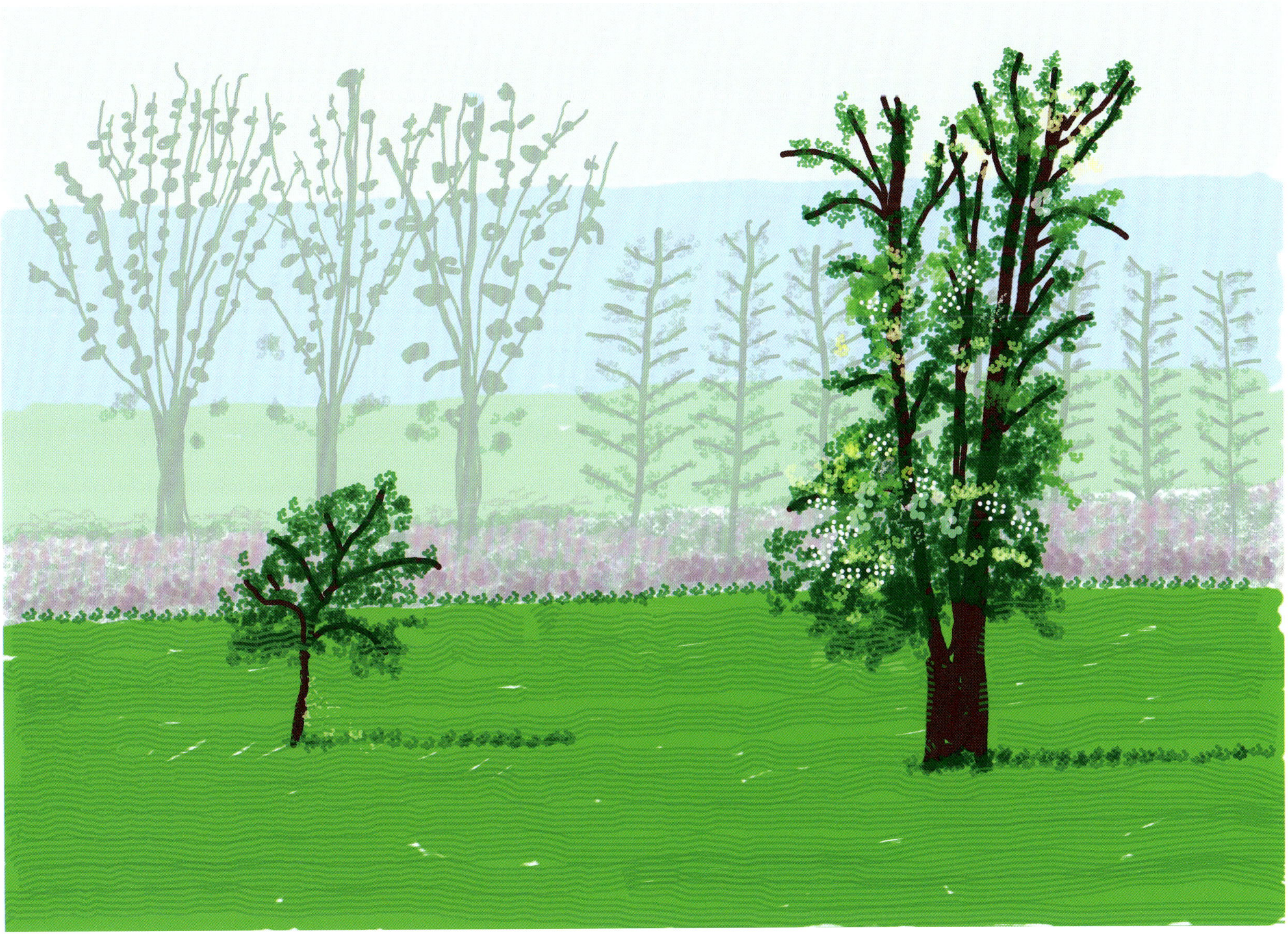

62 | *n° 193, 12 avril 2020.* Tableau sur iPad

63 | *n*° 202, 12 avril 2020. Tableau sur iPad

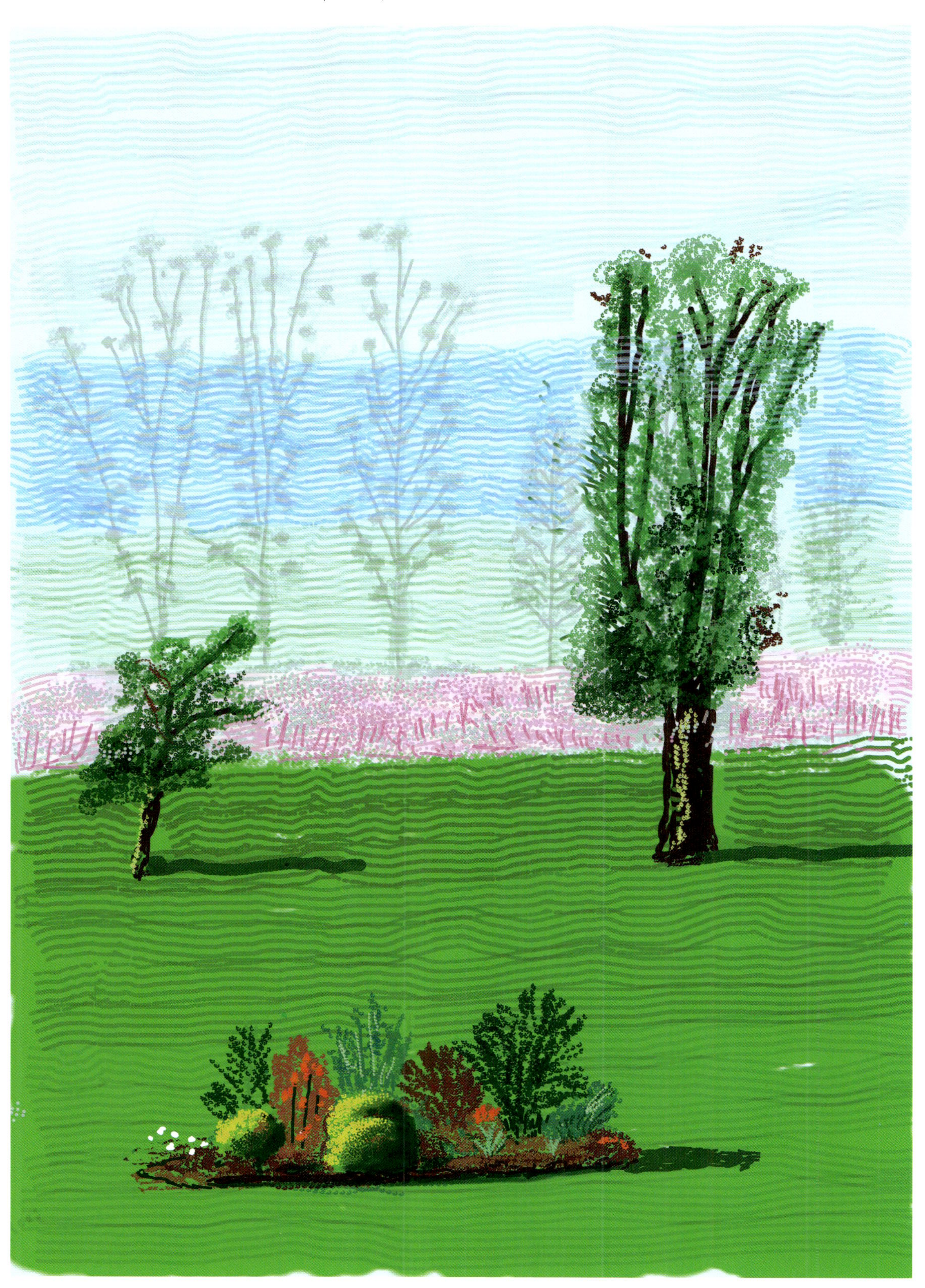

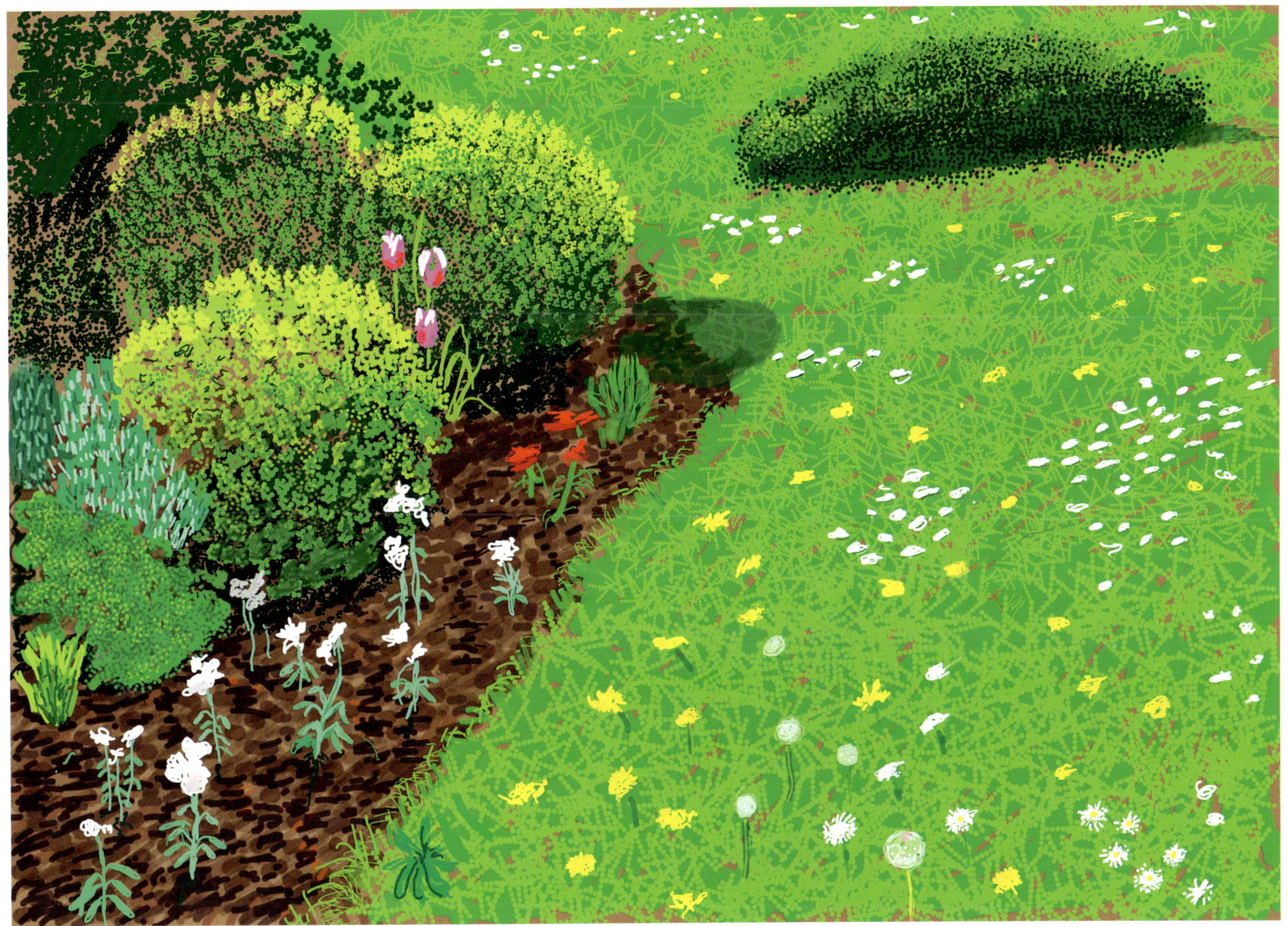

64 | n° 207, 15 avril 2020. Tableau sur iPad

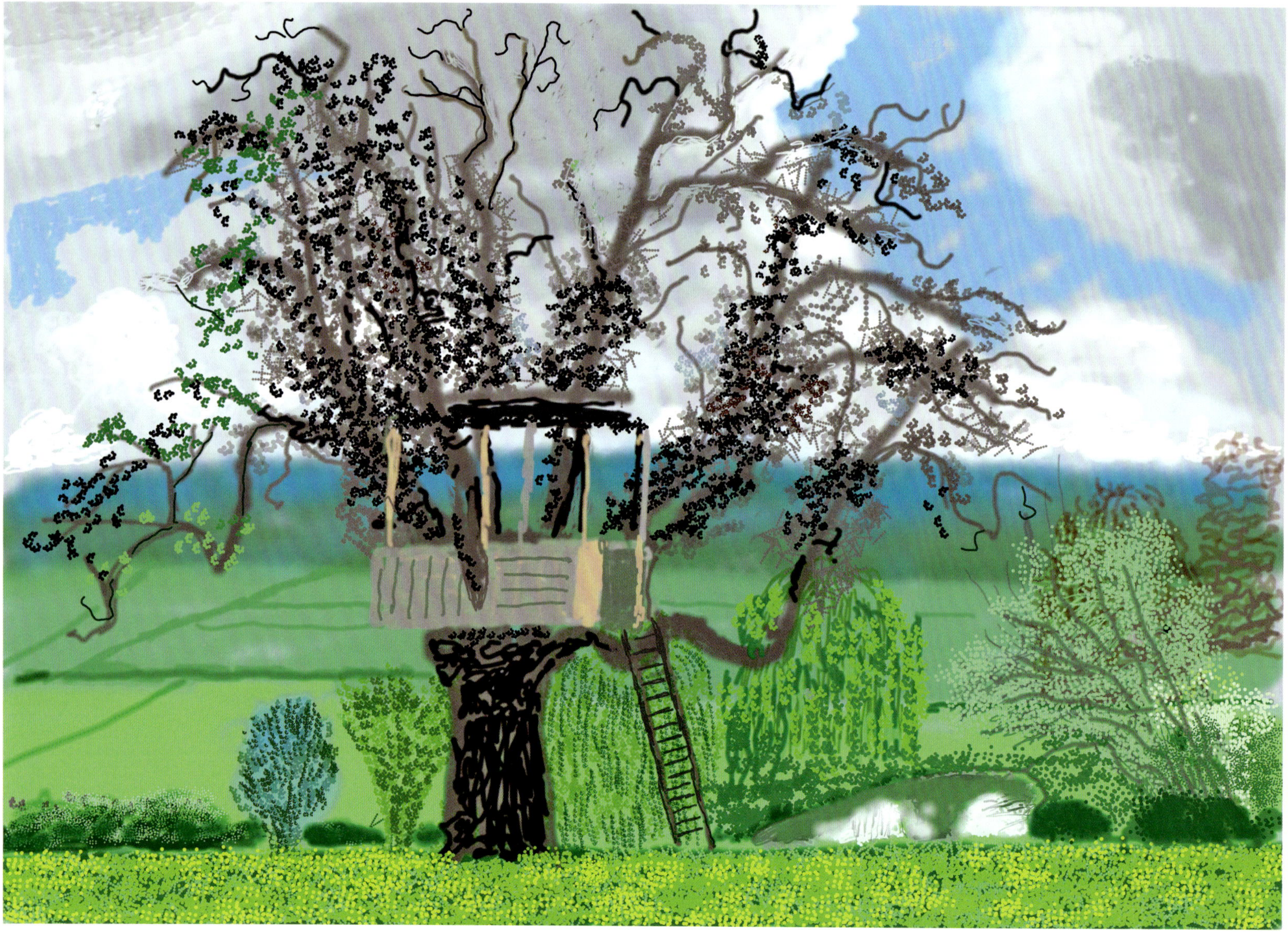

65 | n° 208, 16 avril 2020. Tableau sur iPad

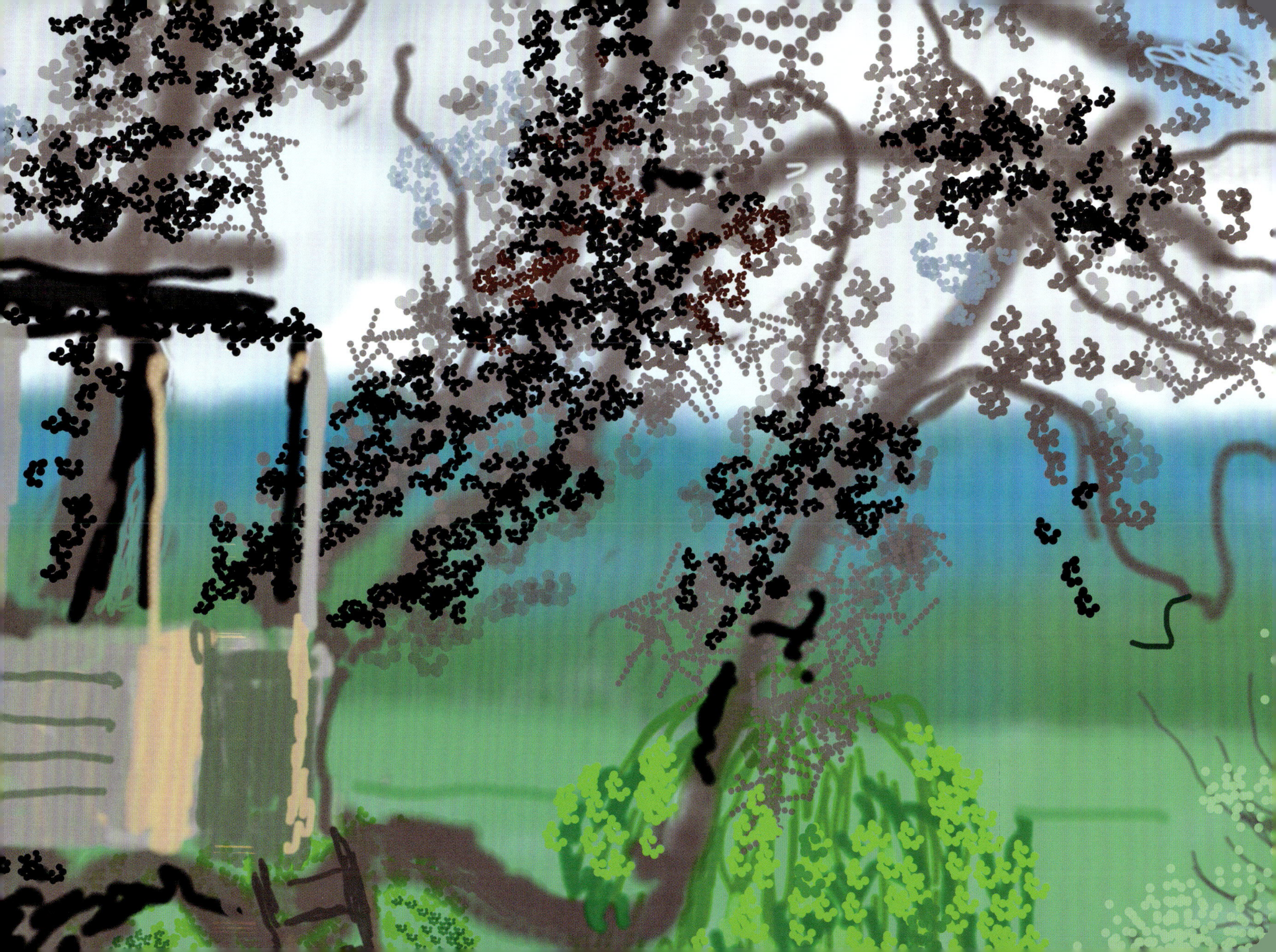

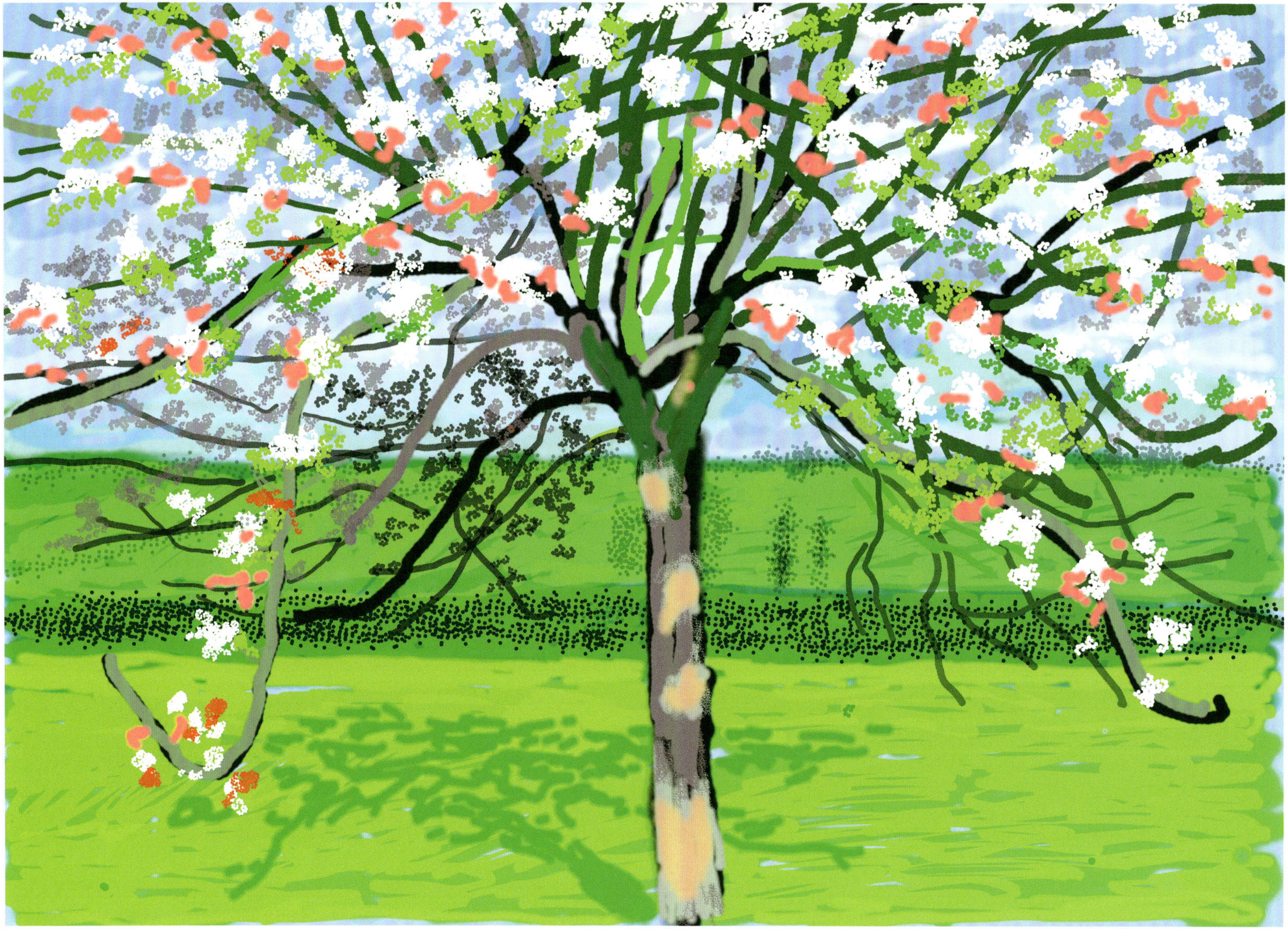

66 | n° 209, 17 avril 2020. Tableau sur iPad

67 | *n°* 214, 18 avril 2020. Tableau sur iPad

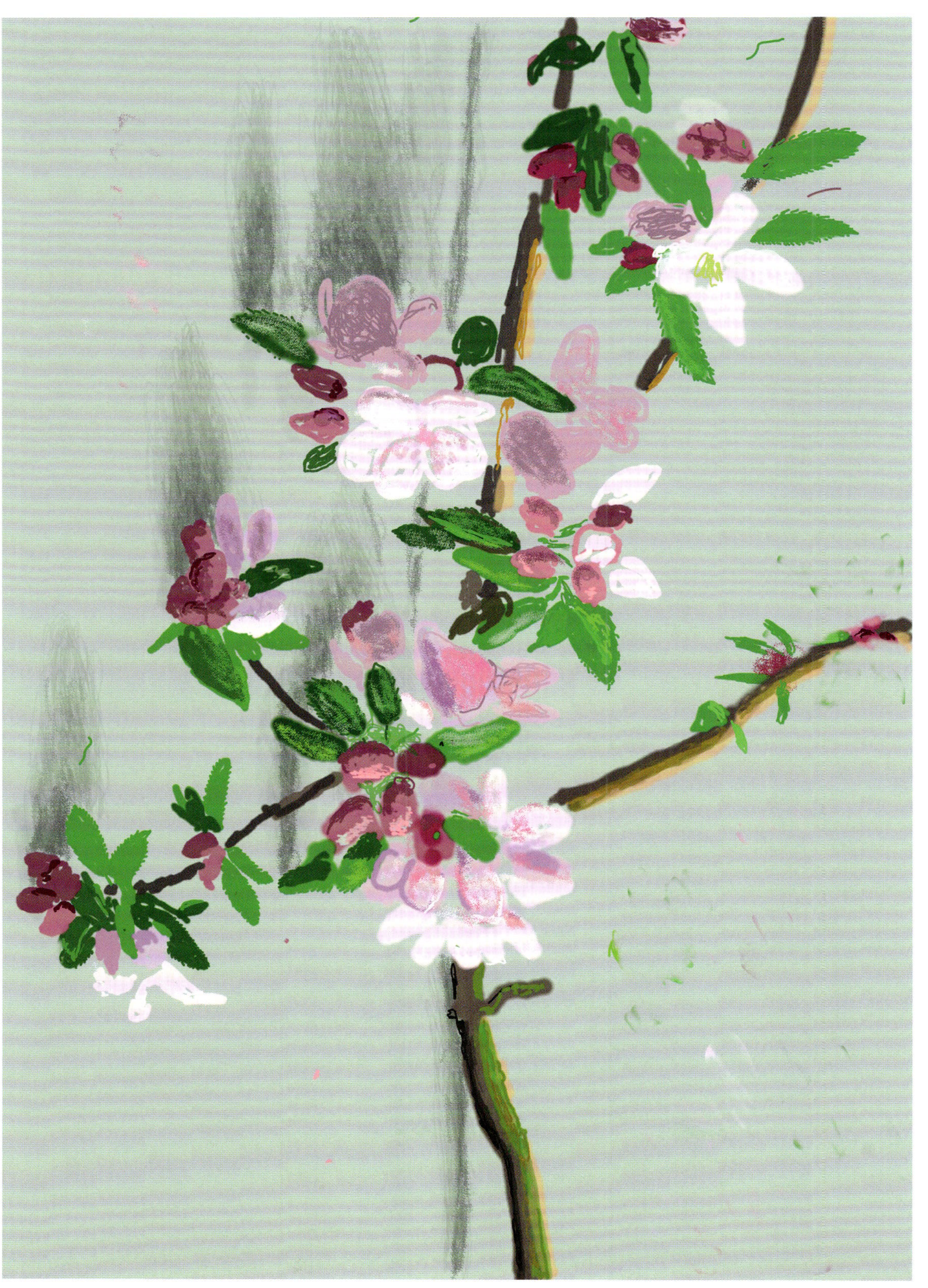

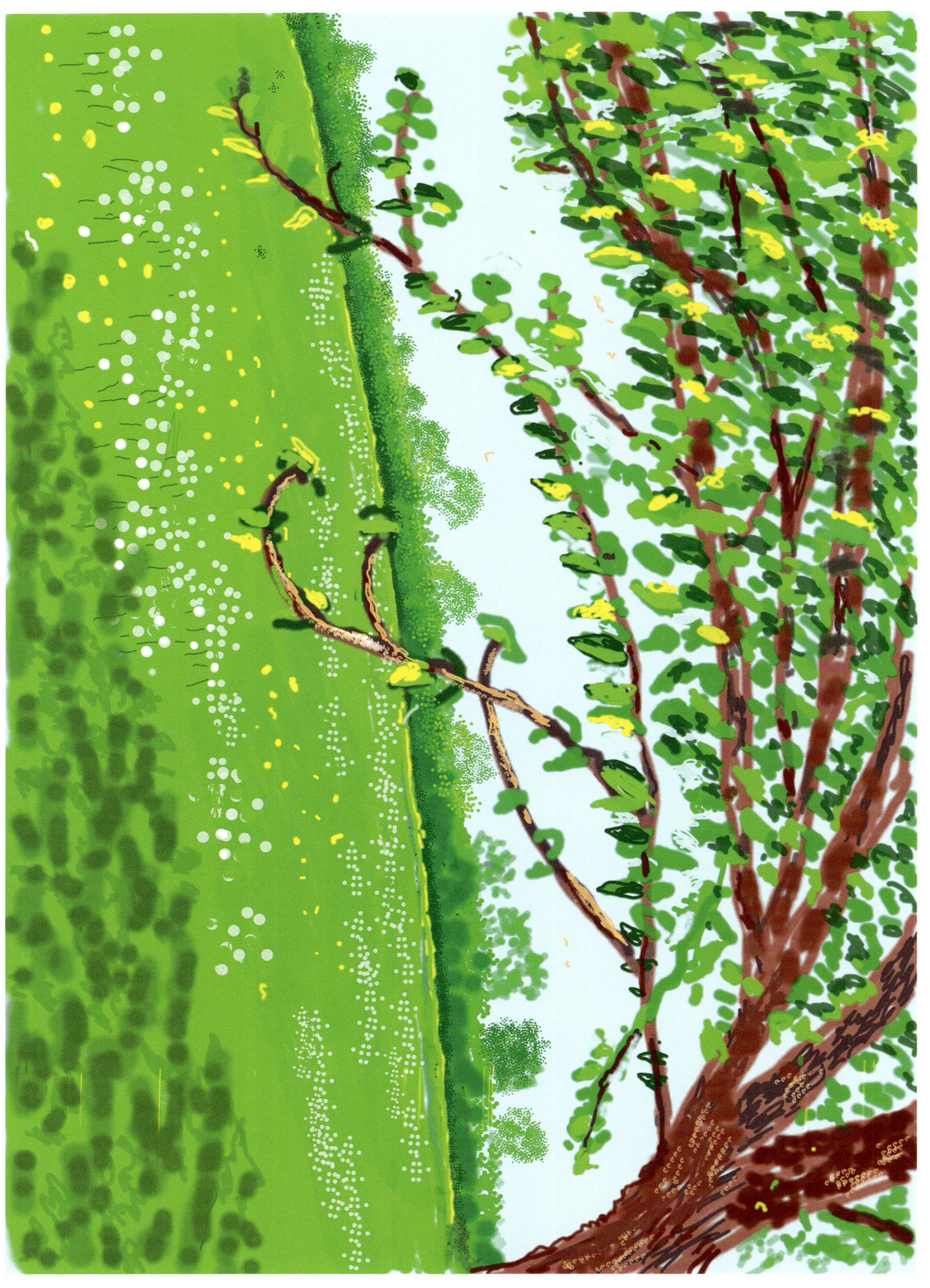

 | *n° 217*, 19 avril 2020. Tableau sur iPad

69 | *n° 304*, 20 avril 2020. Tableau sur iPad

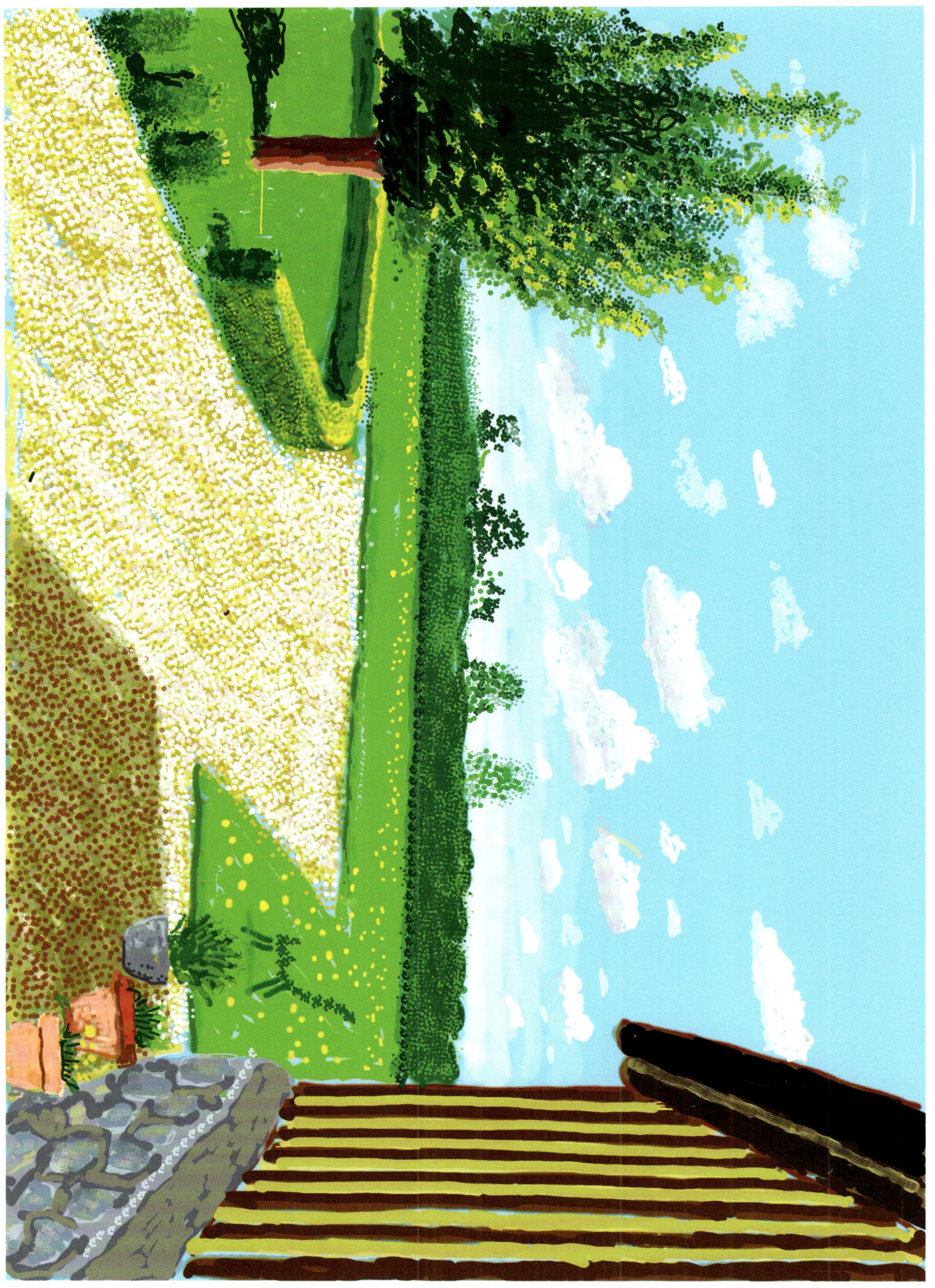

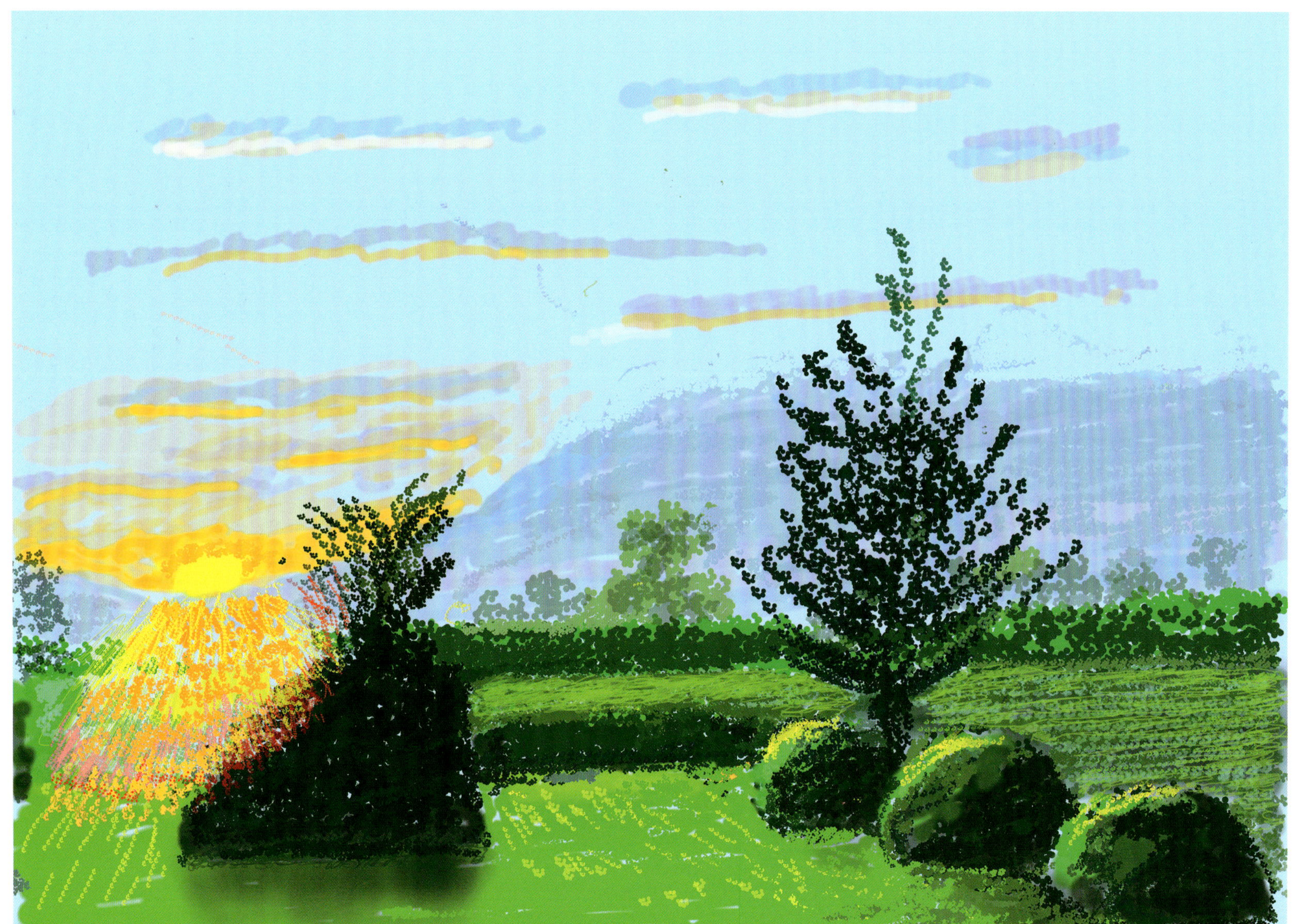

70 | n° 227, 22 avril 2020. Tableau sur iPad

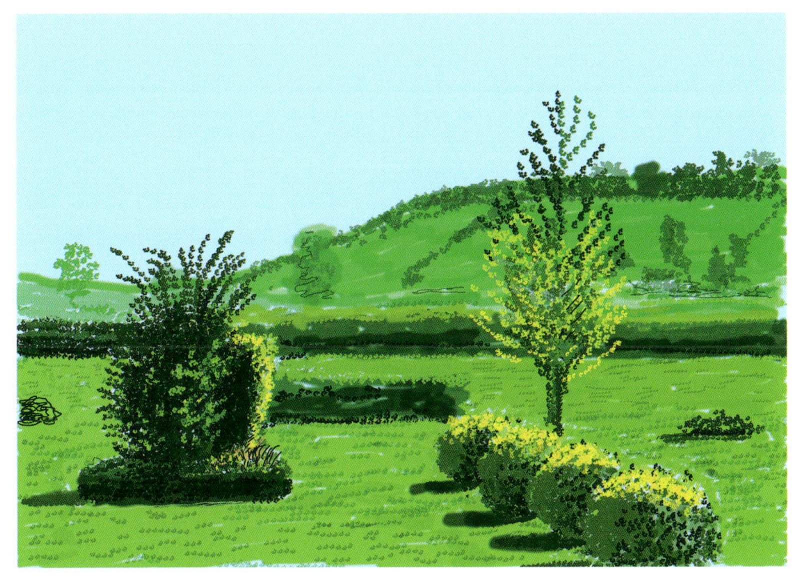

71 | n° 228, 22 avril 2020. Tableau sur iPad

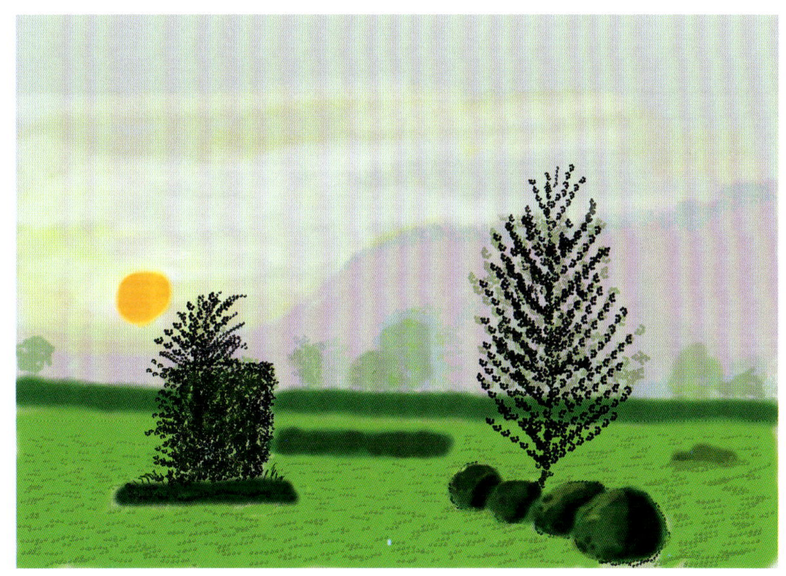

72 | n° 229, 23 avril 2020. Tableau sur iPad

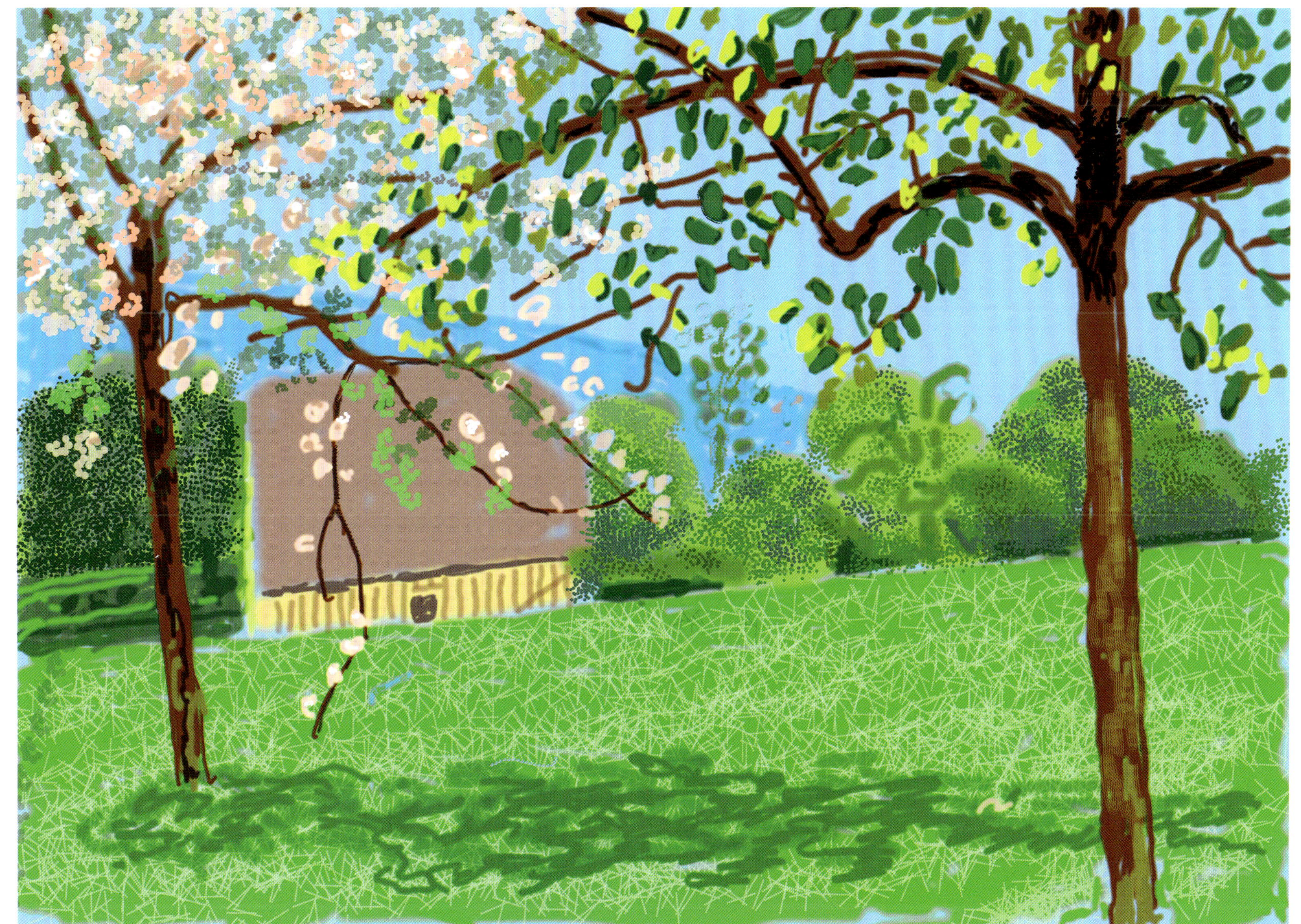

73 | n° 241, 23 avril 2020. Tableau sur iPad

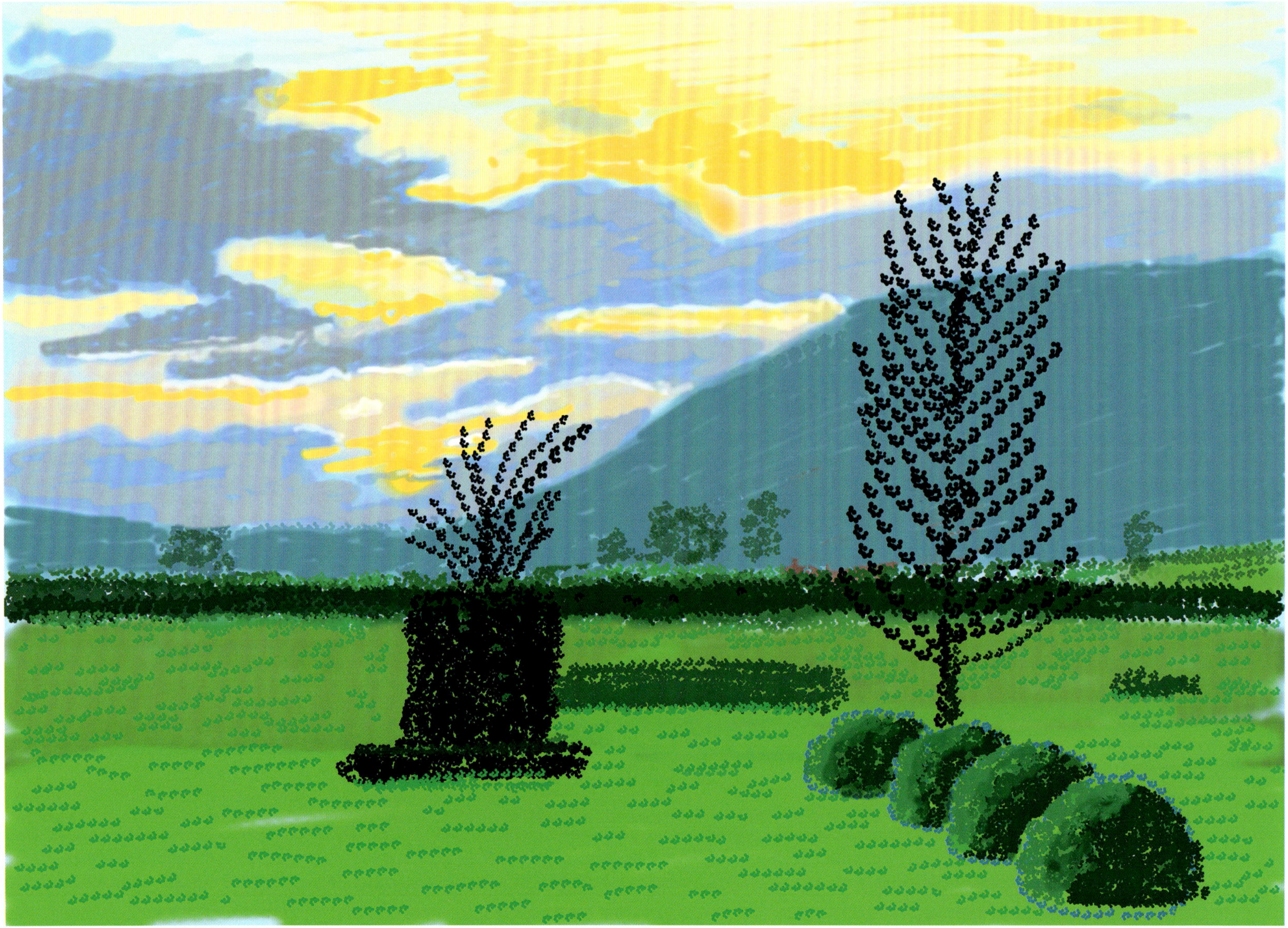

74 | n° 235, 24 avril 2020. Tableau sur iPad

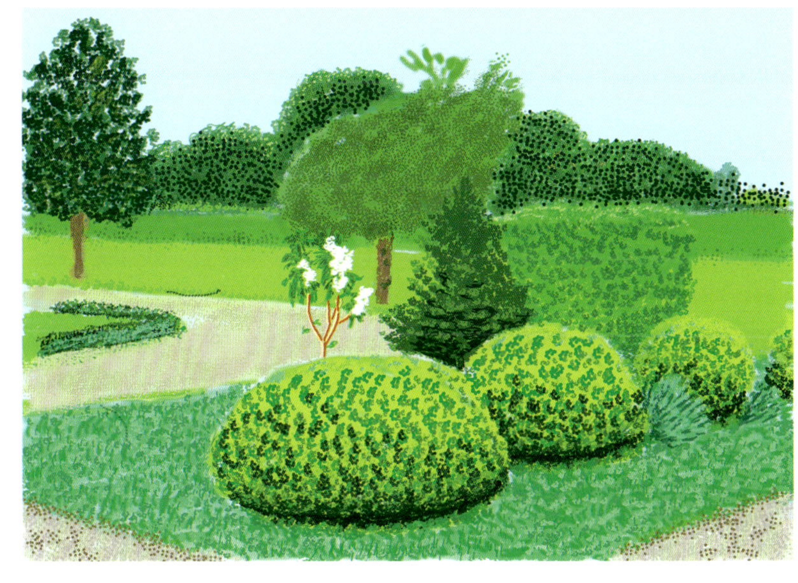

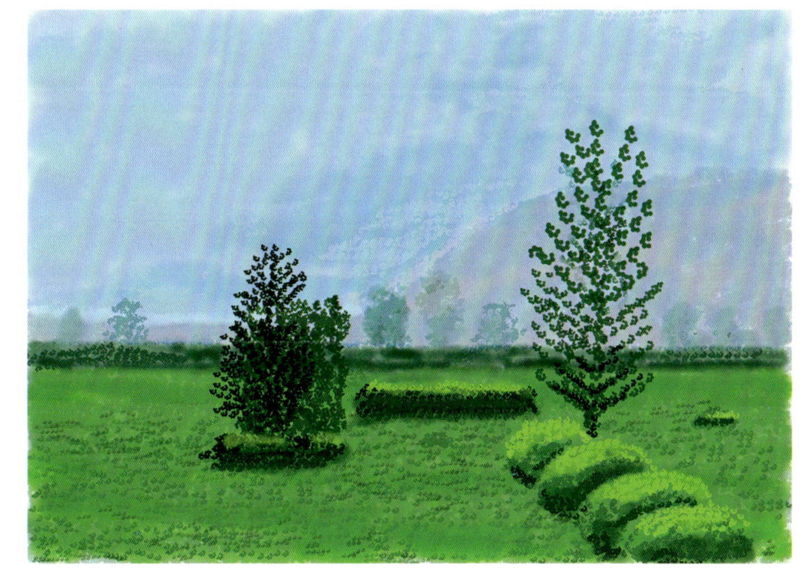

75 | n° 259, 24 avril 2020. Tableau sur iPad
76 | n° 239, 25 avril 2020. Tableau sur iPad

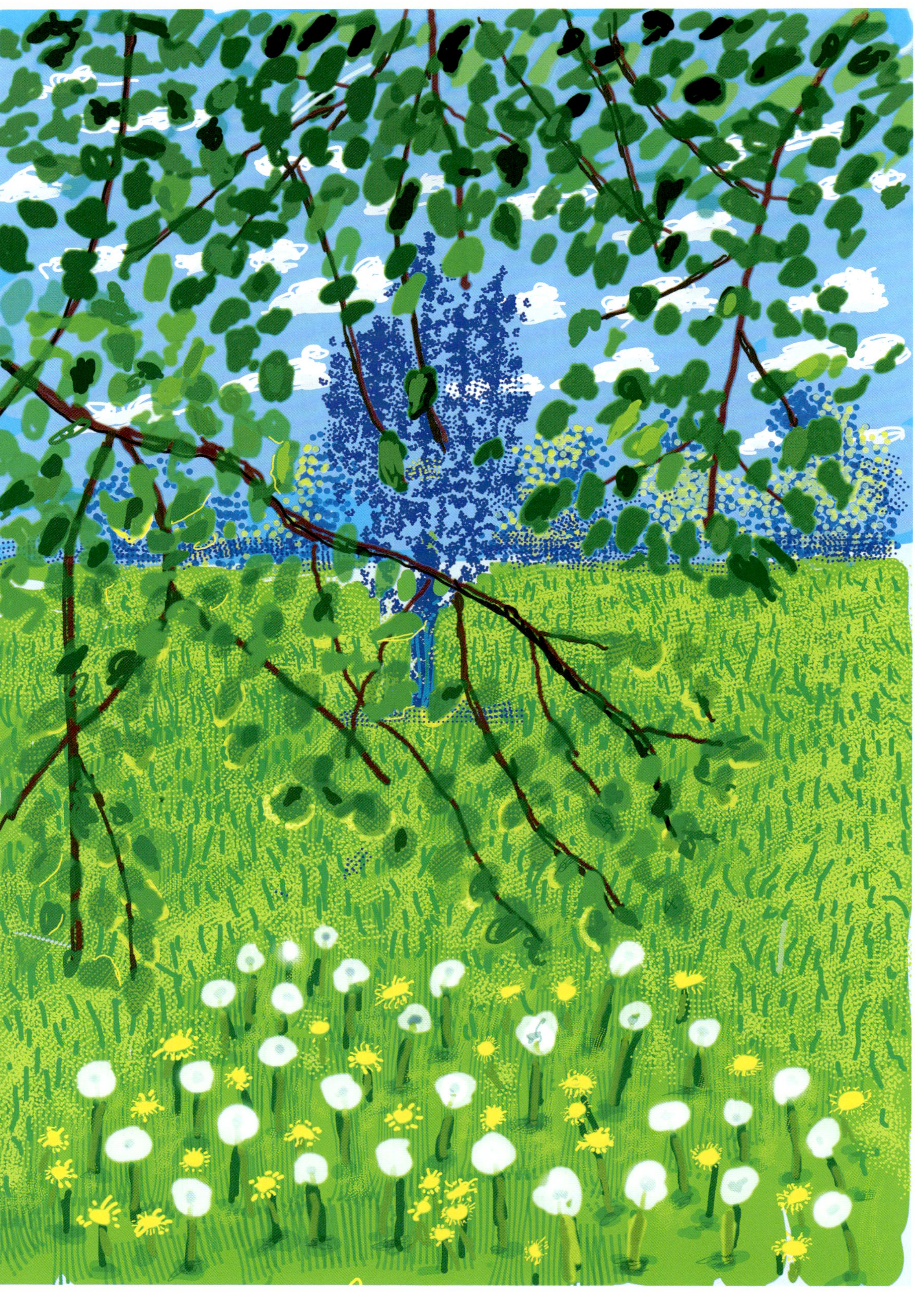

77 | *n° 298*, 25 avril 2020. Tableau sur iPad

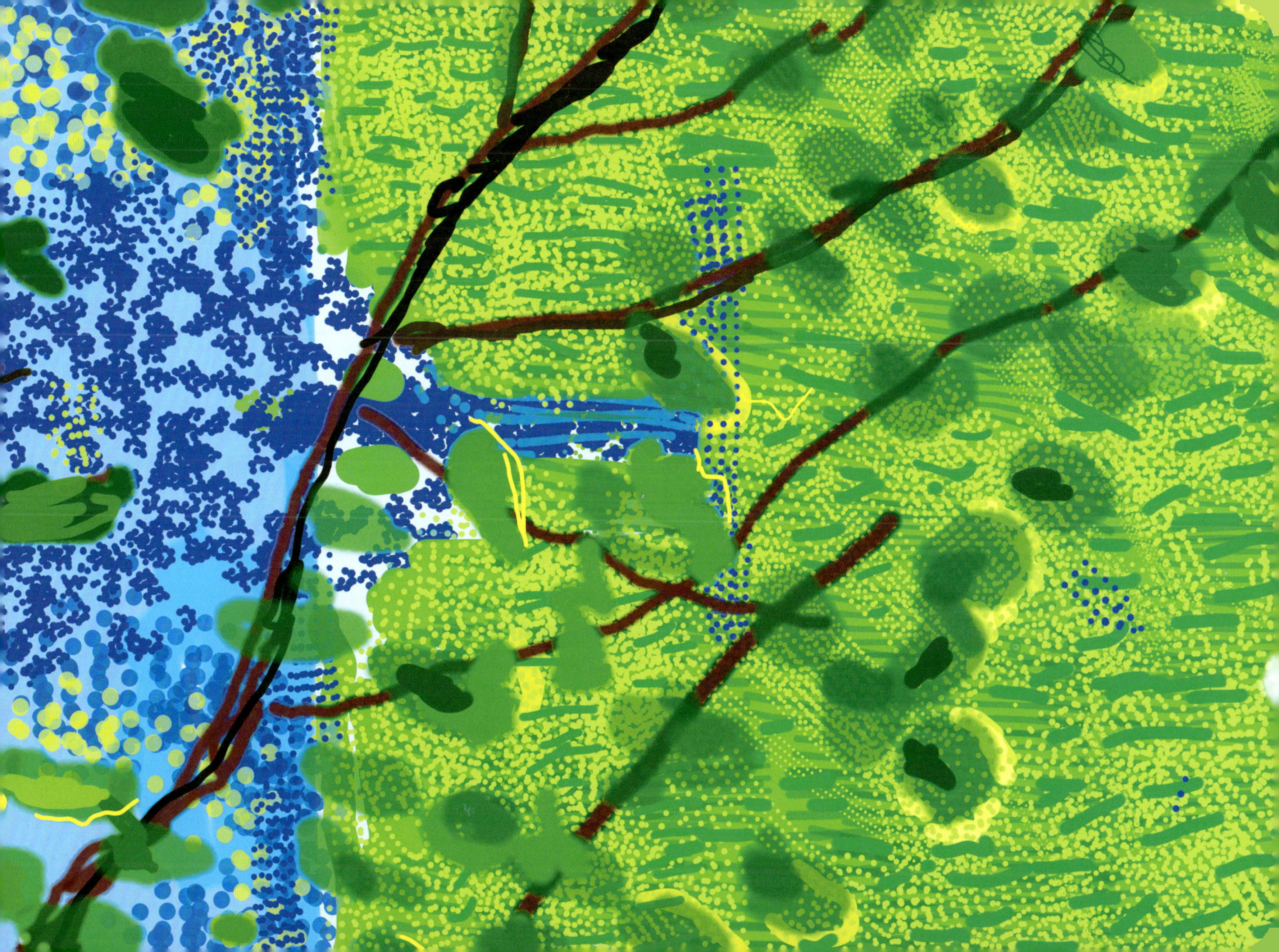

78 | *n° 266*, 26 avril 2020. Tableau sur iPad

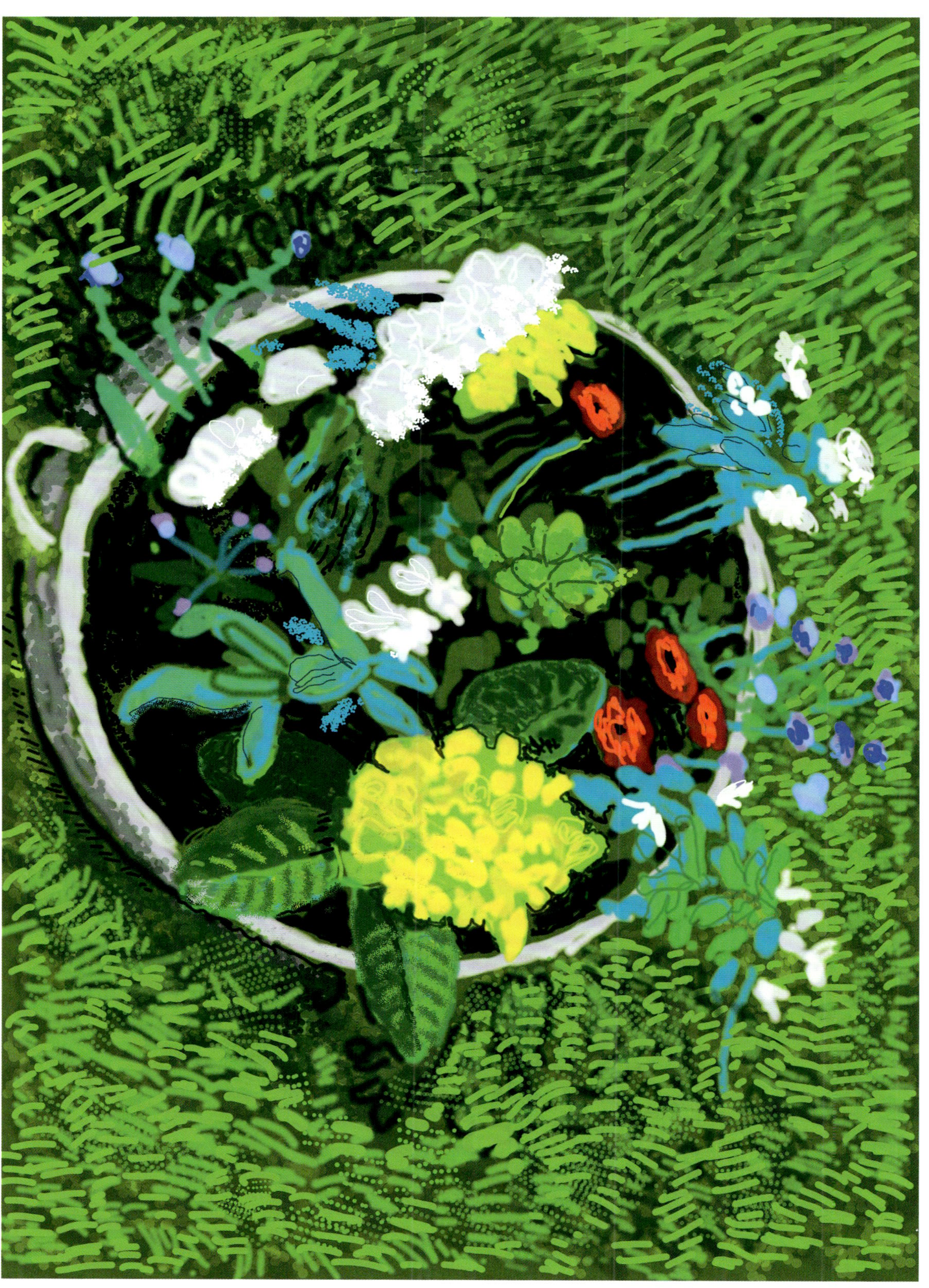

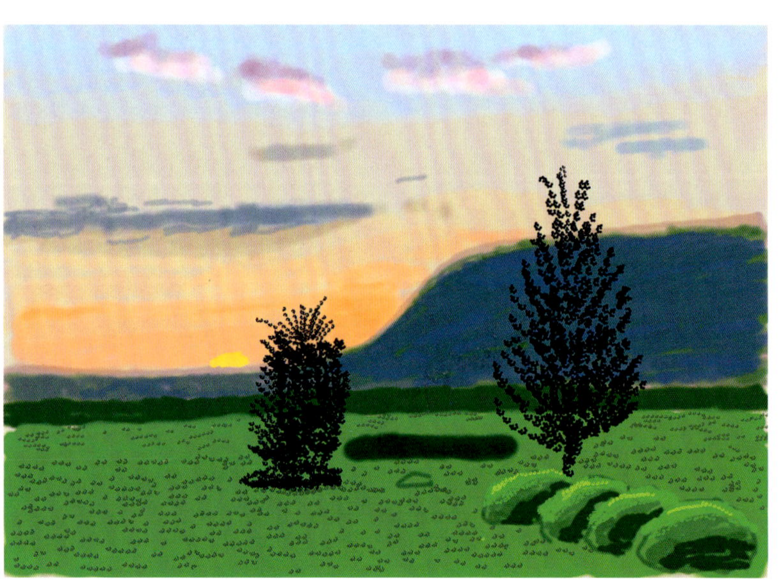

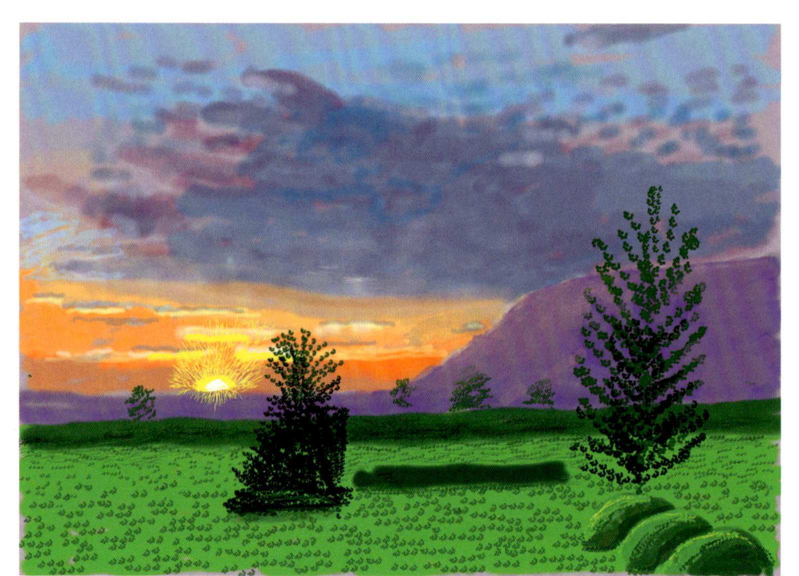

79 | n° 245, 26 avril 2020. Tableau sur iPad
80 | n° 258, 27 avril 2020. Tableau sur iPad

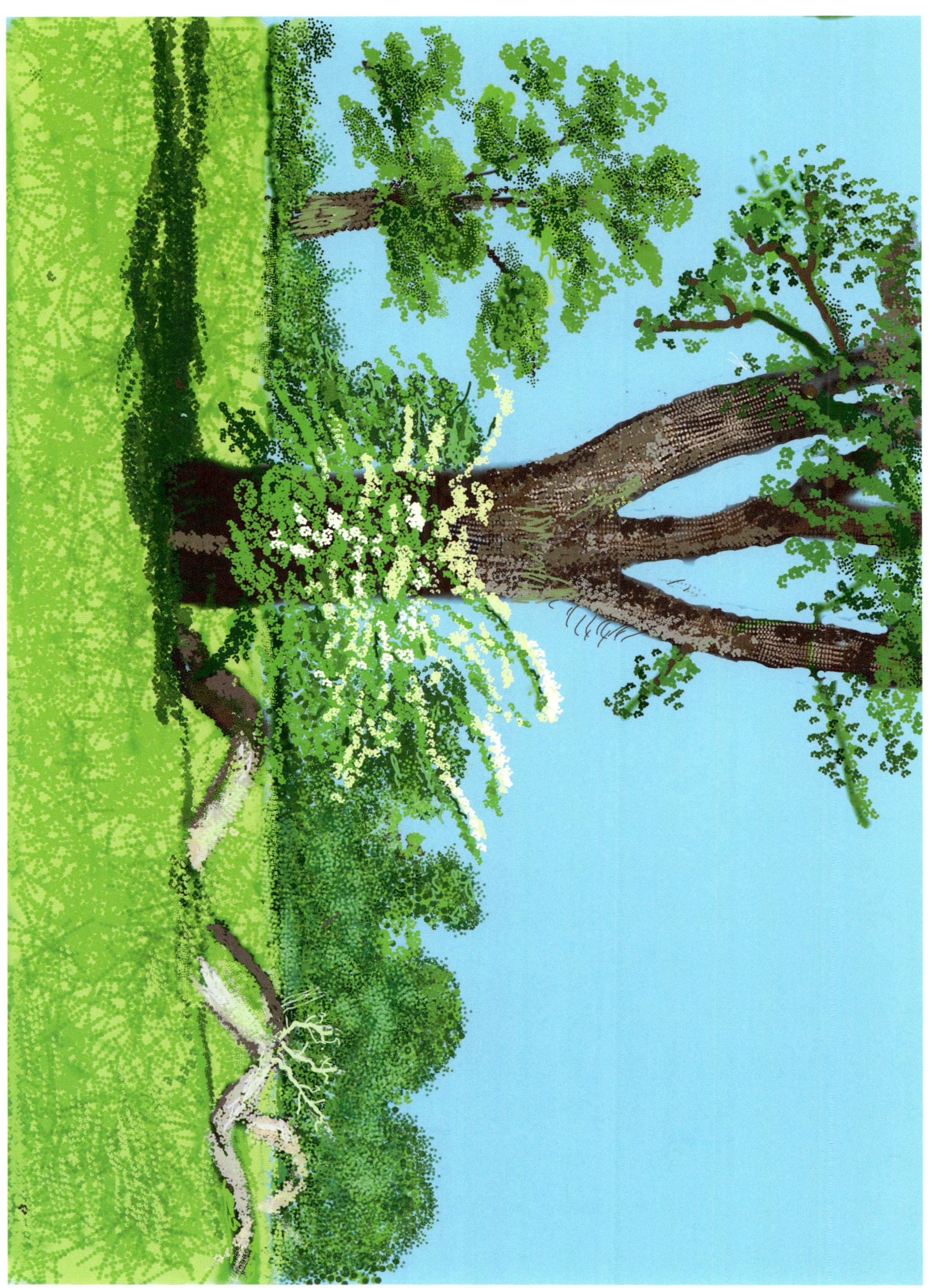

81 | *n°* 269, 26 avril 2020. Tableau sur iPad

82 | *n° 284*, 27 avril 2020. Tableau sur iPad

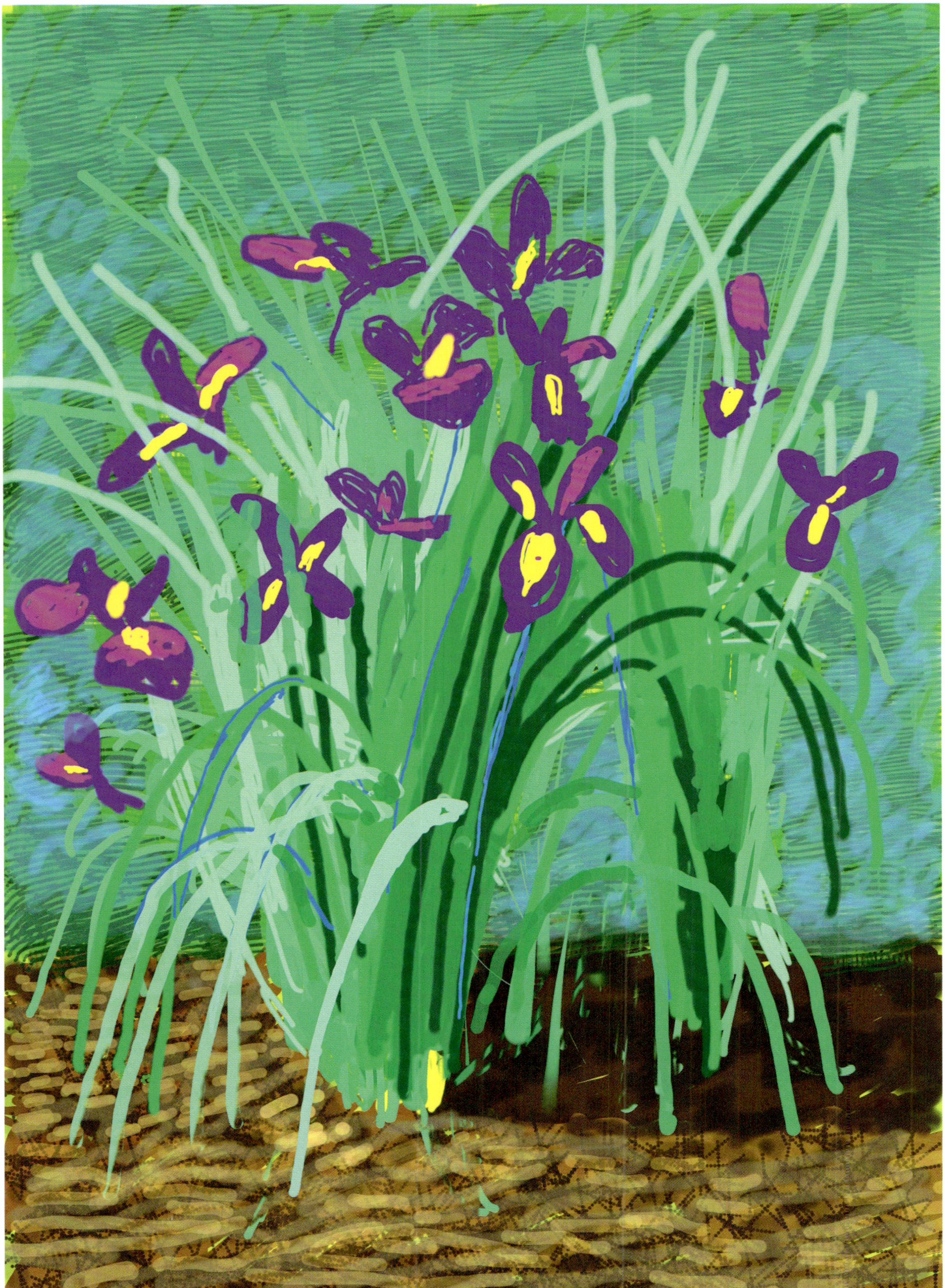

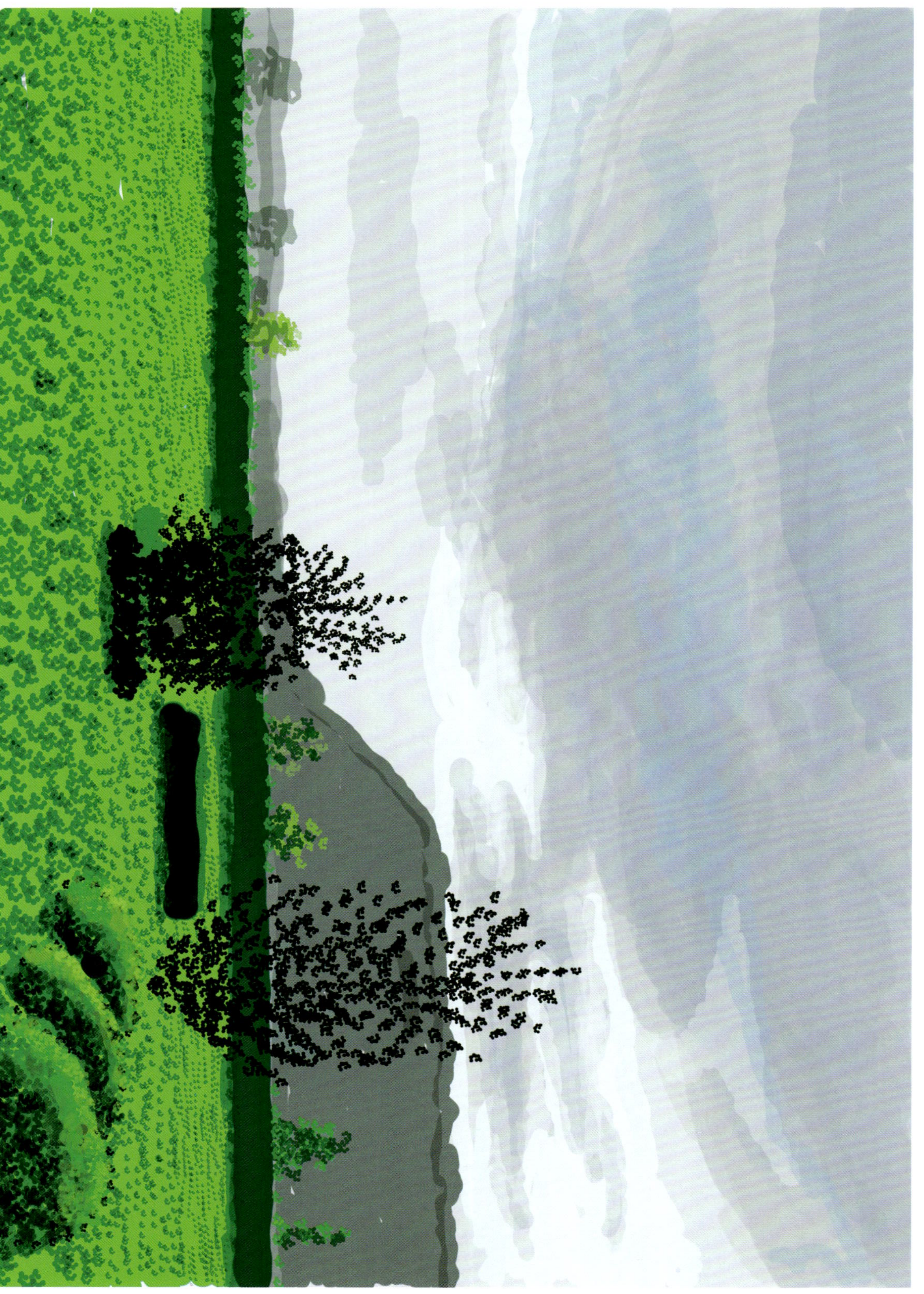

83 | *n° 261*, 28 avril 2020. Tableau sur iPad

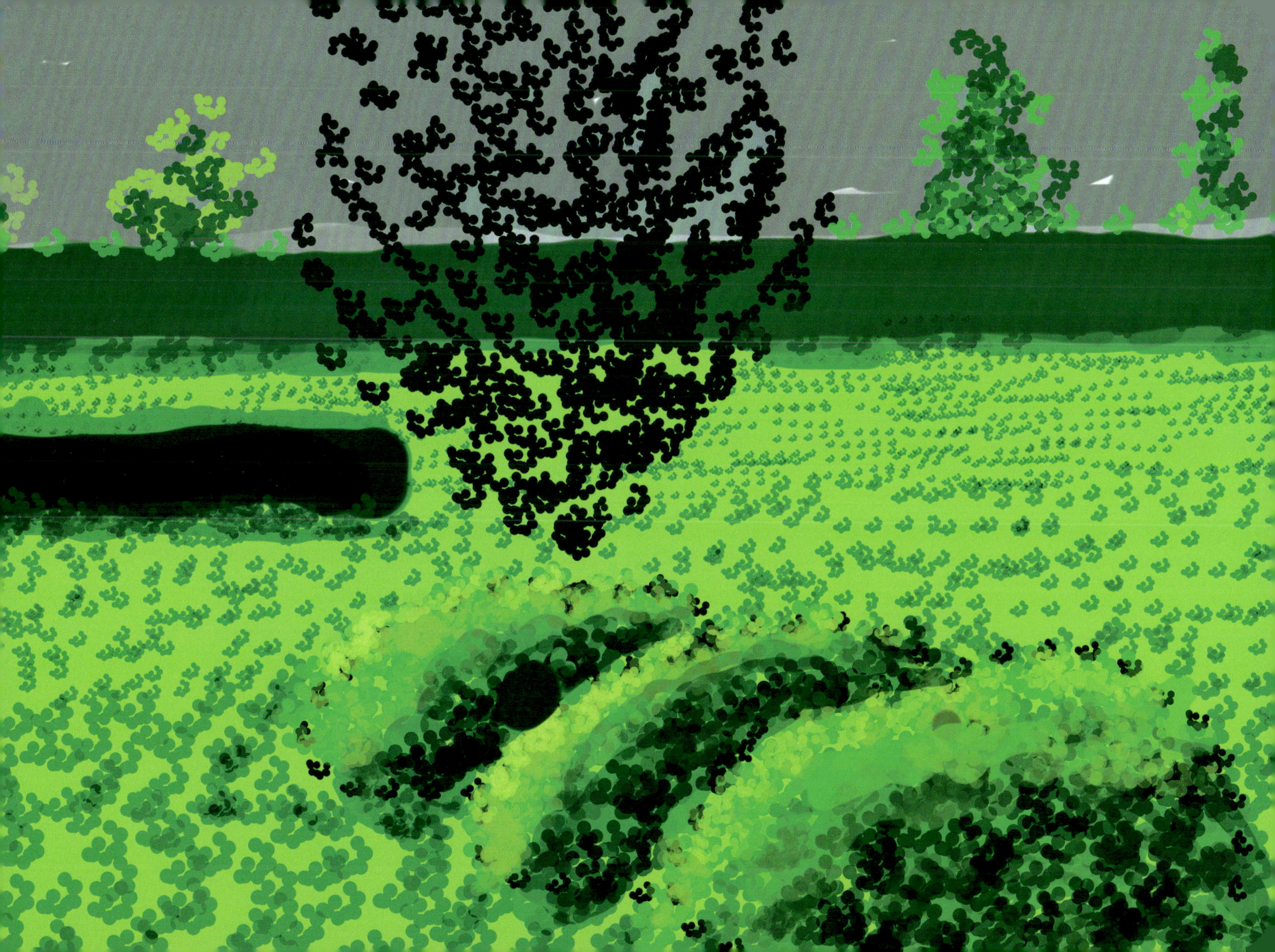

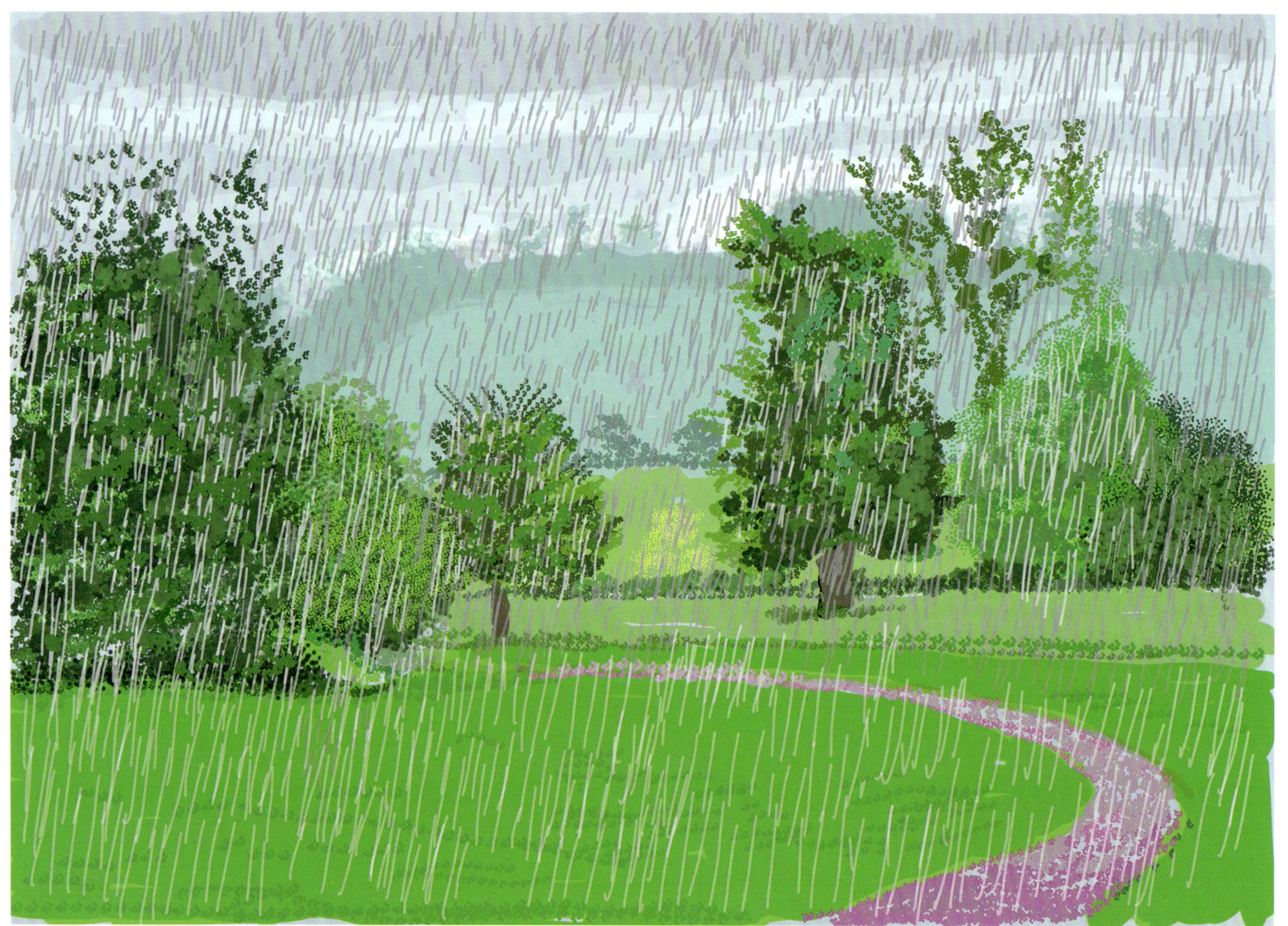

84 | n° 262, 28 avril 2020. Tableau sur iPad

85 | n° 263, 28 avril 2020. Tableau sur iPad

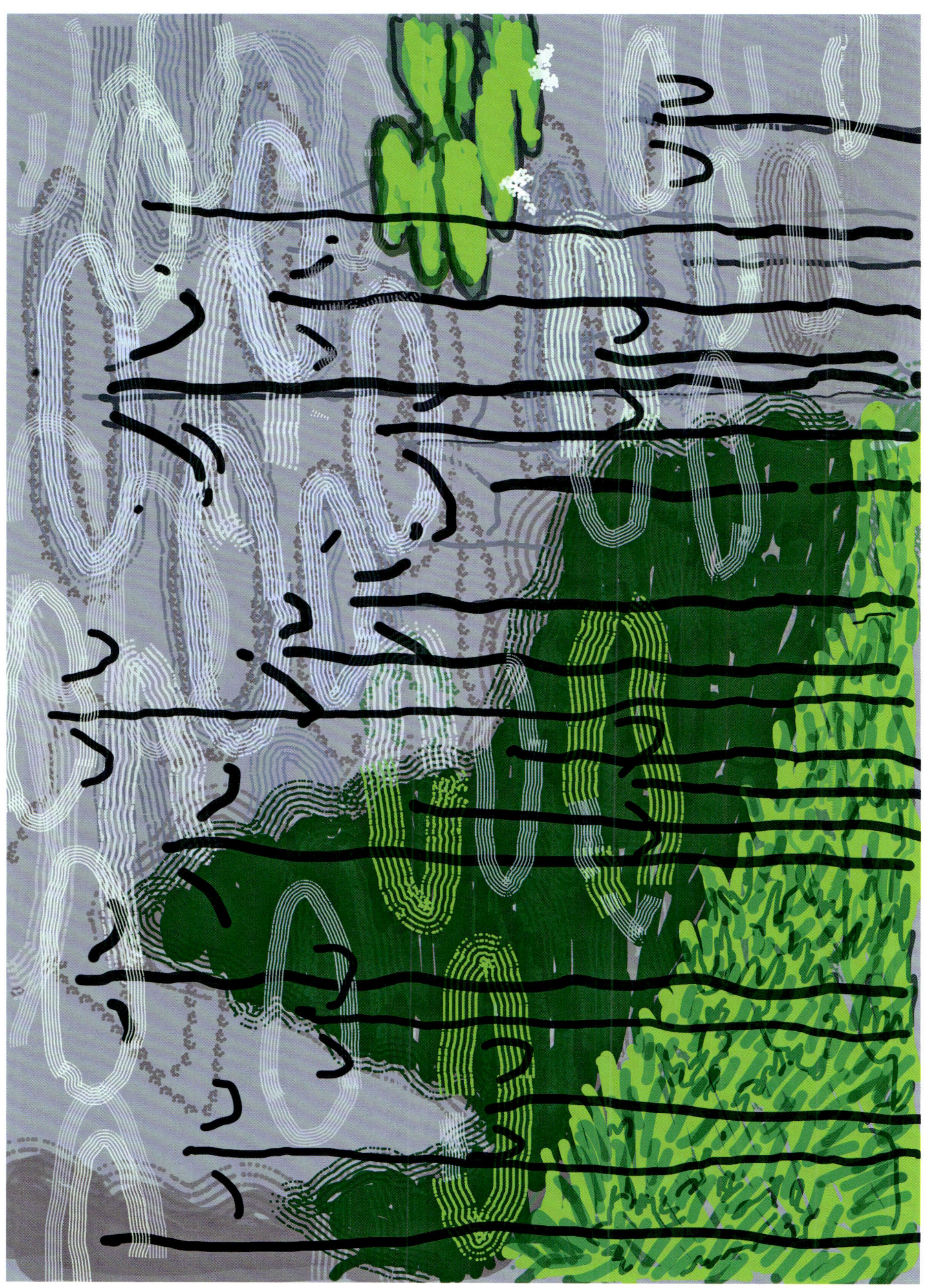

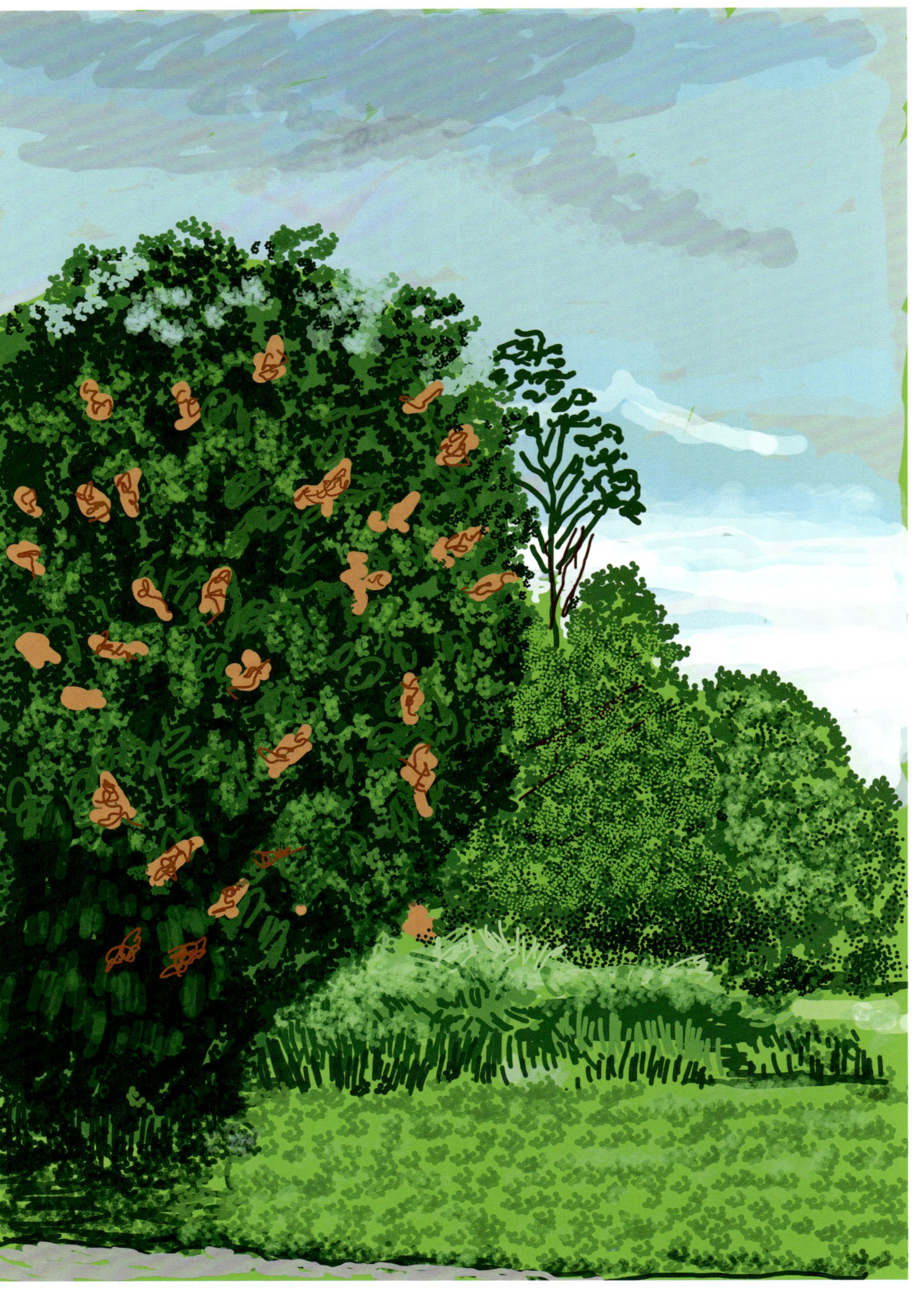

86 | *n° 264*, 28 avril 2020. Tableau sur iPad

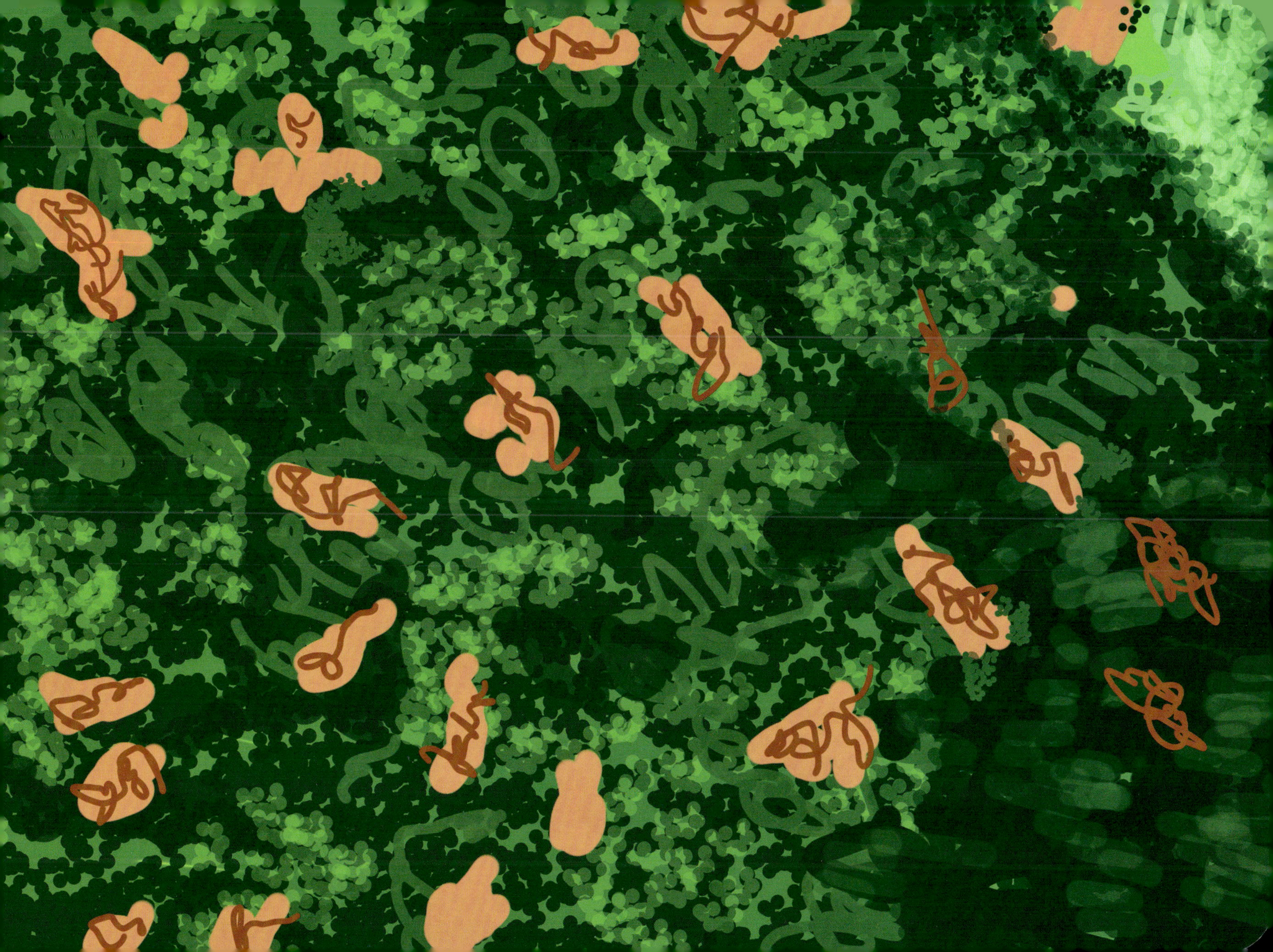

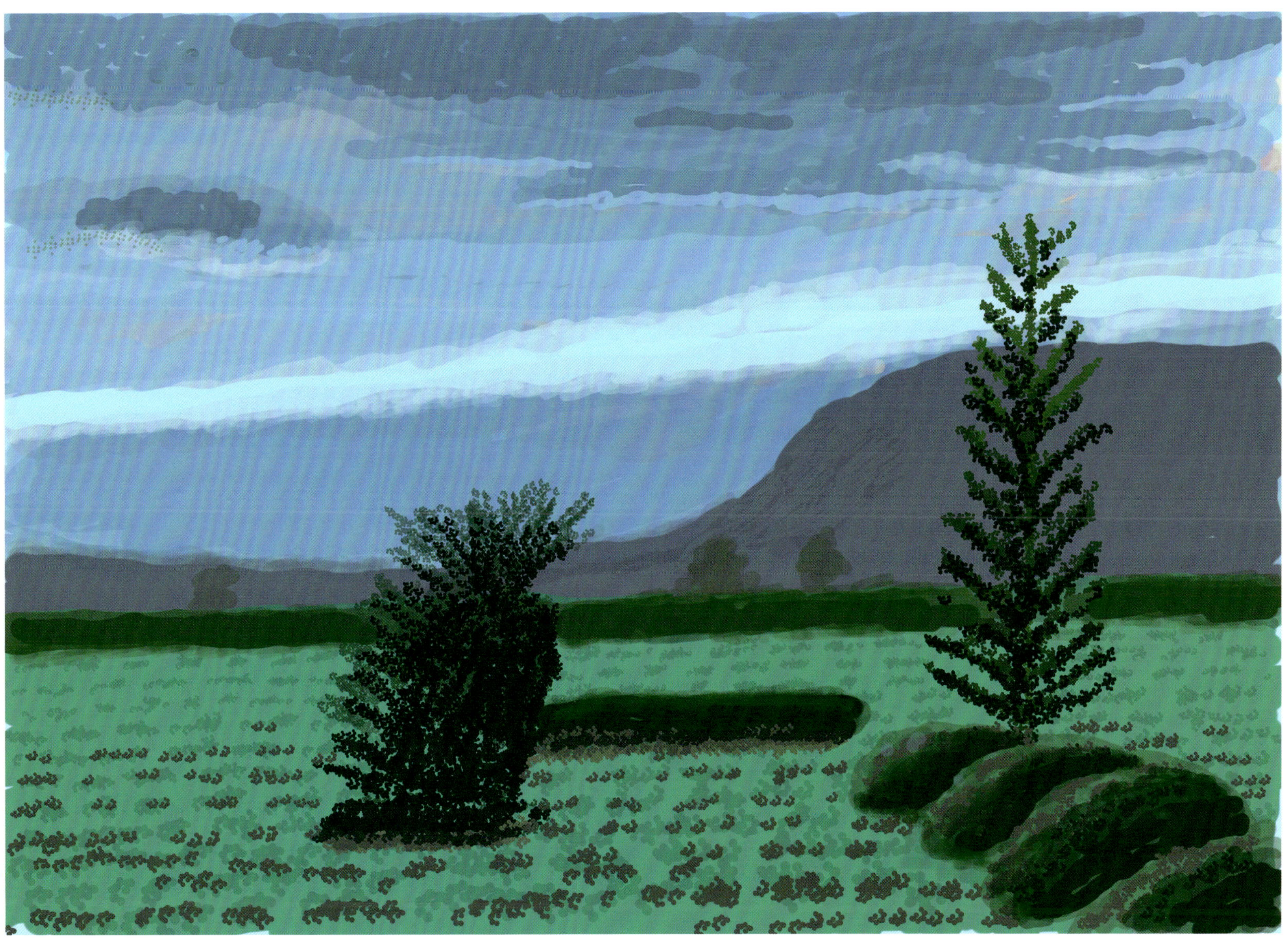

87 | *n°* 265, 29 avril 2020. Tableau sur iPad

88 | *n° 299*, 29 avril 2020. Tableau sur iPad

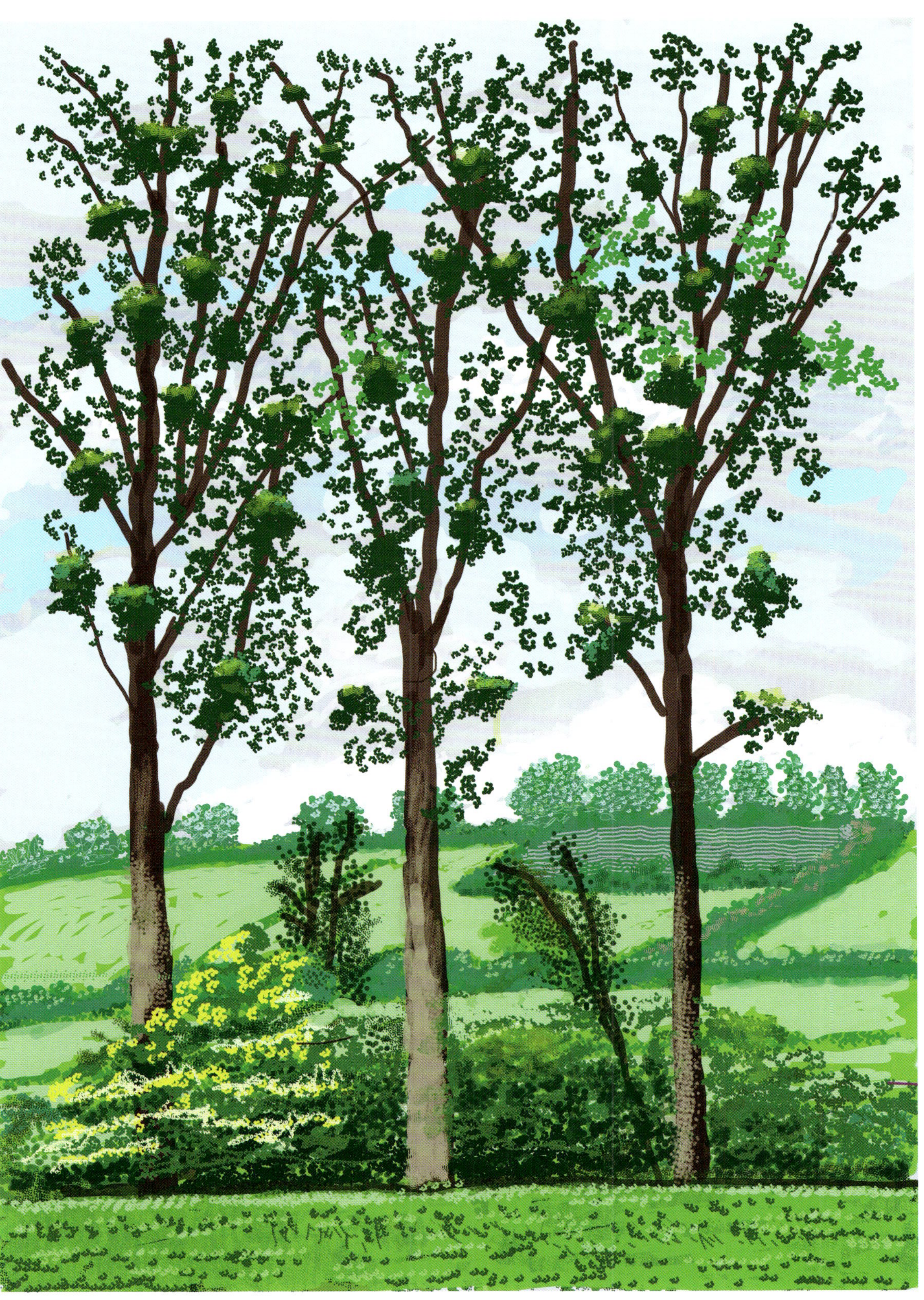

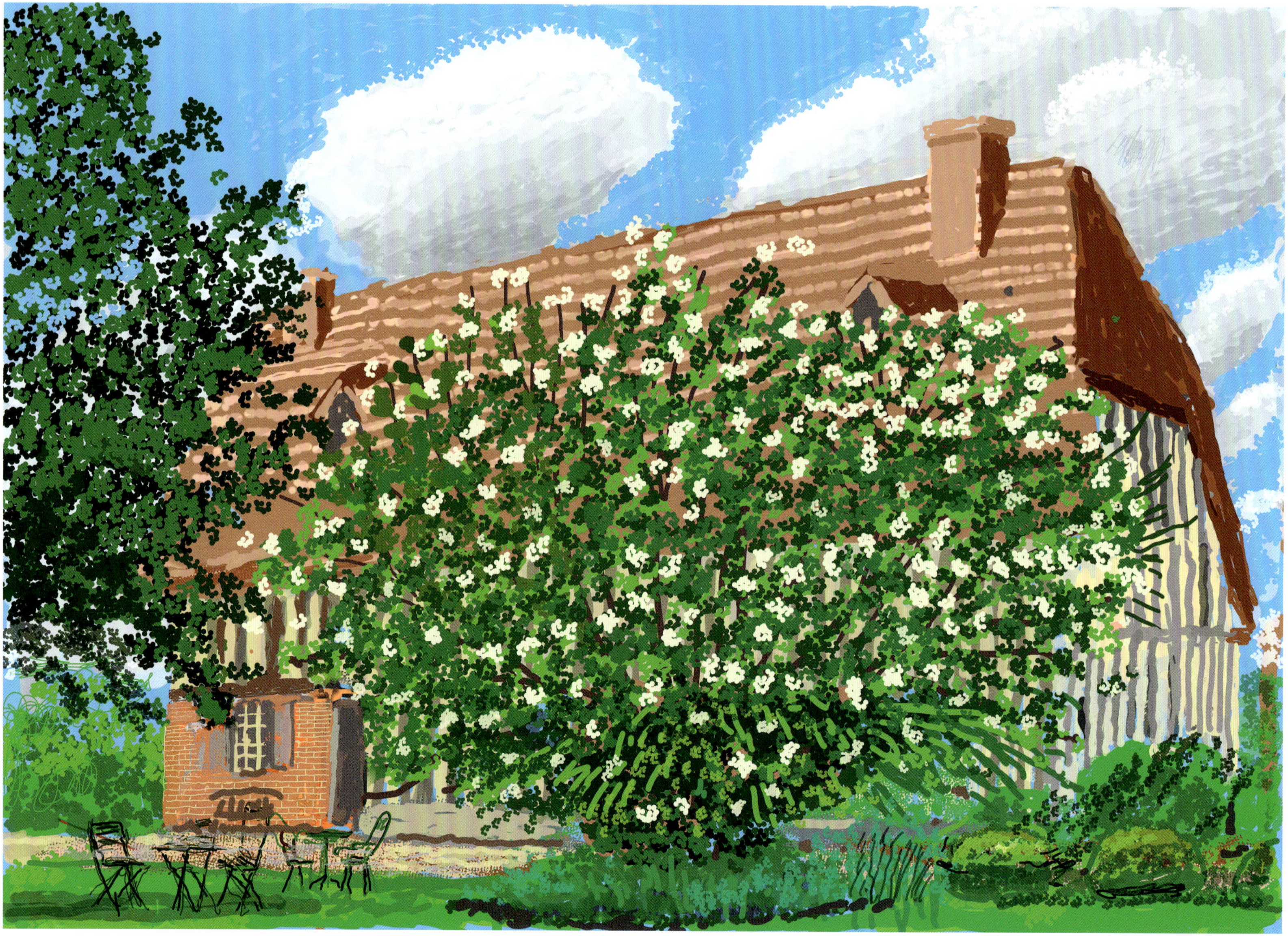

89 | n° 316, 30 avril 2020. Tableau sur iPad

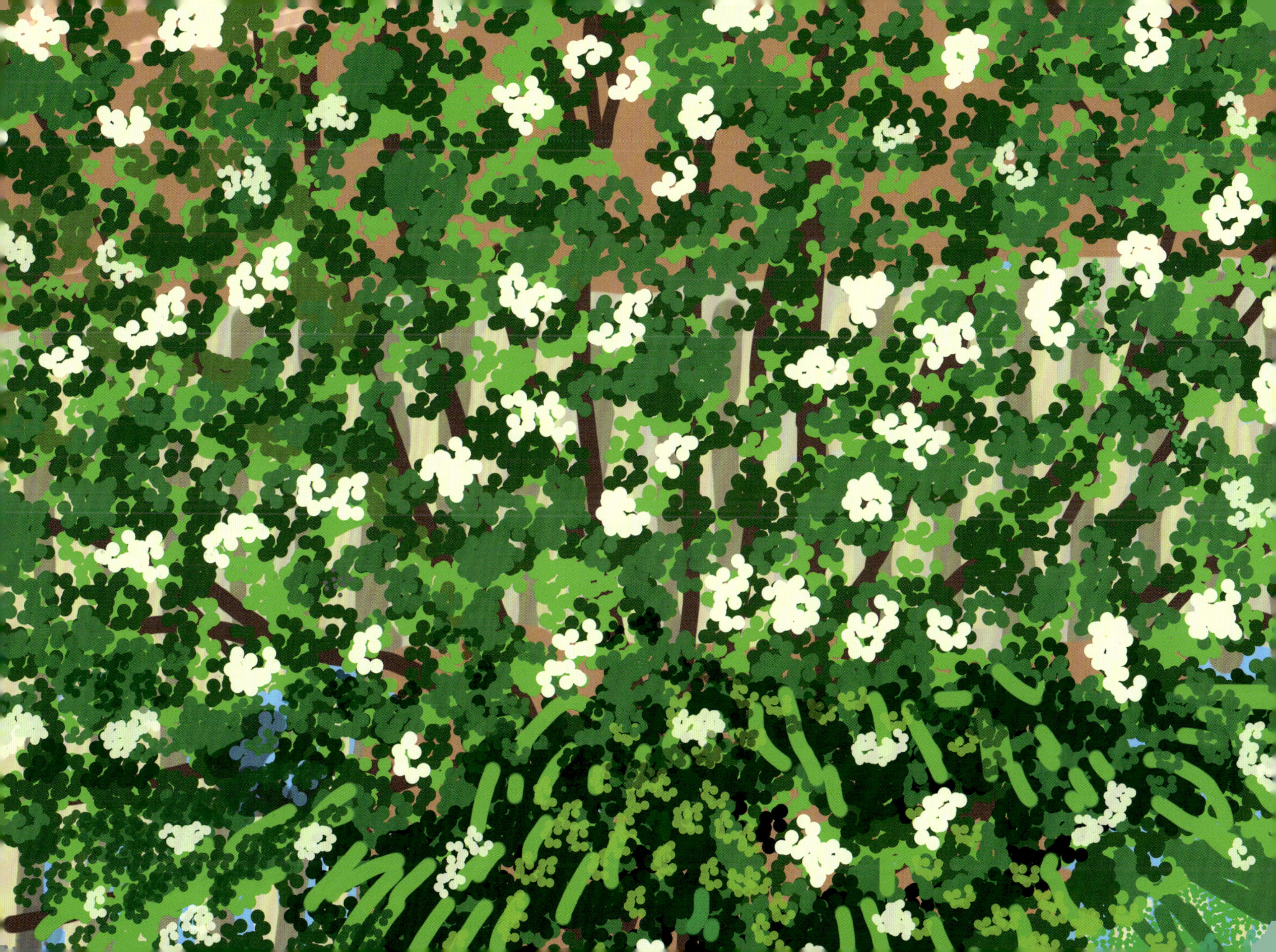

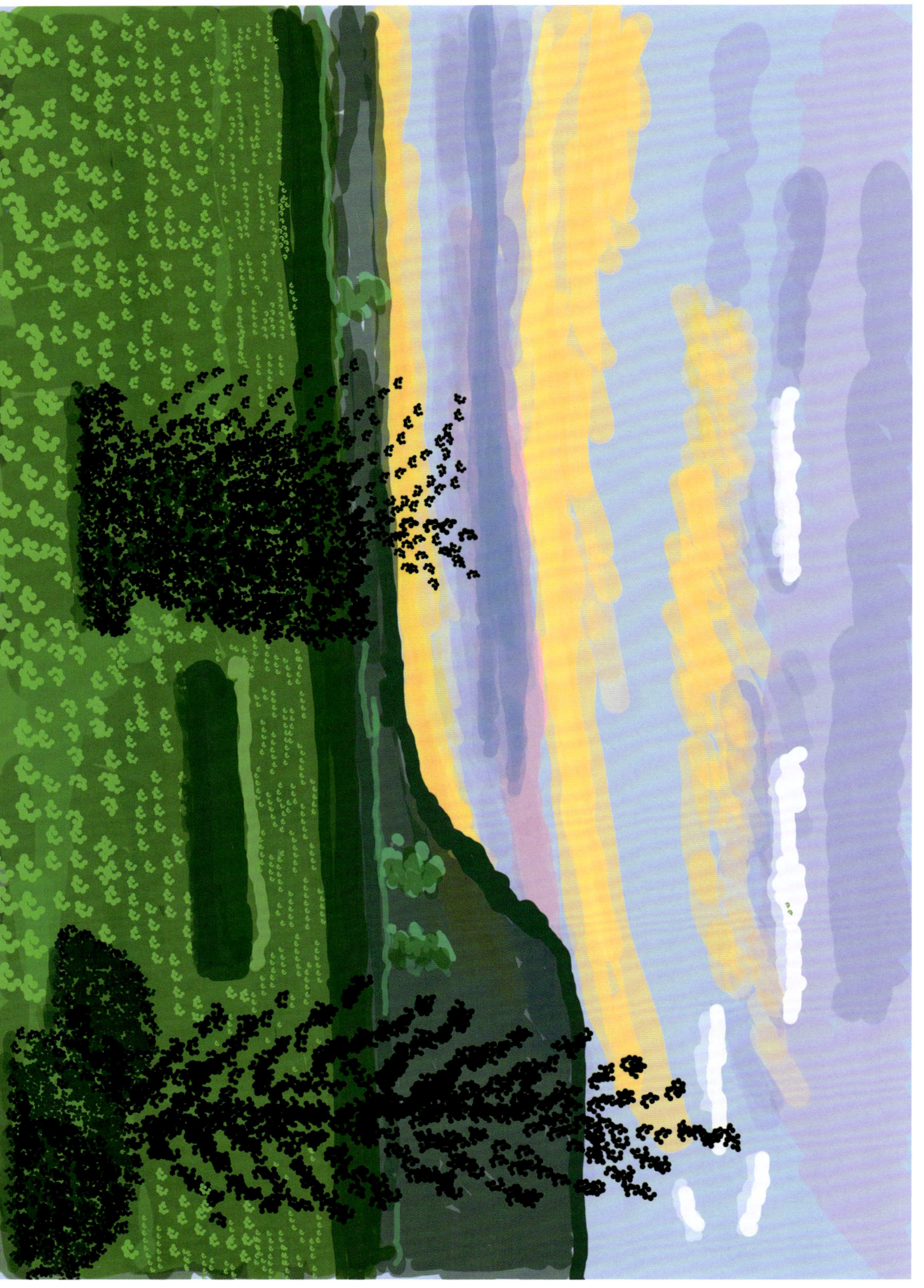

90 | *n° 281*, 1er mai 2020. Tableau sur iPad

91 | *n° 370*, 2 mai 2020. Tableau sur iPad

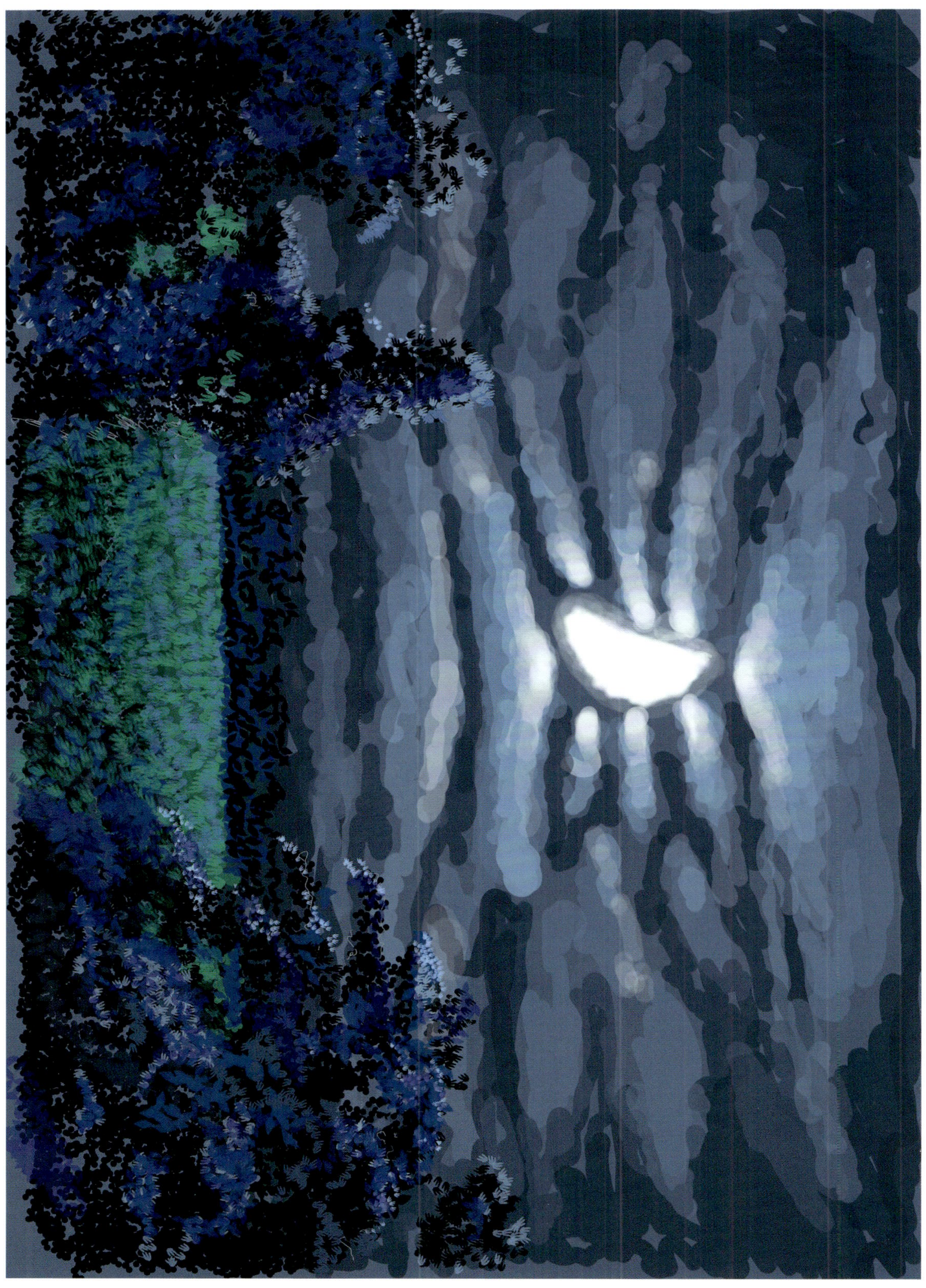

92 | *n° 290*, 3 mai 2020. Tableau sur iPad

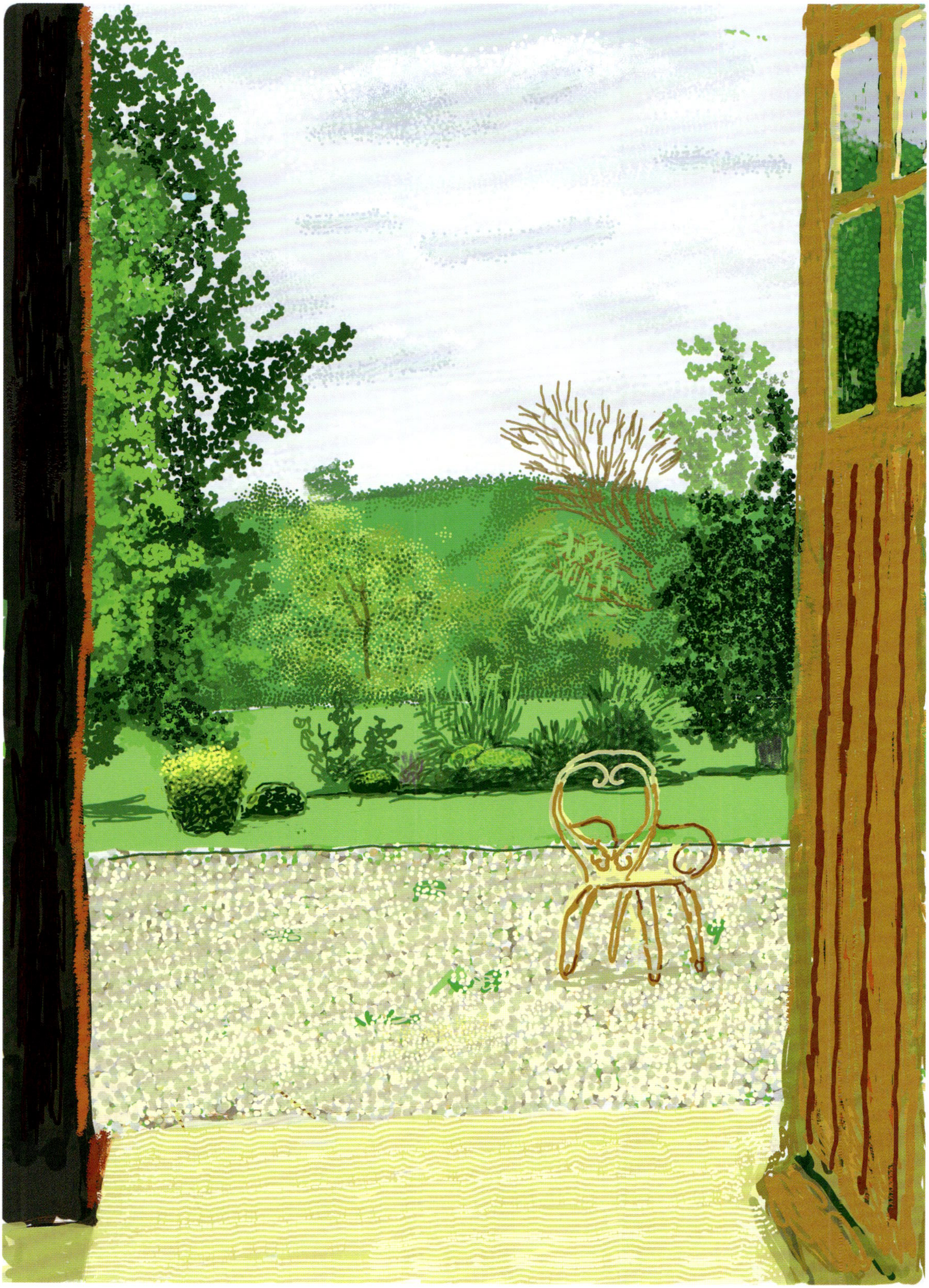

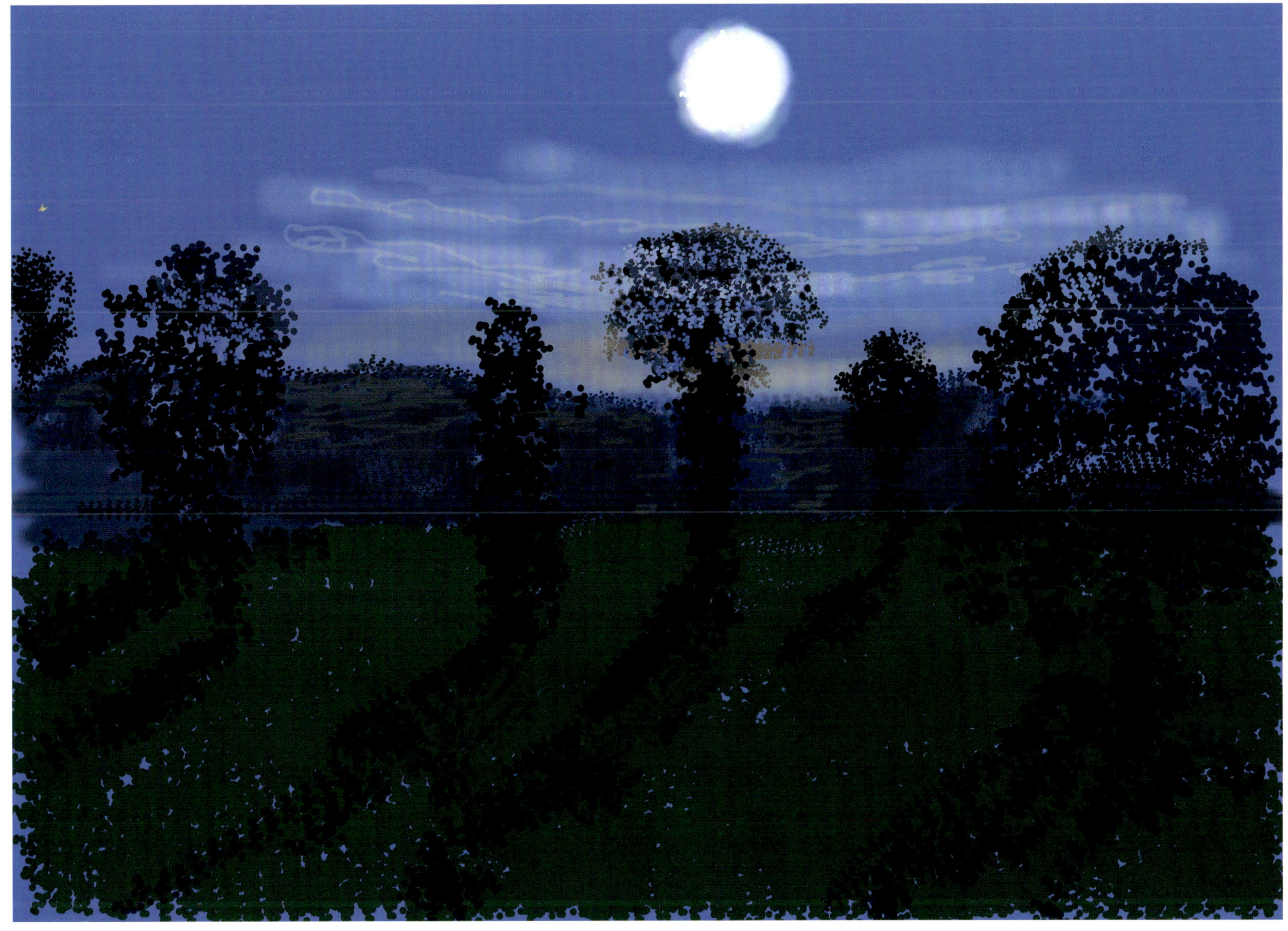

93 | n° 311, 7 mai 2020. Tableau sur iPad

94 | *n*° *314*, 29 mai 2020. Tableau sur iPad

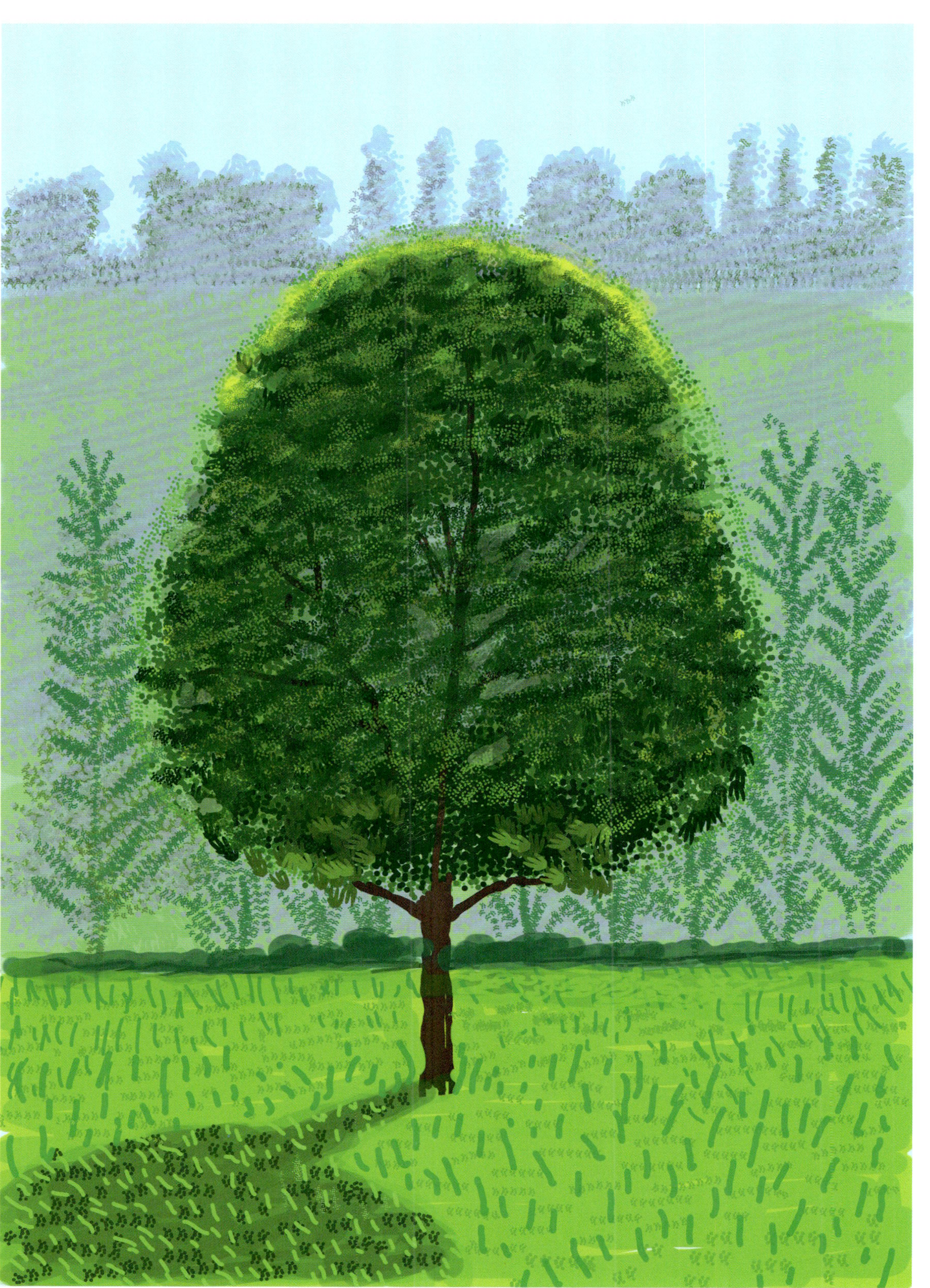

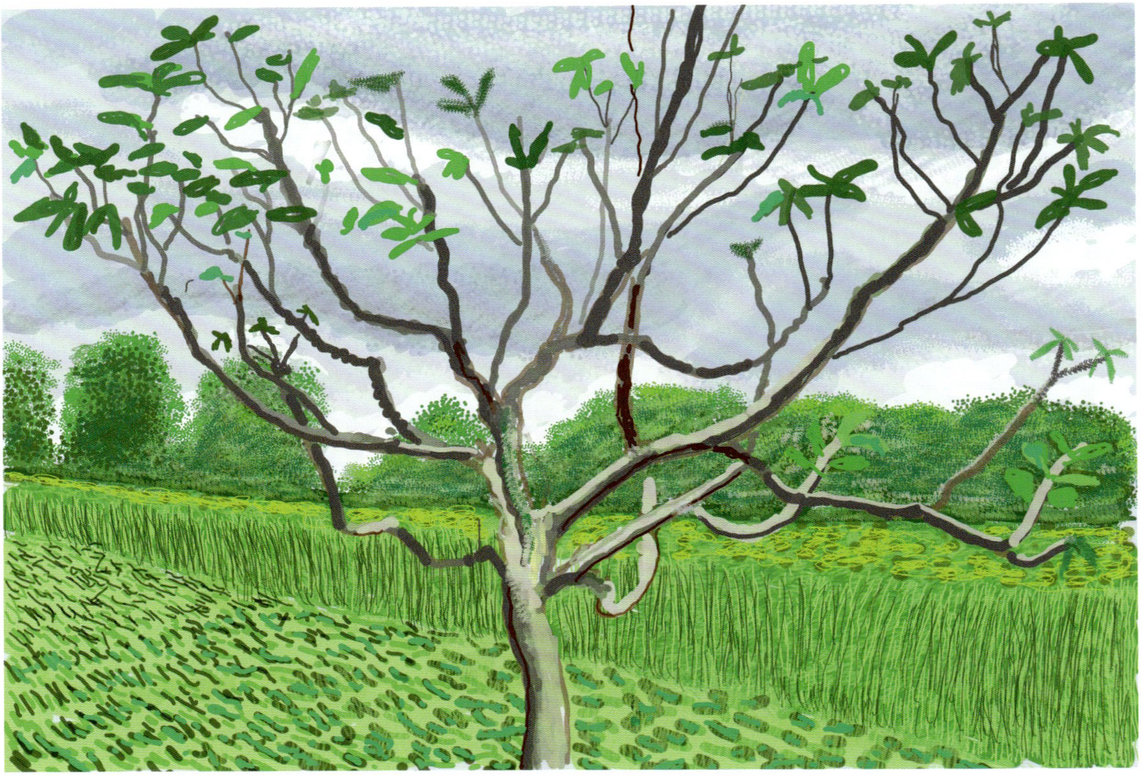

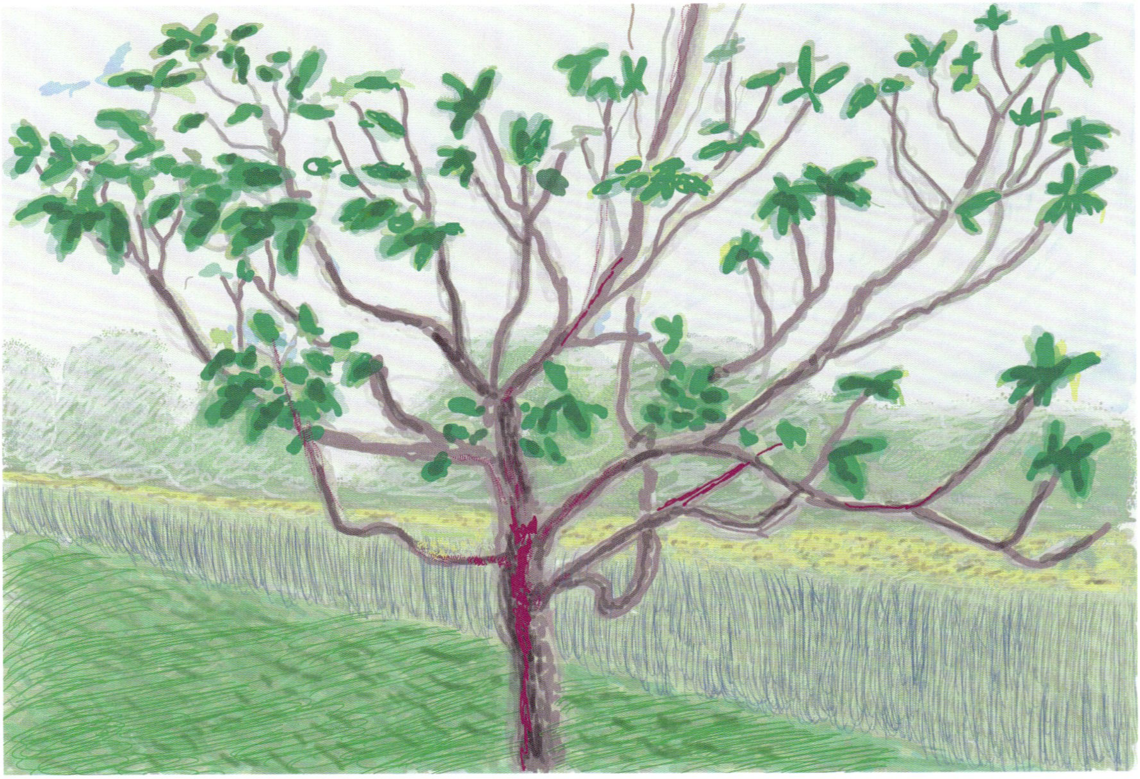

95 | *n° 315*, 9 mai 2020. Tableau sur iPad
96 | *n° 330*, 18 mai 2020. Tableau sur iPad

97 | *n°* 333, 20 mai 2020. Tableau sur iPad
98 | *n°* 335, 22 mai 2020. Tableau sur iPad

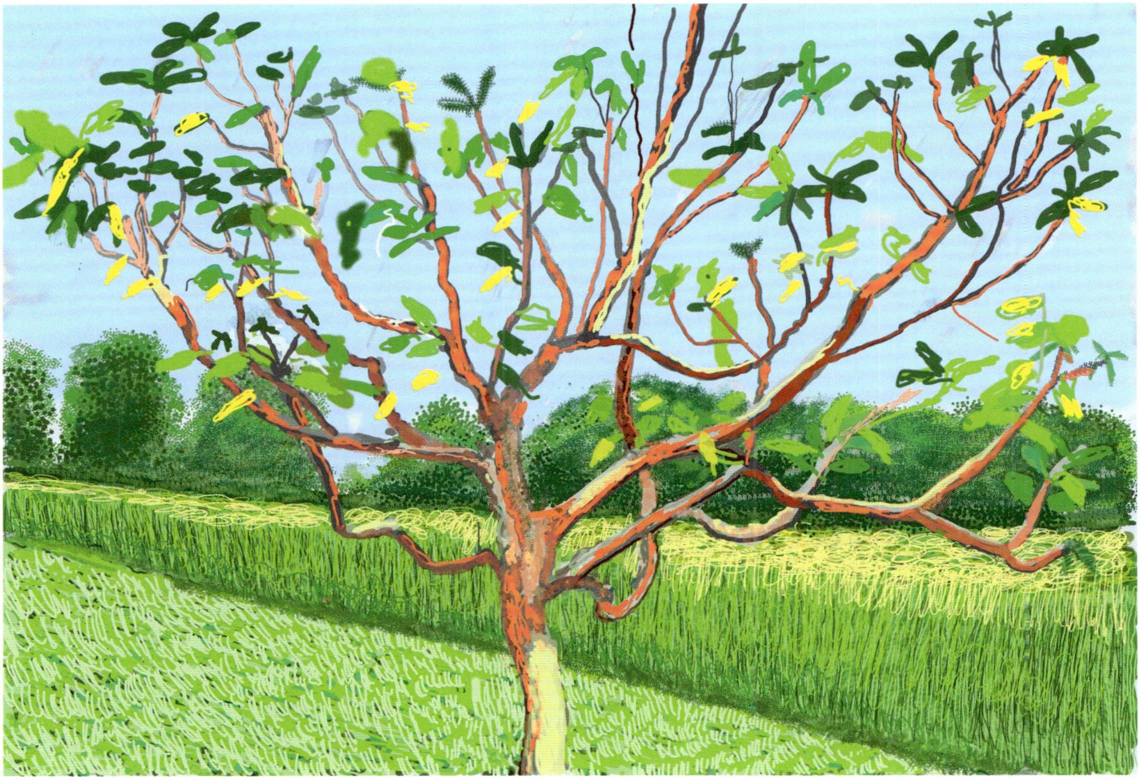

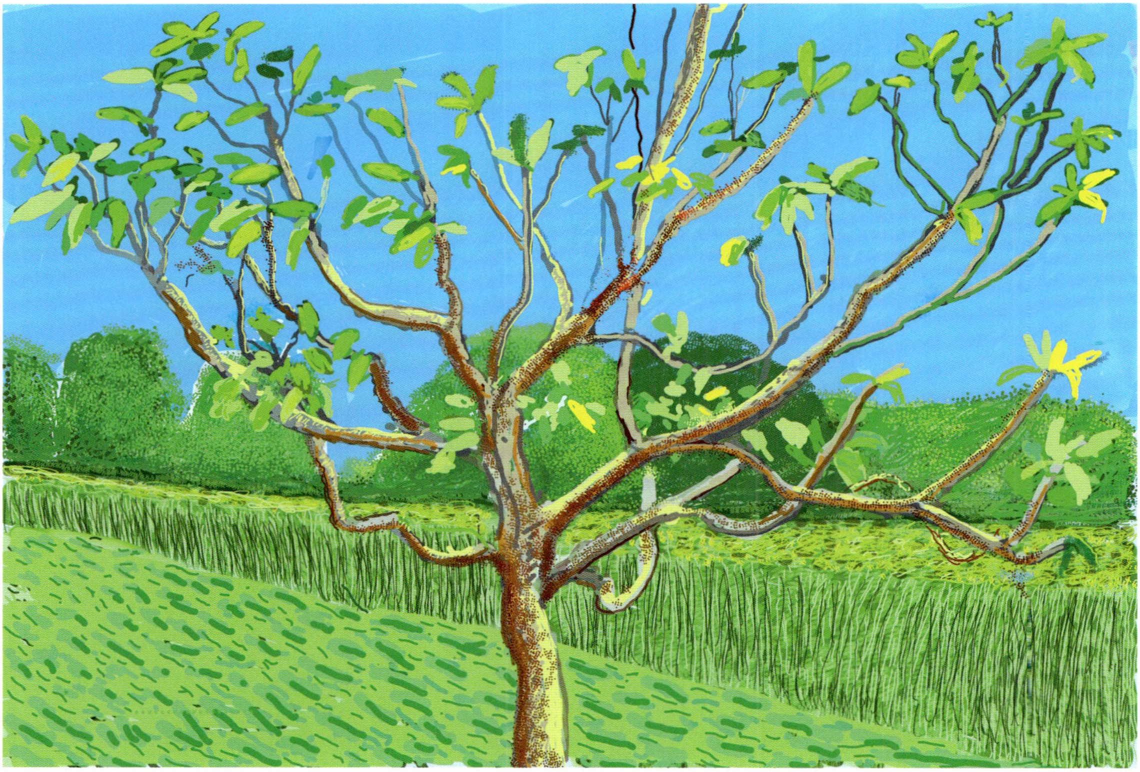

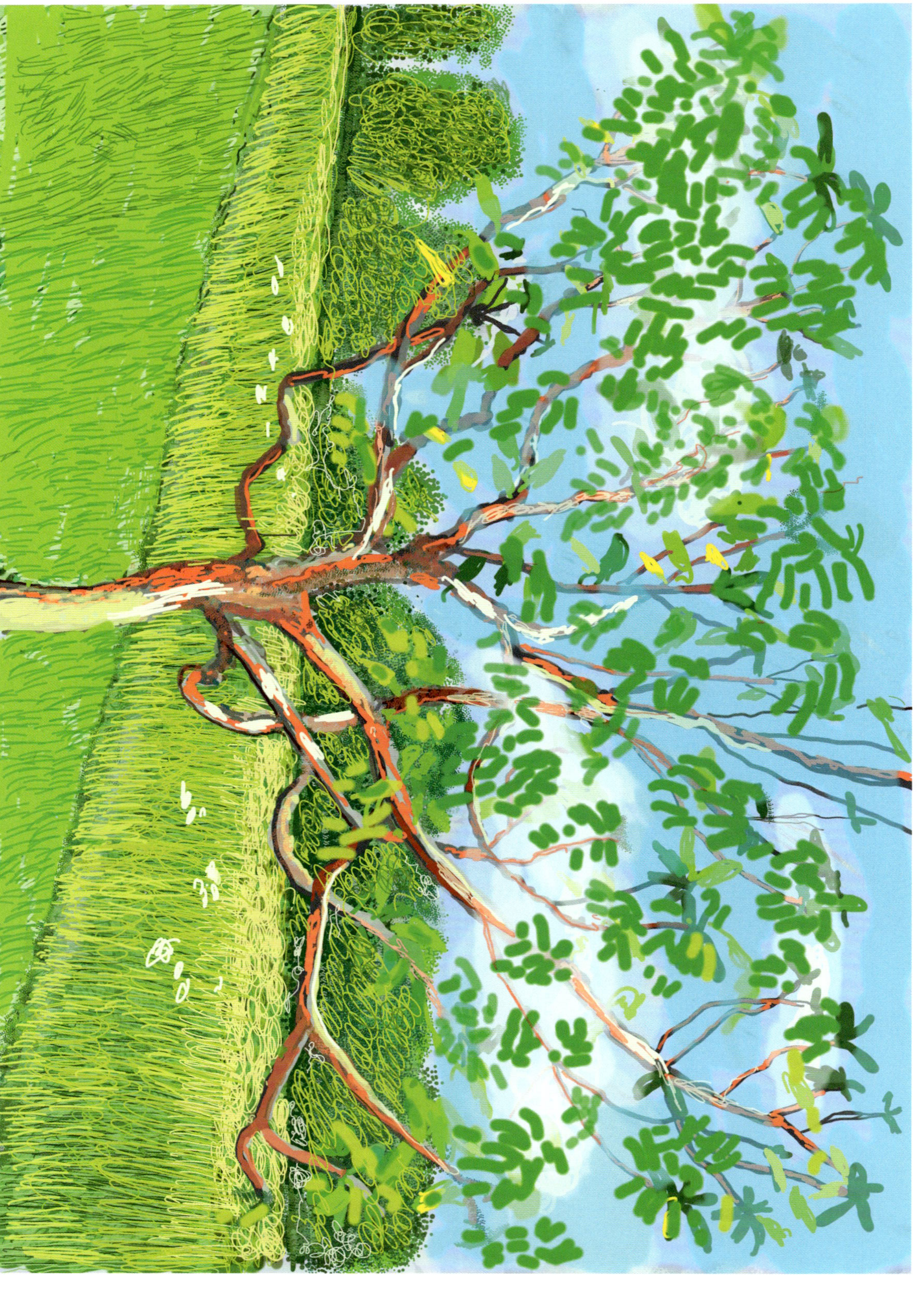

99 | n° 359, 30 mai 2020. Tableau sur iPad

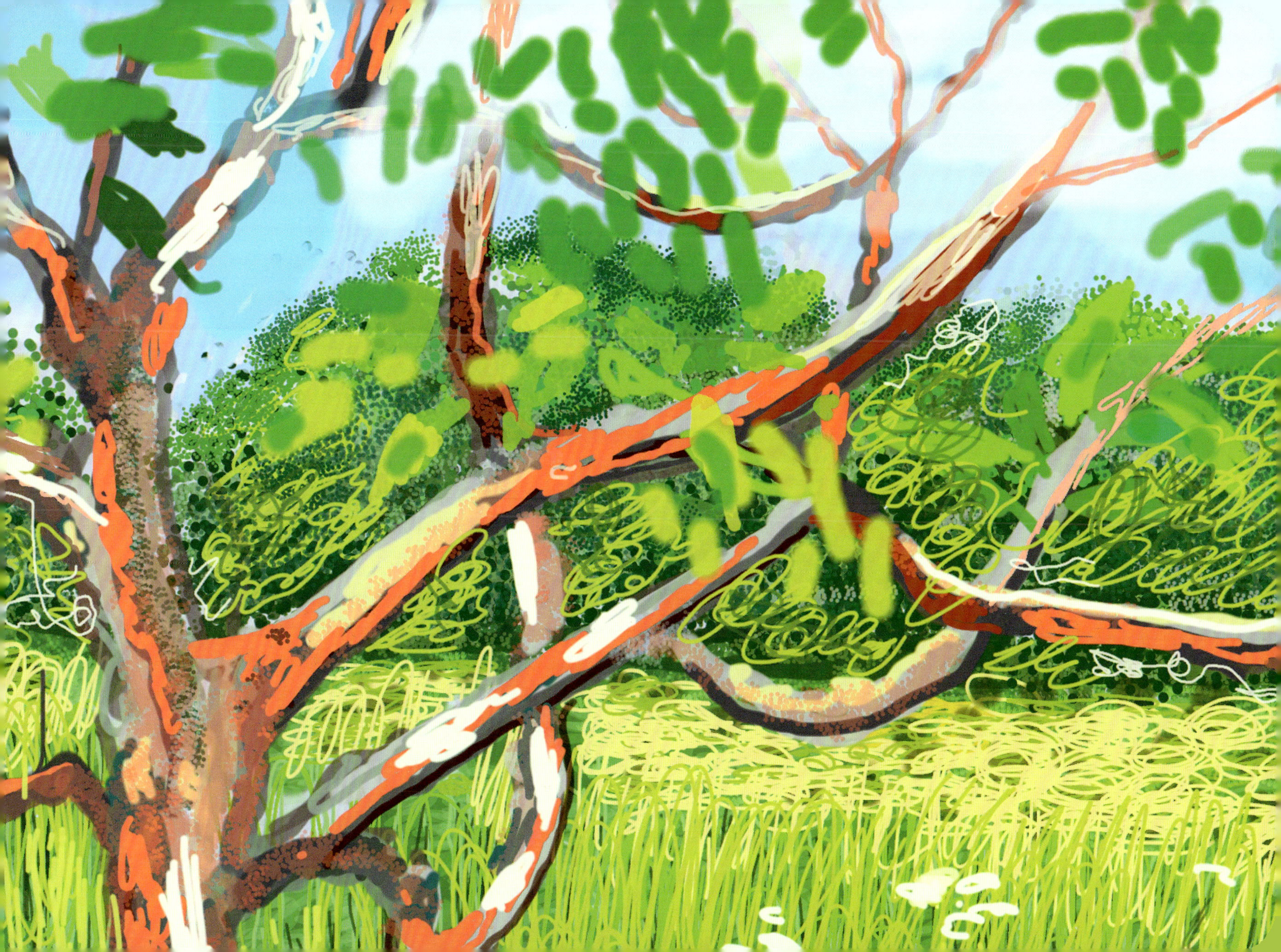

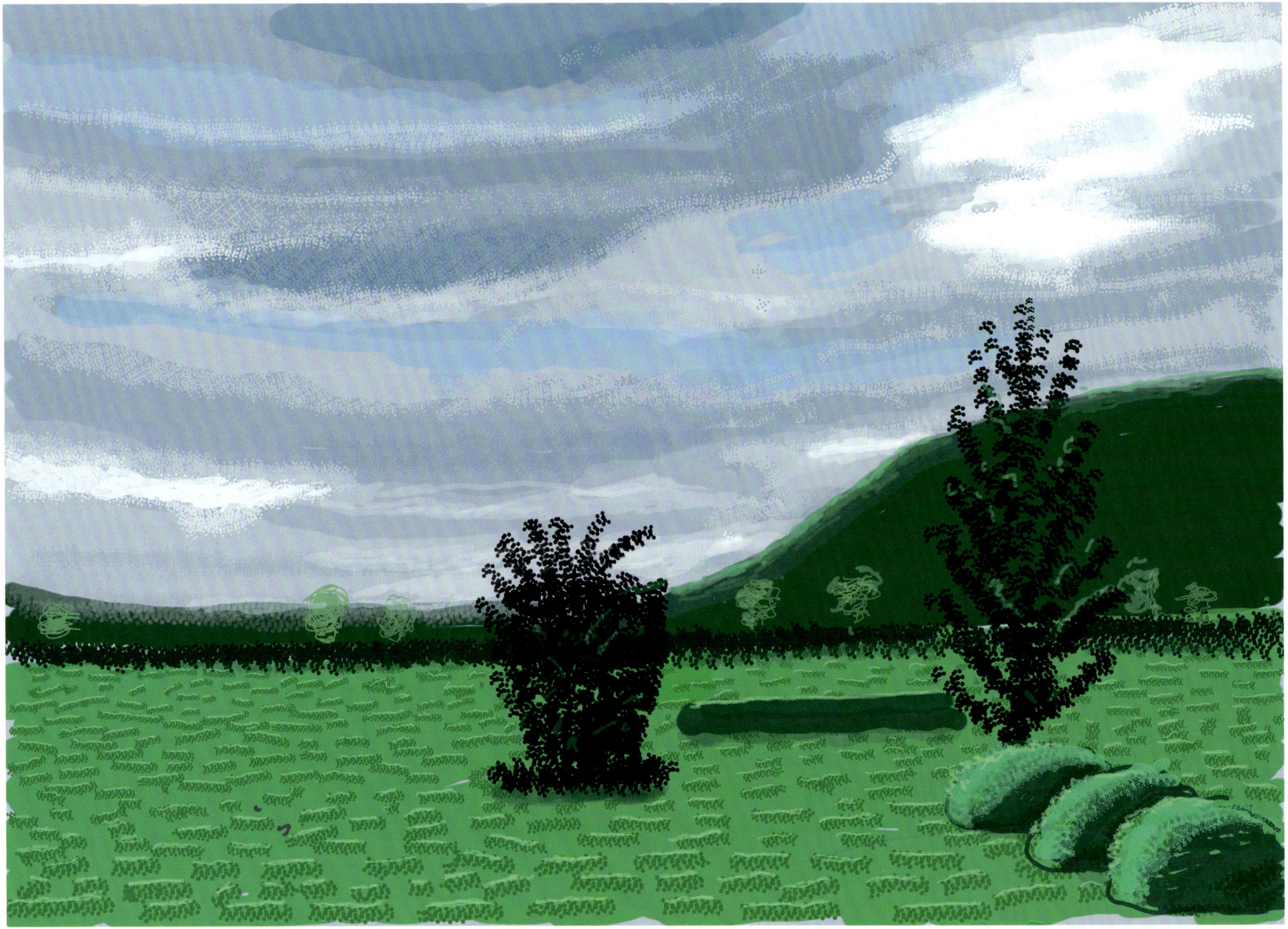

 | *n*° 317, 10 mai 2020. Tableau sur iPad

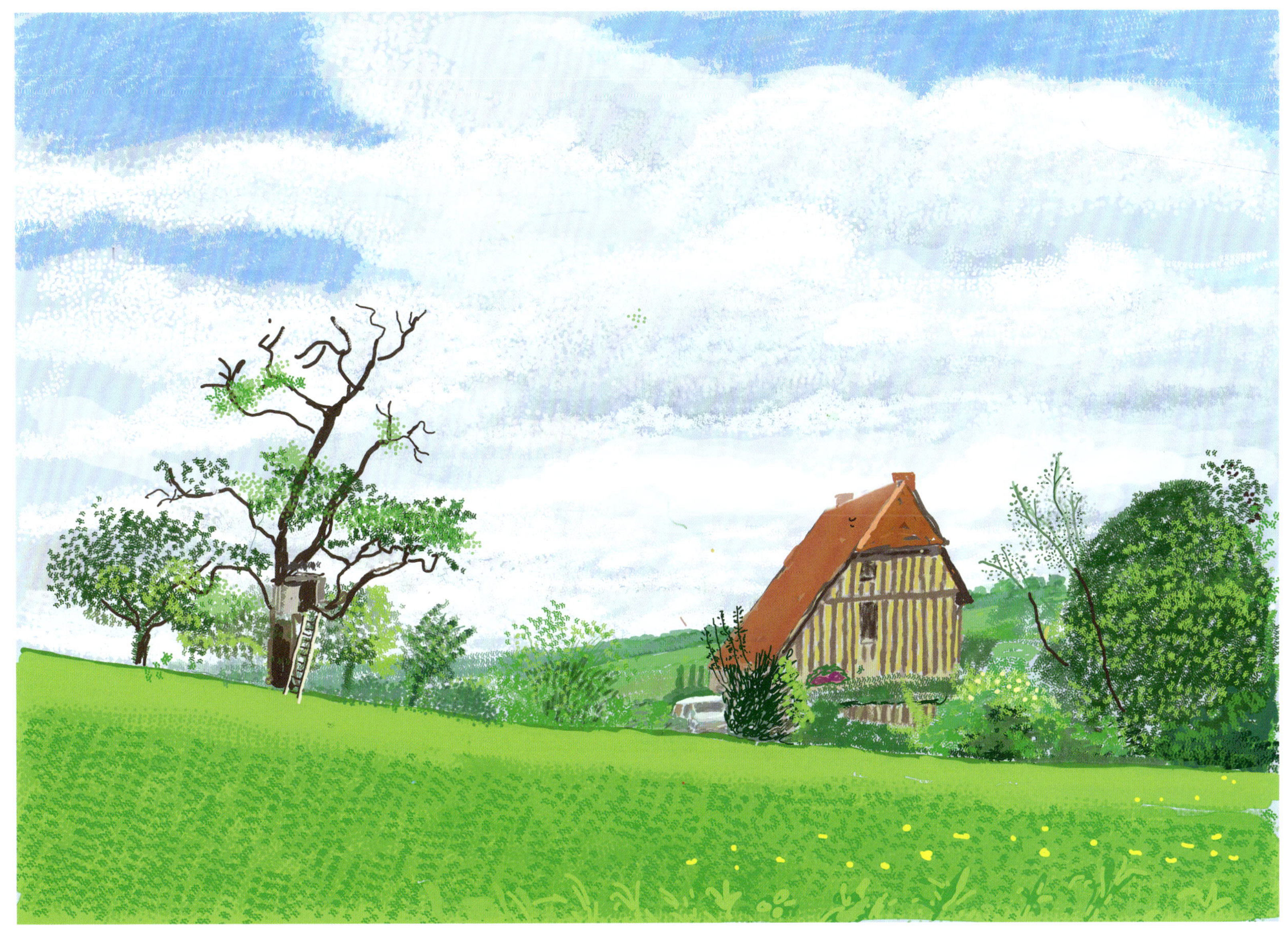

101 | nº 318, 10 mai 2020. Tableau sur iPad

102 | *n° 321*, 10 mai 2020. Tableau sur iPad

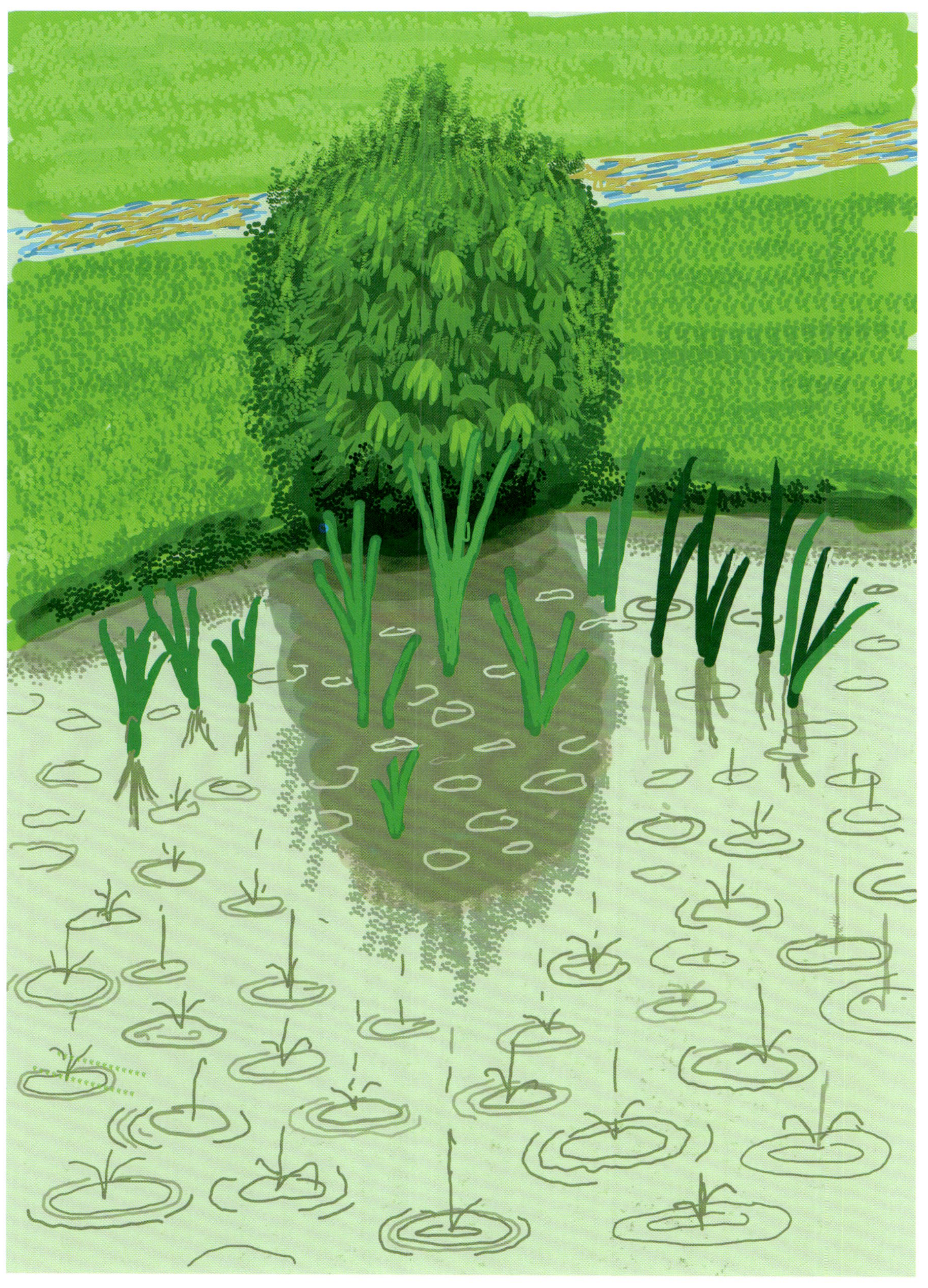

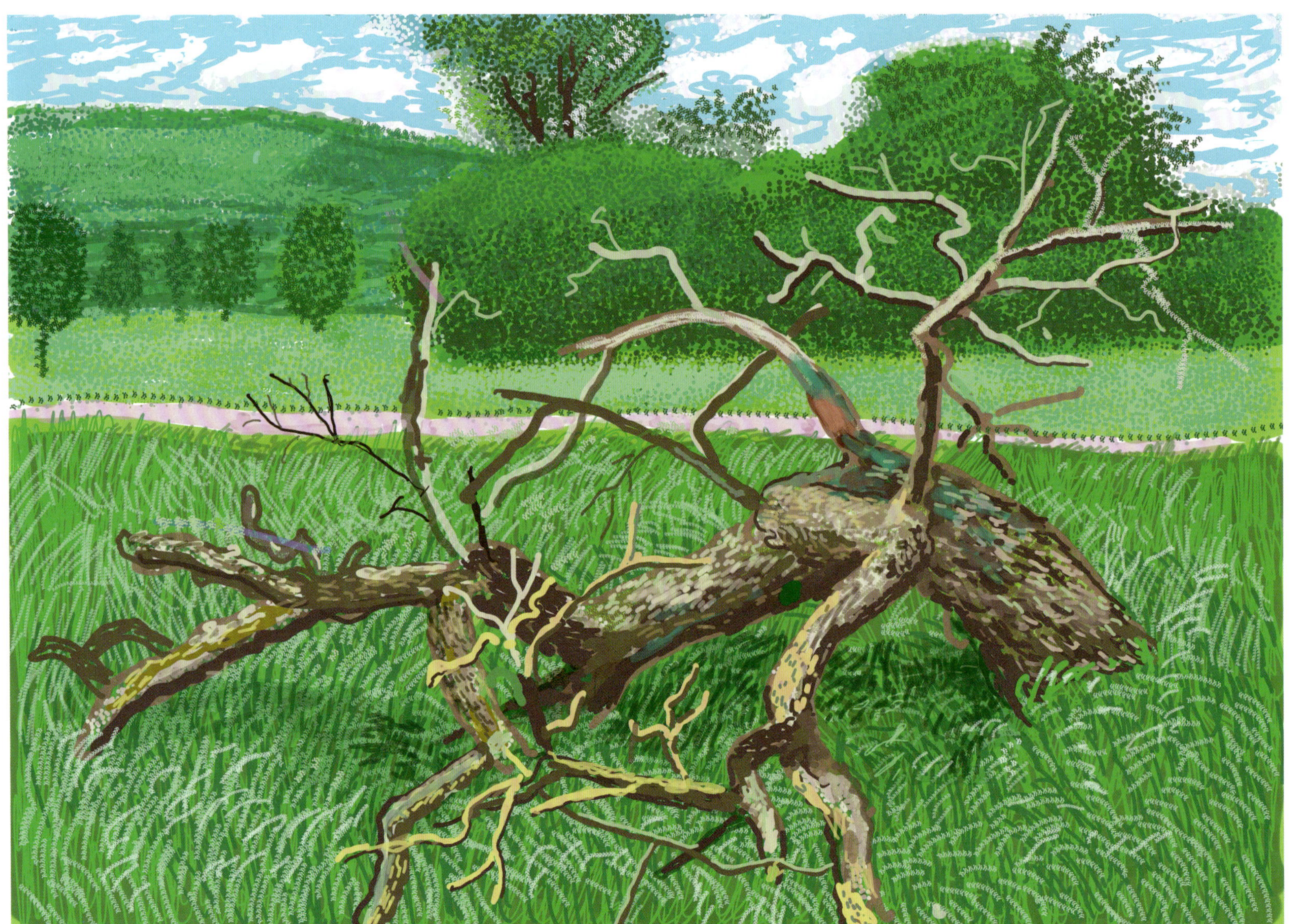

103 | n° 323, 13 mai 2020. Tableau sur iPad

104 | *n°* 327, 16 mai 2020. Tableau sur iPad

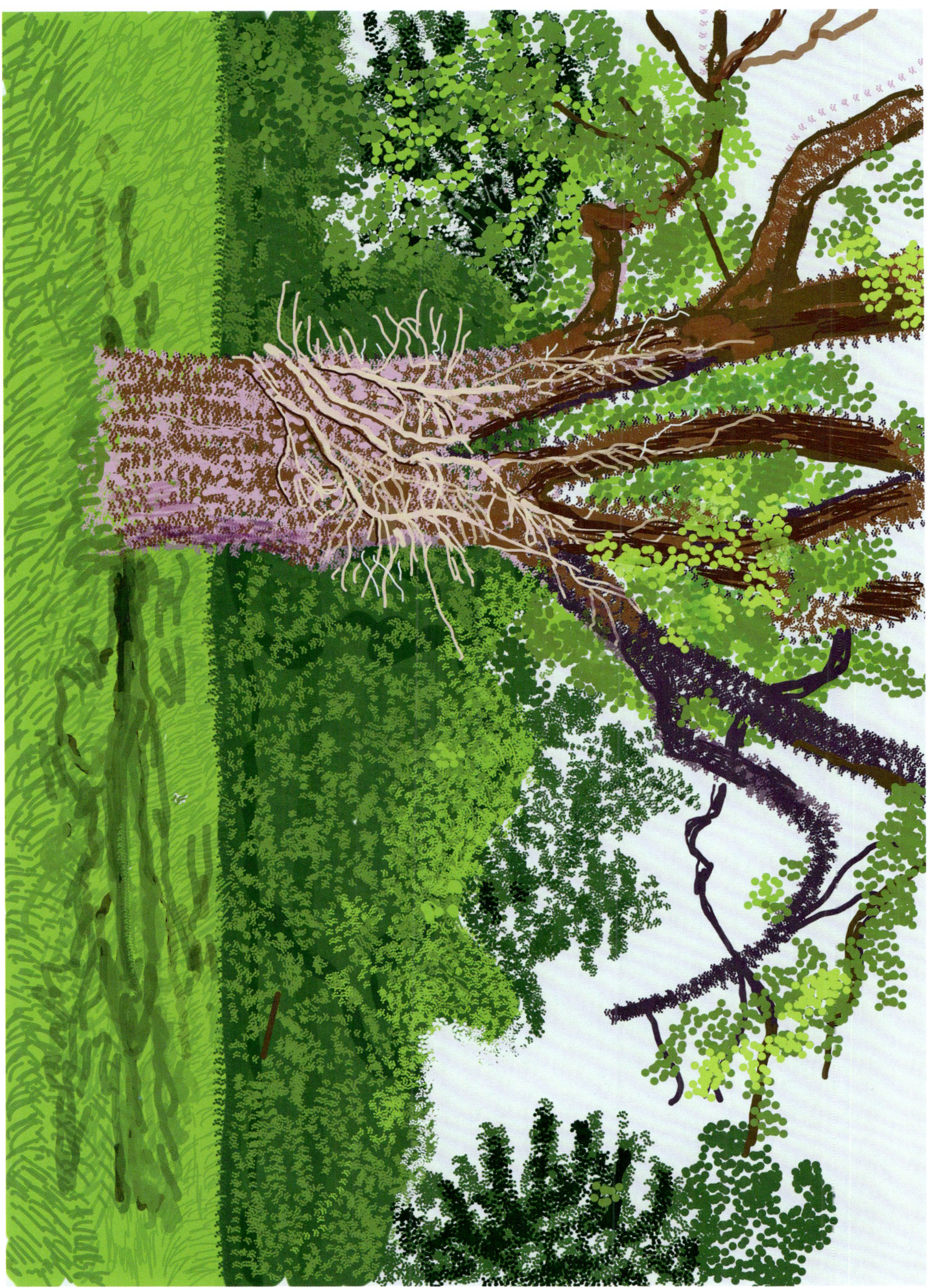

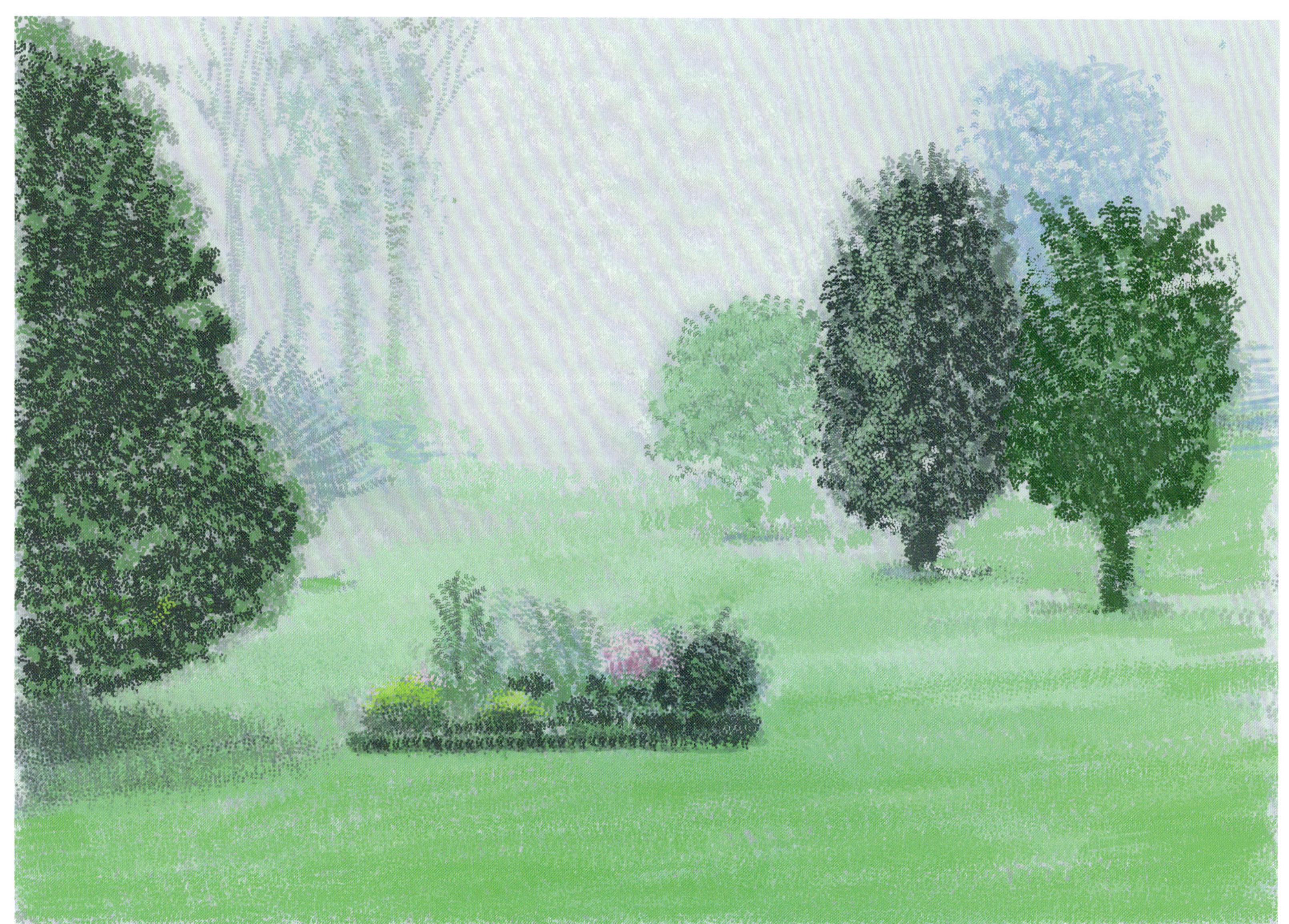

105 | n° 329, 17 mai 2020. Tableau sur iPad

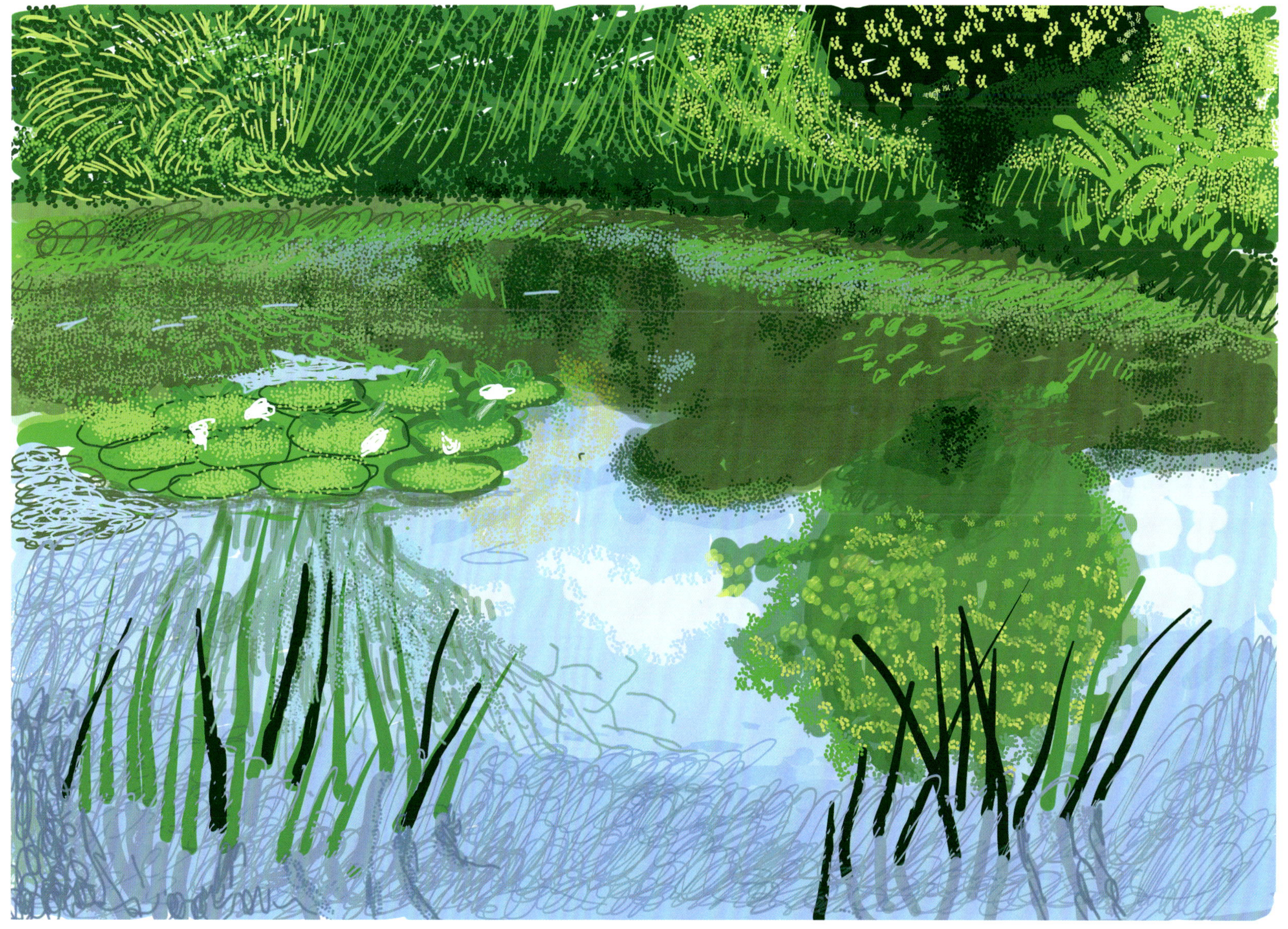

 | *n*° 331, 17 mai 2020. Tableau sur iPad

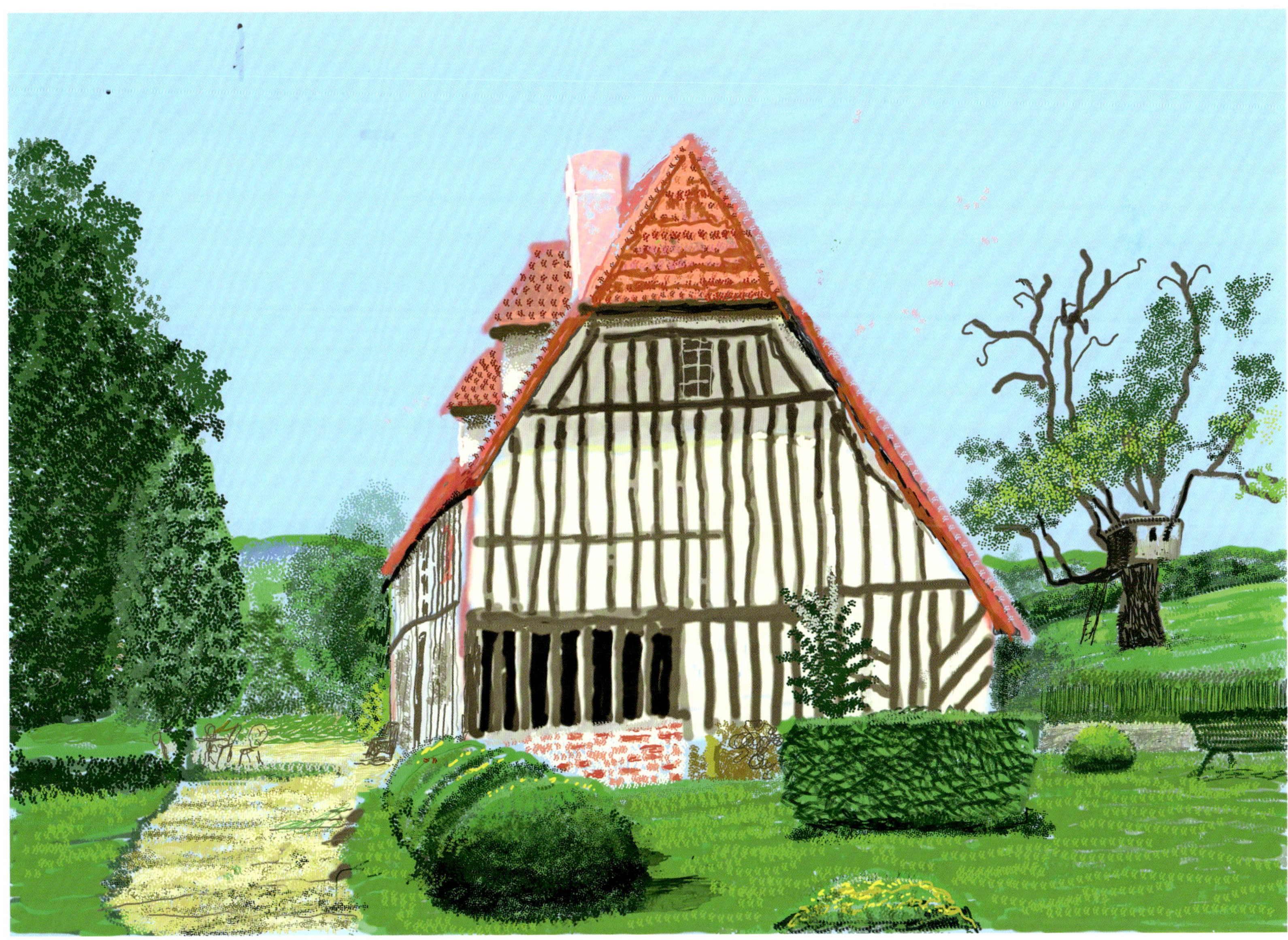

107 | n° 339, 18 mai 2020. Tableau sur iPad

108 | *n°* 338, 19 mai 2020. Tableau sur iPad

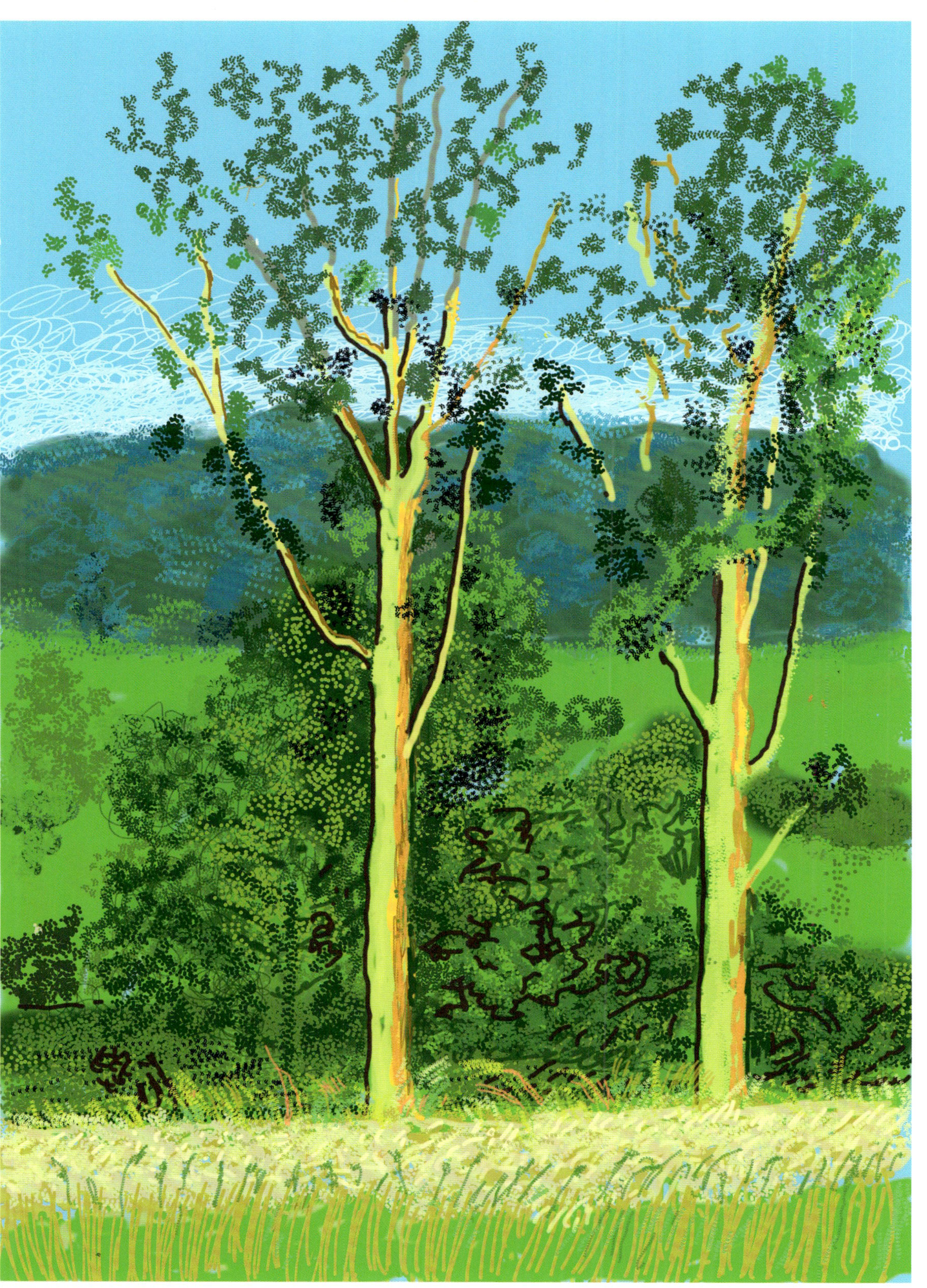

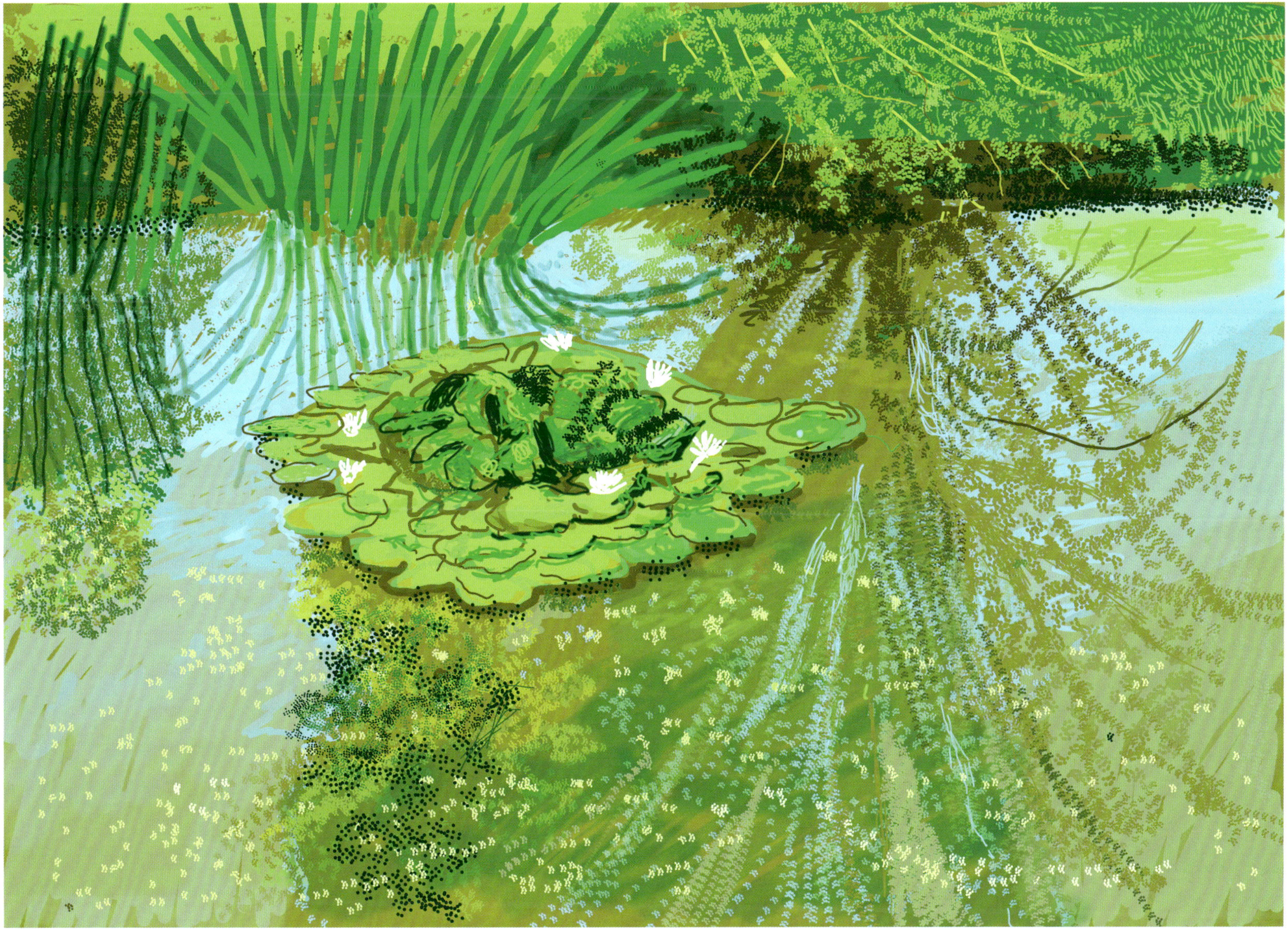

109 | n° 340, 21 mai 2020. Tableau sur iPad

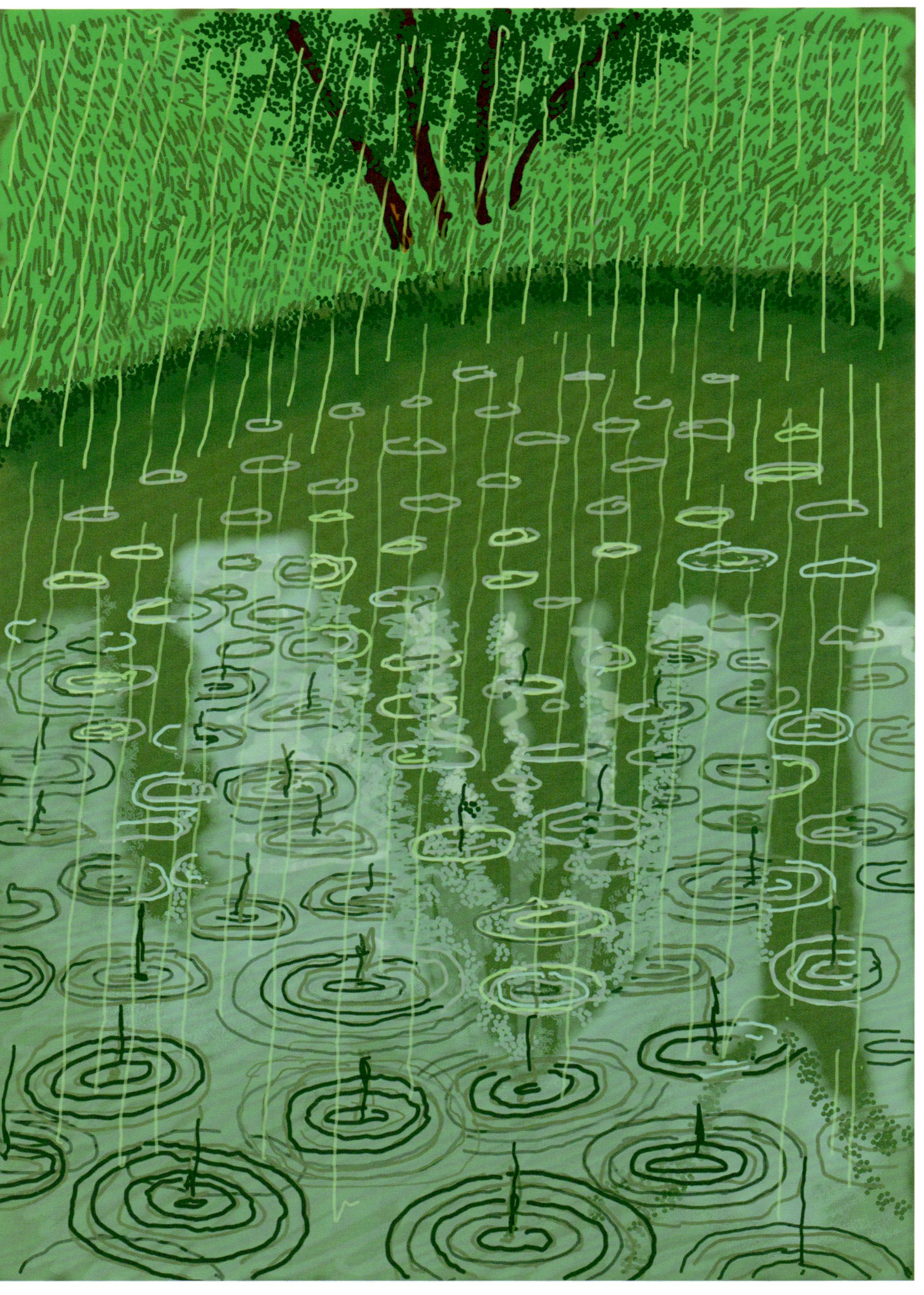

110 | *n° 346*, 22 mai 2020. Tableau sur iPad

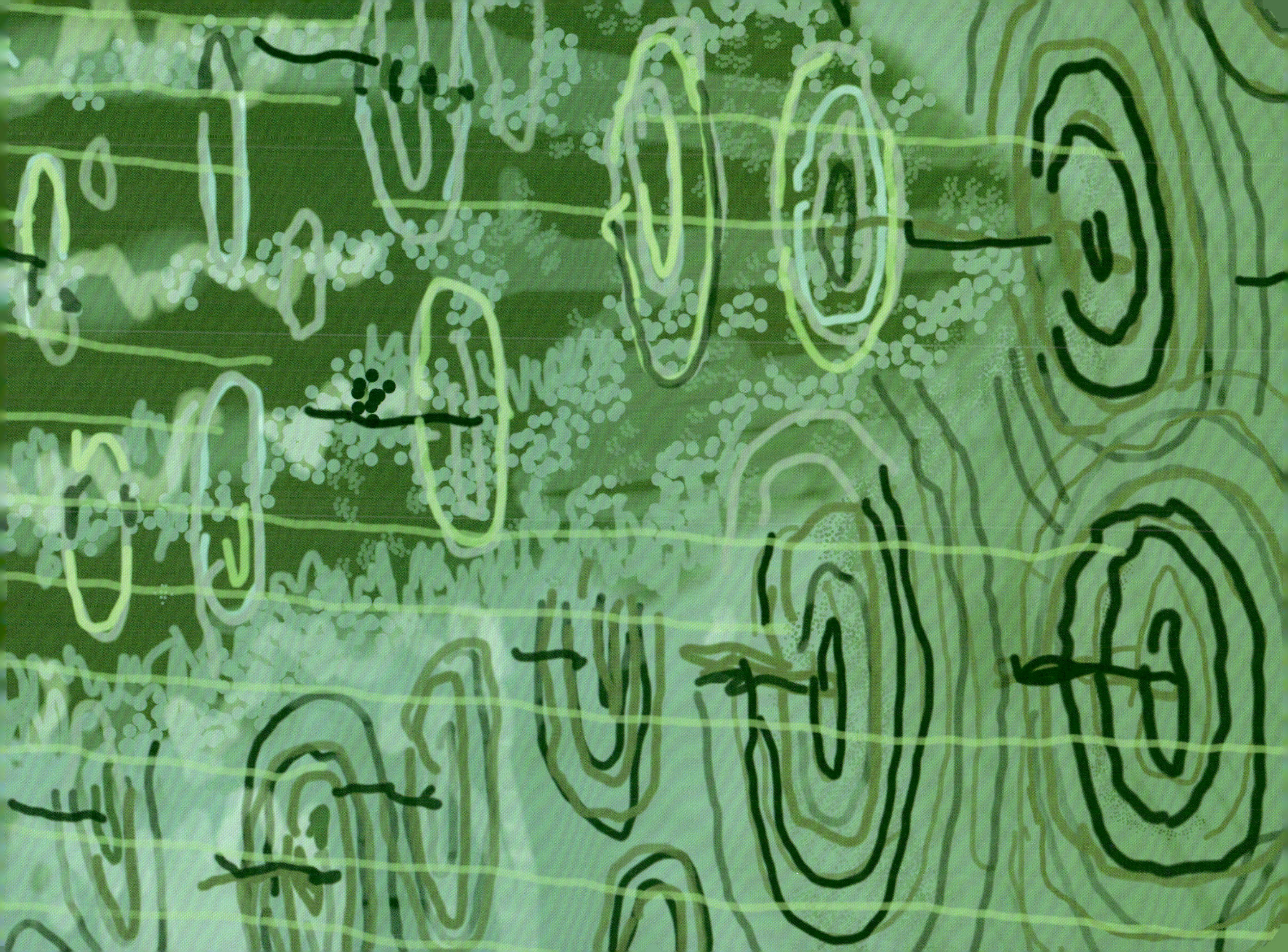

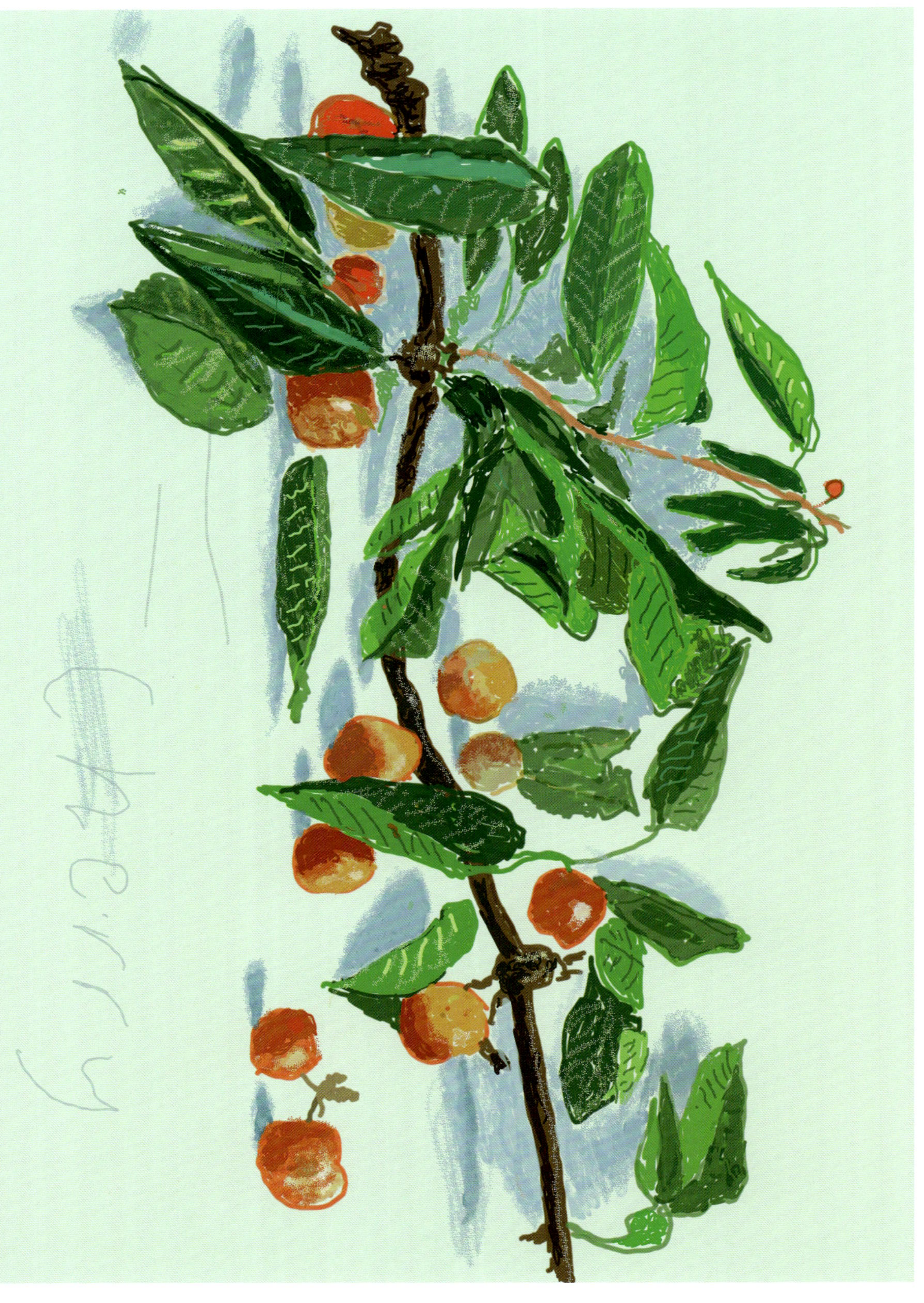

111 | *n° 348*, 23 mai 2020. Tableau sur iPad

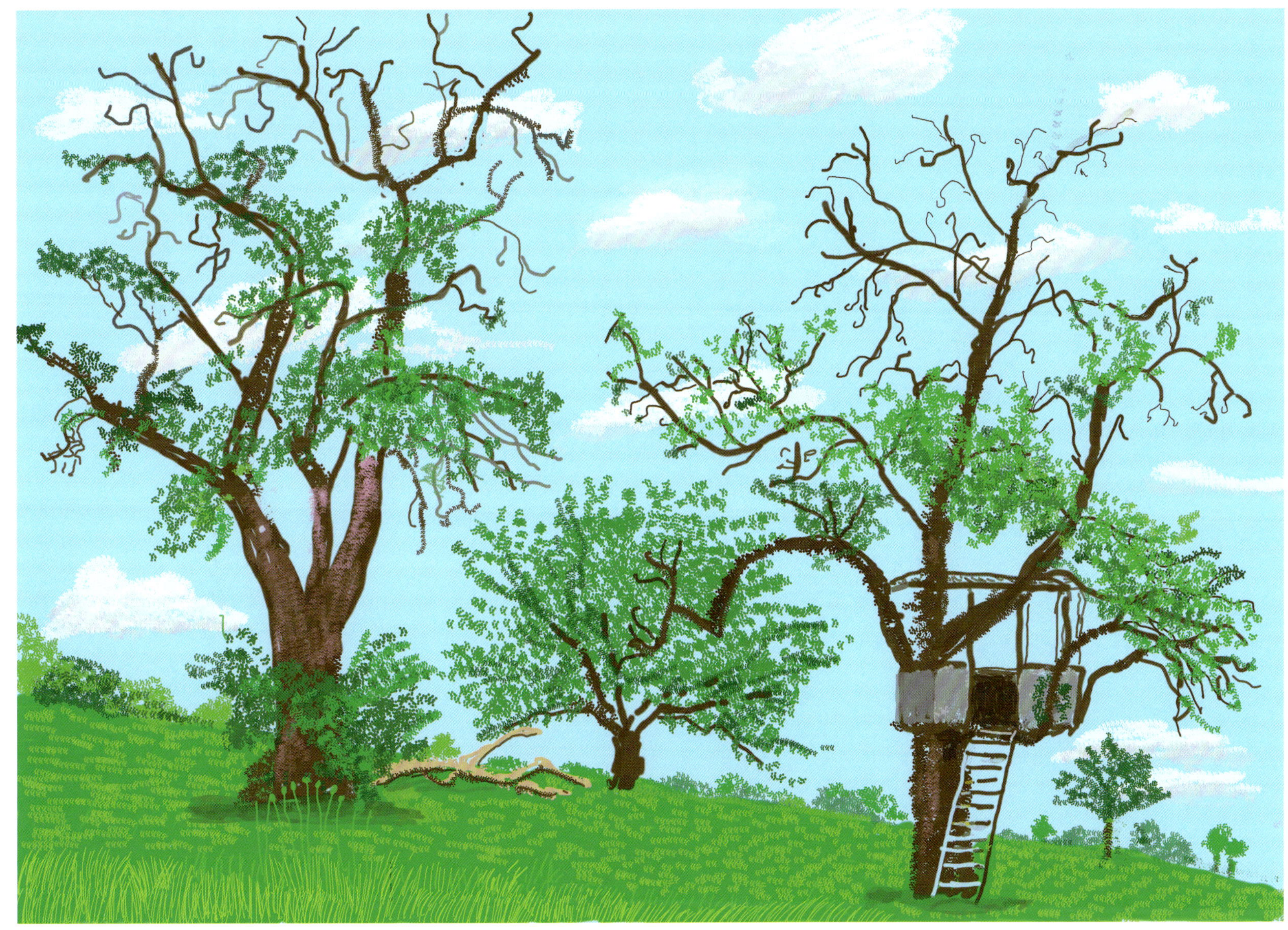

112 | *n° 351*, 26 mai 2020. Tableau sur iPad

113 | *n°* 358, 28 mai 2020. Tableau sur iPad

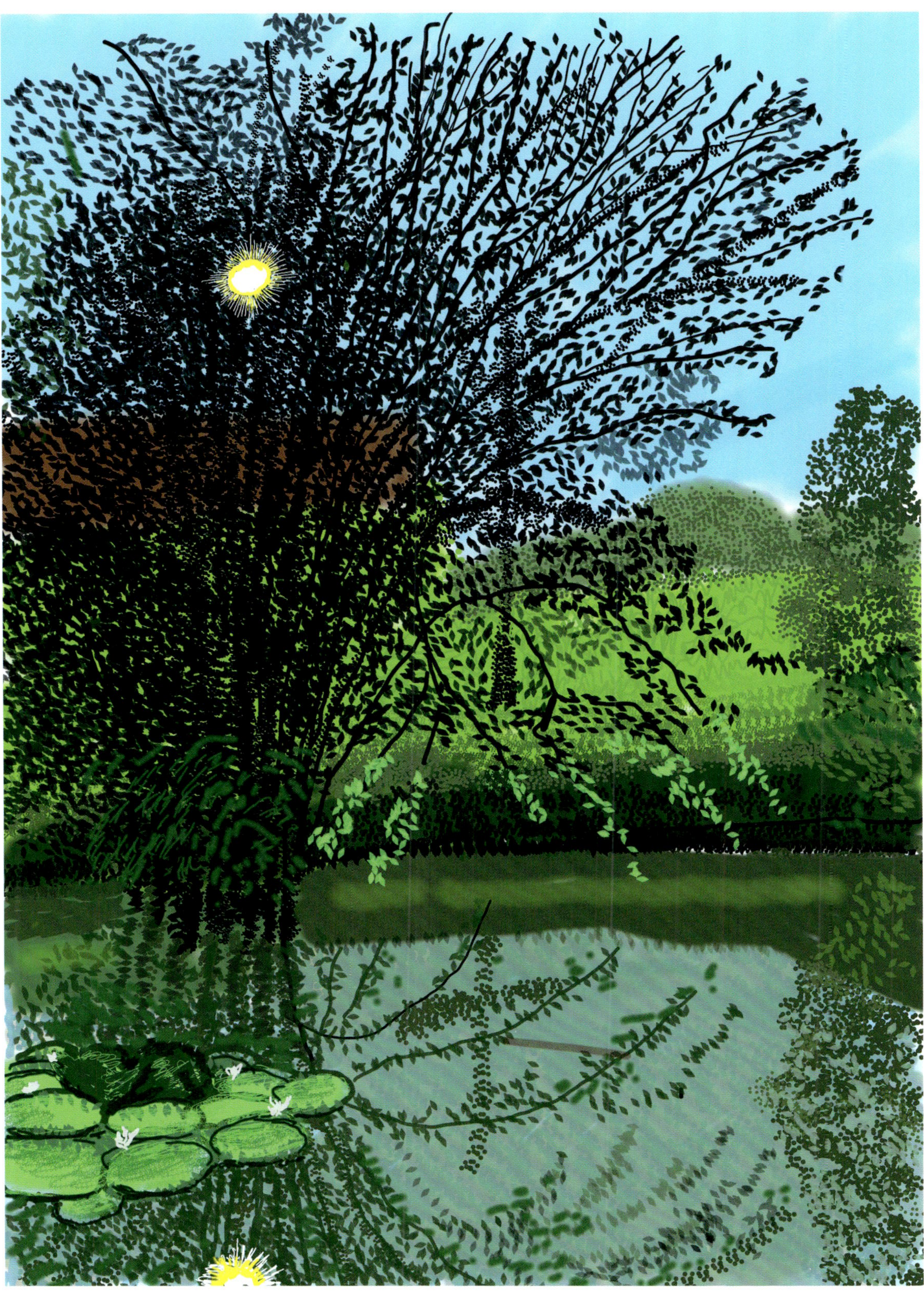

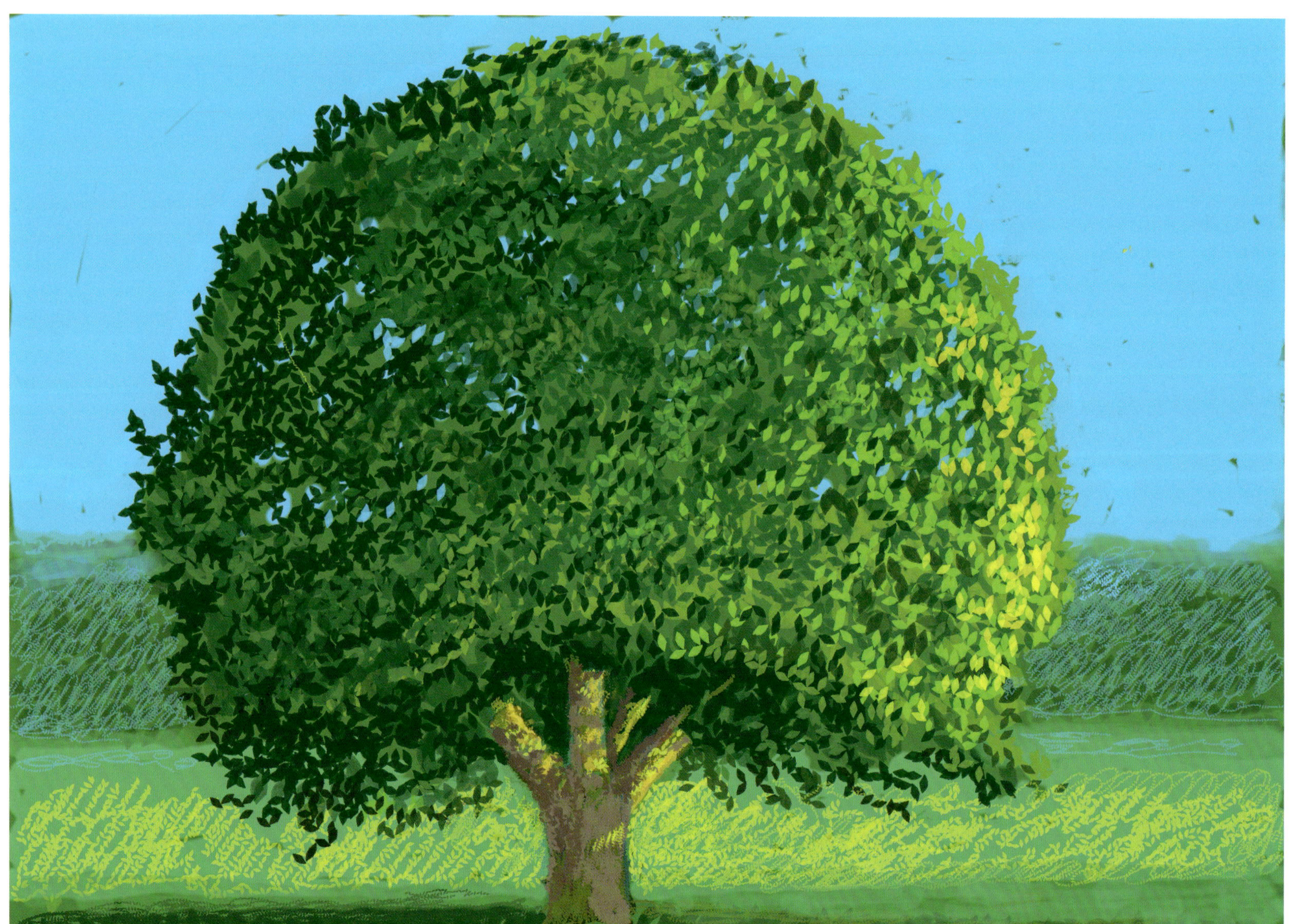

114 | n° 368, 7 juin 2020. Tableau sur iPad

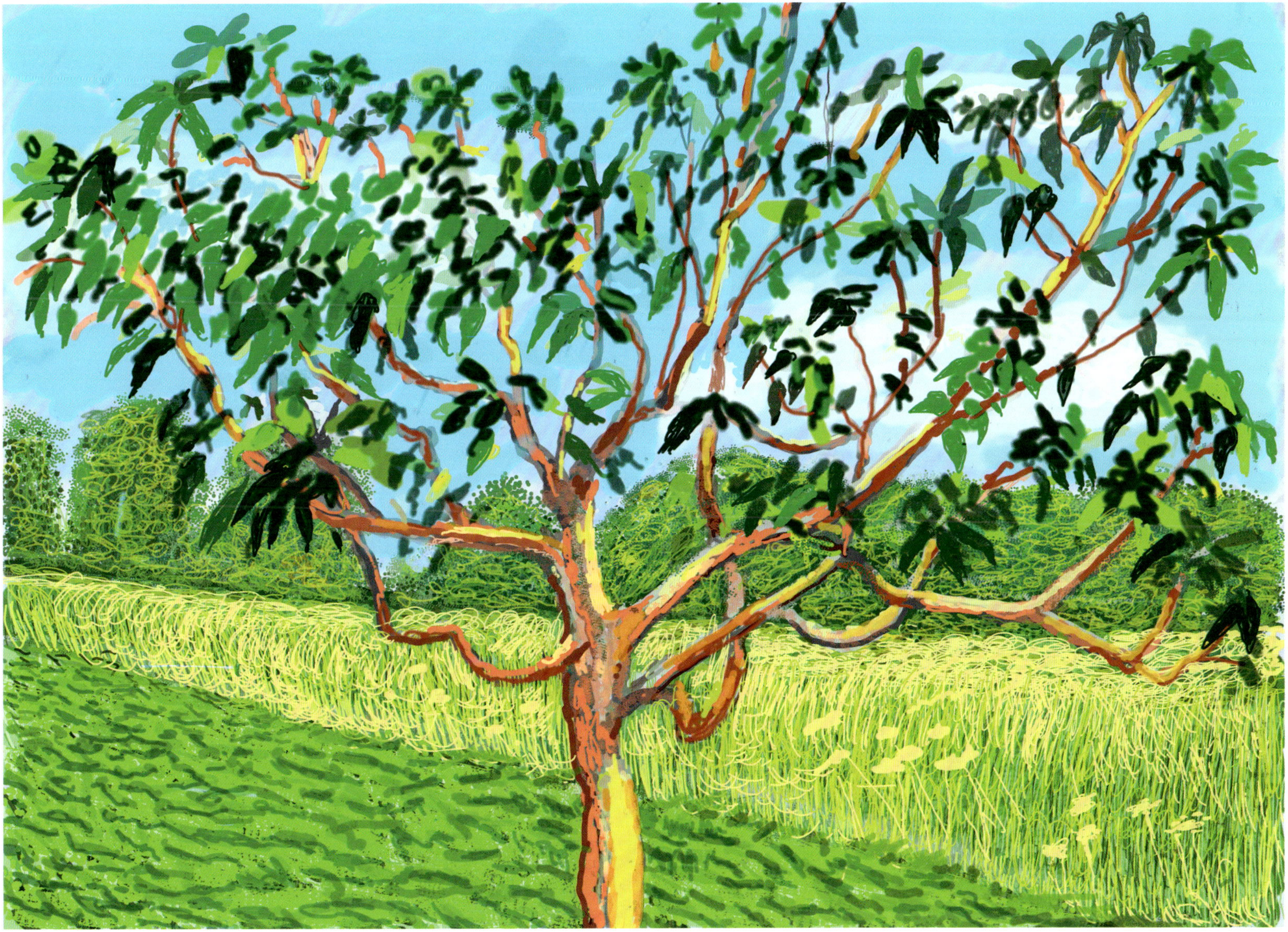

115 | n° 359, 13 juin 2020. Tableau sur iPad

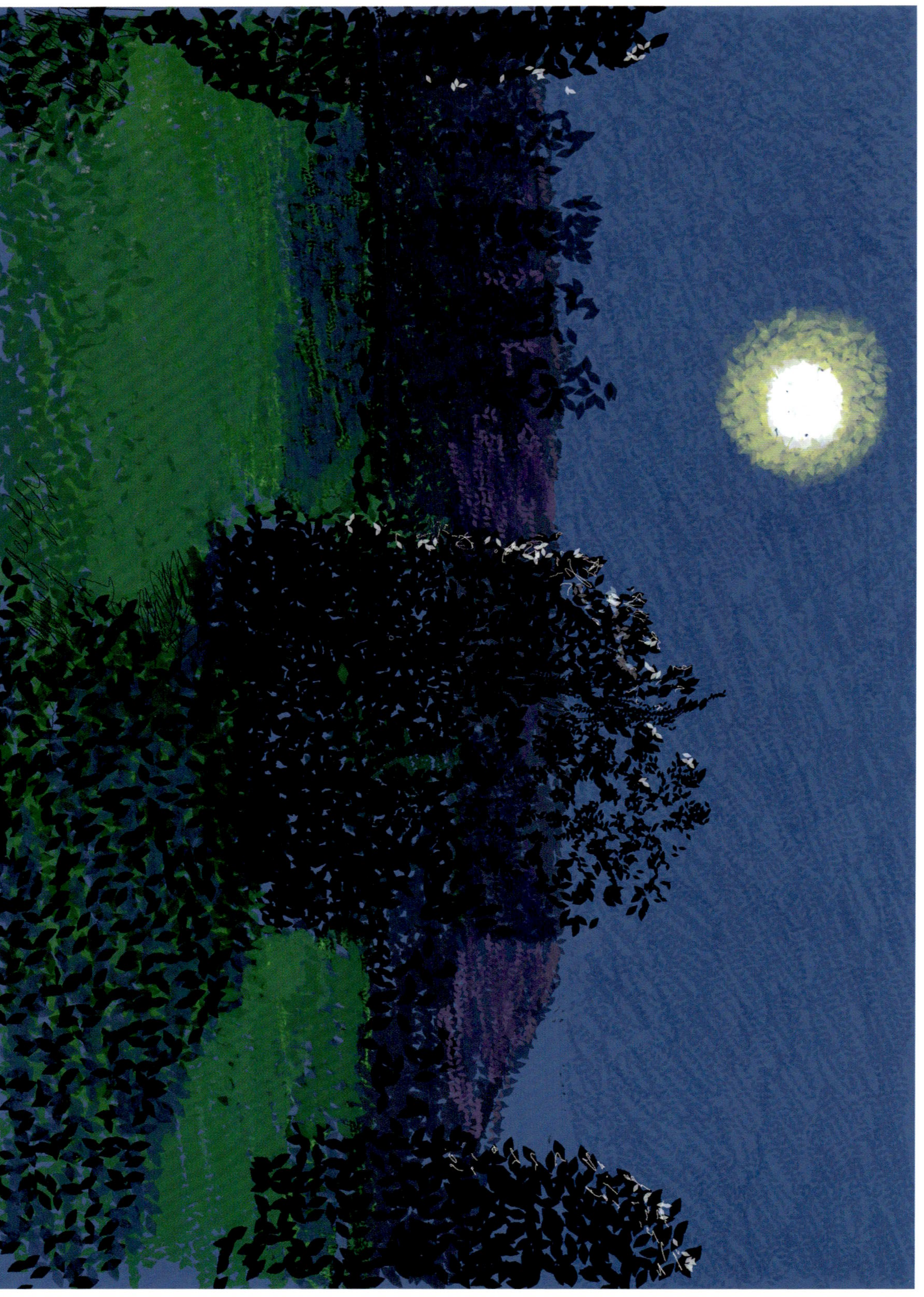

116 | *n° 411*, 4 juillet 2020. Tableau sur iPad

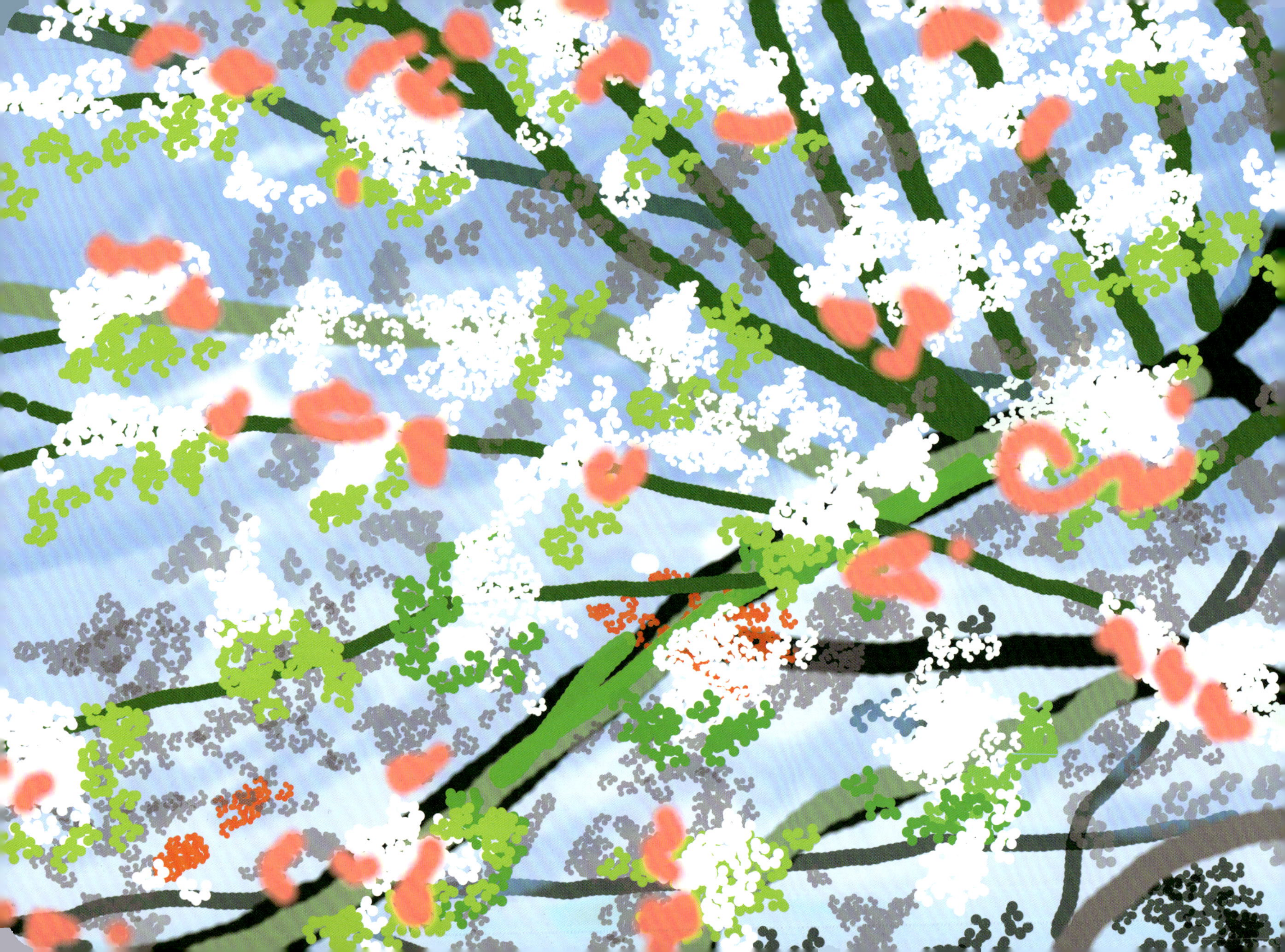

Cet ouvrage est publié à l'occasion de l'exposition
David Hockney: The Arrival of Spring, Normandy, 2020
organisée par la Royal Academy of Arts, Londres, en collaboration avec BOZAR/Palais des Beaux-Arts, Bruxelles

Royal Academy of Arts, Londres, Main Galleries, 23 mai - 1er août 2021;
Gabrielle Jungels-Winkler Galleries, 8 août - 26 septembre 2021

Palais des Beaux-Arts de Bruxelles (BOZAR), 8 octobre 2021 - 23 janvier 2022

Pour l'exposition à la Royal Academy, avec le soutien de

Petr Aven

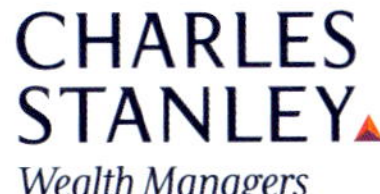

BOTTEGA VENETA

OFFER WATERMAN

David Hockney Studio Jean-Pierre Gonçalves de Lima, Jonathan Wilkinson

David Hockney Inc. Robert Berg, James Comer, Juan Carlos Elizondo, Julie Green, Shannan Kelly, Jonathan Mills, Greg Rose, George Snyder, Richard Schmidt, Elise Wille

Commissaire de l'exposition Edith Devaney, assistée par Rose Thompson

Gestion de l'exposition Flora Fricker, assistée par Belén Lasheras Díaz

Coordination photographique et copyright Susana Vázquez Fernández

Catalogue Royal Academy Publications
Florence Dassonville, Coordinatrice de production
Carola Krueger, Directrice de la production
Peter Sawbridge, Responsable éditorial
Nick Tite, Éditeur

Coordination de l'édition française Tijdsbeeld, Gand
Ronny Gobyn, Directeur
Ann Mestdag
Traduction : Marie-Françoise Dispa
Rédaction finale : Claude Fagne

Mise en page : Lizzie Ballantyne

Photogravure : DawkinsColour Ltd, Londres
Développement d'application : Richard England
Imprimé en Italie par Graphicom

Hockney AR
Téléchargez cette application gratuite à partir de votre app store iOS ou Android pour permettre à votre smartphone ou à votre tablette d'accéder à la réalité augmentée pour certains des tableaux sur iPad de cet ouvrage.

Première de couverture : détail de cat. 61 | Page 1 : détail de cat. 55 | Pages 2-3 : détail de cat. 82 | Page 7 : détail de cat. 30 | Pages 8-9 : détail de cat. 1 | Pages 28-29 : détail de cat. 14 | Page 166 : détail de cat. 66 | Quatrième de couverture : détail de cat. 46

Crédits photographiques Fig. 1, 6, 9, 10, Jonathan Wilkinson ; fig. 2, Jean-Pierre Gonçalves de Lima ; fig. 3, Revue *Granta* ; fig. 4, 5, 7, 8, 11, 12 : Richard Schmidt.

British Library Cataloguing-in-Publication Data
Cet ouvrage est répertorié dans le catalogue de la British Library.

ISBN 978-1-912520-82-4

Distributed outside the United States and Canada by ACC Art Books Ltd, Riverside House, Dock Lane, Melton, Woodbridge, Suffolk IP12 1PE

Distributed in the United States and Canada by ACC Art Books, 6 West 18th Street, Suite 4B, New York, NY 10011

Royal Academy of Arts
Burlington House
Piccadilly
London W1J 0BD
www.royalacademy.org.uk

EU Authorised Representative
EAS Europe
Mustamäe tee 50
10621 Tallinn
Estonia
gpsr.requests@easproject.com

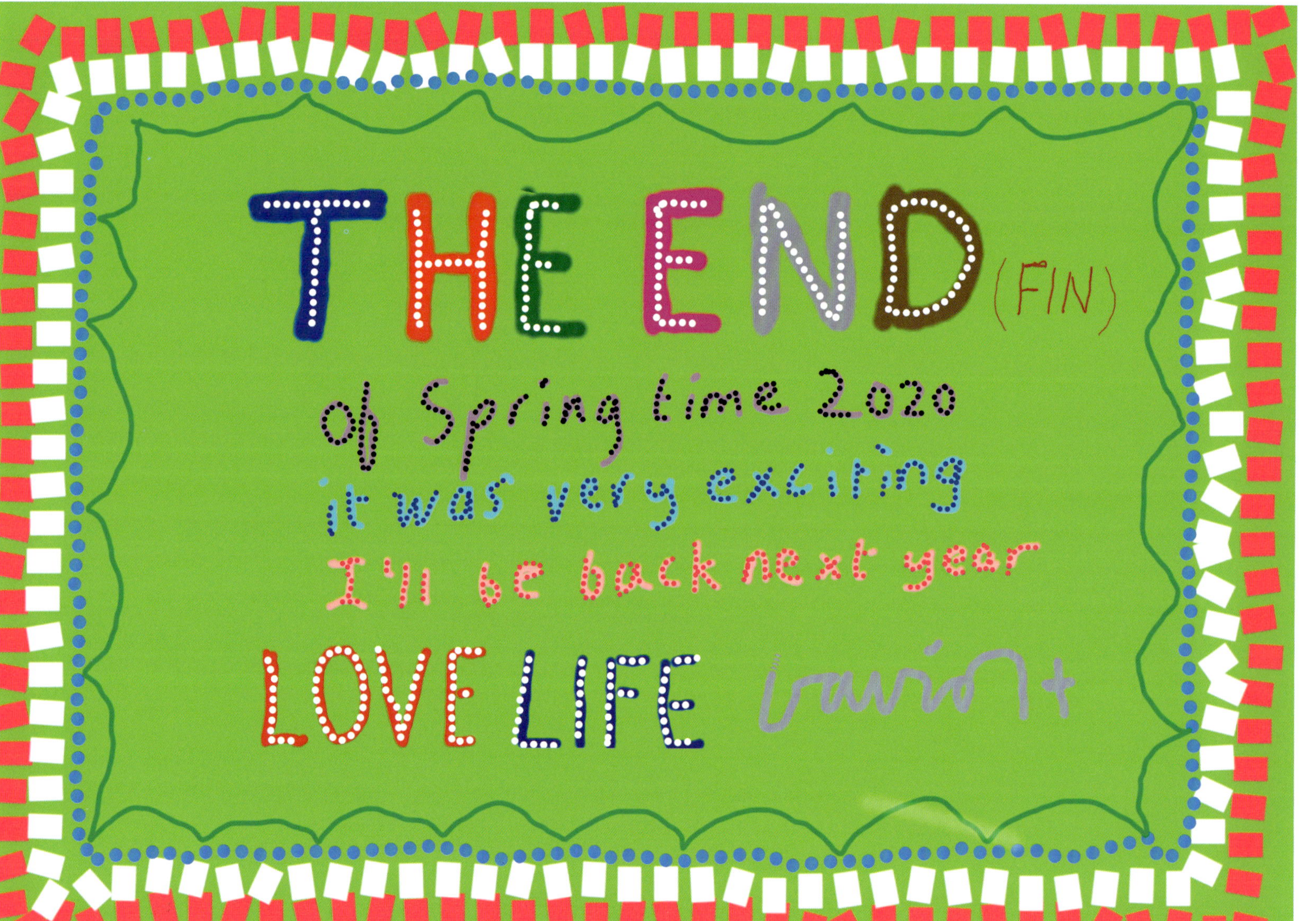

n° 360, 27 mai 2020. Tableau sur iPad